国家社科基金项目《体育强国建设背景下的健身休闲业政策研究》
（13CTY008）

博士后科学基金第56批面上资助项目《我国传统体育健身休闲业发展对策研究》
（2014M560524）

江苏省教育厅项目《江苏省体育产业政策执行效果研究》
（2015SJB409）

我国体育服务产业政策及发展对策研究

吴香芝 著

中国社会科学出版社

图书在版编目（CIP）数据

我国体育服务产业政策及发展对策研究/吴香芝著 .—北京：中国社会科学出版社，2018.4
ISBN 978 – 7 – 5203 – 2230 – 0

Ⅰ.①我… Ⅱ.①吴… Ⅲ.①体育产业—服务业—产业政策—研究—中国 ②体育产业—服务业—产业发展—研究—中国 Ⅳ.①G812

中国版本图书馆 CIP 数据核字（2018）第 059190 号

出 版 人	赵剑英
责任编辑	王　曦
特约编辑	金　泓
责任校对	周晓东
责任印制	戴　宽

出　版	中国社会科学出版社
社　址	北京鼓楼西大街甲 158 号
邮　编	100720
网　址	http：//www.csspw.cn
发 行 部	010 – 84083685
门 市 部	010 – 84029450
经　销	新华书店及其他书店
印　刷	北京明恒达印务有限公司
装　订	廊坊市广阳区广增装订厂
版　次	2018 年 4 月第 1 版
印　次	2018 年 4 月第 1 次印刷
开　本	710×1000 1/16
印　张	16.25
插　页	2
字　数	245 千字
定　价	76.00 元

凡购买中国社会科学出版社图书，如有质量问题请与本社营销中心联系调换
电话：010 – 84083683
版权所有　侵权必究

目　录

第一章　导论 …………………………………………………… 1

第一节　体育服务产业政策研究的必要性 ……………………… 1
　　一　我国体育服务产业快速发展的需求 ……………………… 1
　　二　体育服务产业政策是促进体育服务
　　　　产业发展的重要措施 ……………………………………… 2
　　三　体育服务产业政策本身存在不足 ………………………… 2
　　四　体育服务产业政策理论和实践发展的需求 ……………… 3
第二节　体育服务产业政策基本理论 …………………………… 4
　　一　体育服务产业政策理论视角 ……………………………… 4
　　二　体育服务产业政策概念 …………………………………… 9
　　三　体育服务产业政策属性 ………………………………… 13
　　四　体育服务产业政策的执行与评价 ……………………… 13
第三节　体育服务产业政策相关研究回顾 …………………… 14
　　一　关于政策的研究 ………………………………………… 14
　　二　关于产业政策的研究 …………………………………… 25
　　三　关于服务产业政策的研究 ……………………………… 34
　　四　关于体育产业政策的研究 ……………………………… 38
　　五　关于体育服务产业政策的研究 ………………………… 45

第二章　国外发达国家体育服务产业政策状况 ……………… 50

第一节　国外发达国家体育服务产业政策内容 ……………… 50
　　一　体育服务产业政策若干内容 …………………………… 50
　　二　产业政策视角下的体育服务产业政策 ………………… 57

三　体育政策视角下的体育服务产业政策 …………………… 60
　　　四　影响国外体育服务产业发展的其他政策 ……………… 63
　第二节　国外体育服务产业政策运行过程 …………………………… 67
　　　一　体育服务产业政策制定 ……………………………………… 68
　　　二　体育服务产业政策执行 ……………………………………… 70
　　　三　体育服务产业政策评价 ……………………………………… 70
　　　四　体育服务产业政策监控 ……………………………………… 71
　第三节　国外体育服务产业政策发展环境 …………………………… 72
　　　一　政治背景 ……………………………………………………… 72
　　　二　政策背景 ……………………………………………………… 74
　　　三　体育背景 ……………………………………………………… 75
　　　四　经济背景 ……………………………………………………… 76

第三章　我国体育服务产业政策内容体系 …………………………… 77
　第一节　我国体育服务产业政策构成 ………………………………… 77
　　　一　体育服务产业政策基本要素 ………………………………… 77
　　　二　我国体育服务产业政策类别和表现形式 …………………… 81
　　　三　我国体育服务产业框架体系 ………………………………… 86
　第二节　我国体育服务产业政策数量 ………………………………… 87
　　　一　全国性体育服务产业总体政策 ……………………………… 87
　　　二　全国性体育服务产业专门政策 ……………………………… 88
　　　三　全国性体育服务产业相关政策数量 ………………………… 90
　　　四　地方体育服务产业政策数量 ………………………………… 91
　第三节　我国体育服务产业政策 ……………………………………… 93
　　　一　体育服务产业综合性政策 …………………………………… 93
　　　二　不同产业类别体育服务产业政策 …………………………… 97
　　　三　我国地方性体育服务产业政策 …………………………… 114
　第四节　我国体育服务产业政策基本特征 ………………………… 116
　　　一　客观必然性 ………………………………………………… 116
　　　二　迫切性 ……………………………………………………… 117
　　　三　低效性 ……………………………………………………… 118

　　　　四　依附性 …………………………………………………… 120
　　　　五　松散性 …………………………………………………… 121
　　　　六　目标对象的复杂性 ……………………………………… 121

第四章　我国体育服务产业政策运行过程 ……………………… 123
　　第一节　我国体育服务产业政策的制定 ……………………… 124
　　　　一　发现问题和设计政策方案 …………………………… 124
　　　　二　政策方案的确定 ……………………………………… 125
　　　　三　政策手段的选择 ……………………………………… 128
　　　　四　政策方案的合法化 …………………………………… 129
　　　　五　地方体育服务产业政策制定 ………………………… 131
　　第二节　我国体育服务产业政策的执行 ……………………… 133
　　　　一　我国体育服务产业政策执行过程模式 ……………… 134
　　　　二　我国体育服务产业政策执行行为 …………………… 138
　　　　三　全国性体育服务产业专门政策执行过程 …………… 139
　　　　四　地方性体育服务产业政策执行过程
　　　　　　（以江苏省为例）………………………………………… 141
　　第三节　我国体育服务产业政策的评估和监控 ……………… 145
　　　　一　体育服务产业政策评估 ……………………………… 145
　　　　二　我国体育服务产业政策评估 ………………………… 146
　　　　三　我国体育服务产业政策监控 ………………………… 148

第五章　我国体育服务产业政策执行效果 ……………………… 150
　　第一节　我国体育服务产业政策执行效果判断 ……………… 151
　　　　一　我国体育服务产业政策体系对我国若干体育服务
　　　　　　产业的促进作用 ……………………………………… 151
　　　　二　我国若干体育服务产业政策对体育服务产业所
　　　　　　发挥的作用 …………………………………………… 153
　　　　三　经营主体对体育服务产业政策的熟悉程度 ………… 156
　　　　四　地方性体育服务产业政策执行效果 ………………… 158
　　第二节　影响我国体育服务产业政策执行效果的因素 ……… 164

一　我国体育服务产业政策执行效果影响因素调查 …… 164
　　二　我国体育服务产业政策执行效果影响因素分析 …… 164
　第三节　提高我国体育服务产业政策执行效果的建议 ……… 168
　　一　政策环境 ………………………………………………… 169
　　二　政策对象 ………………………………………………… 170
　　三　政策本身 ………………………………………………… 170
　　四　政策执行主体 …………………………………………… 171

第六章　我国体育服务产业政策需求 ………………………… 172
　第一节　我国整体体育服务产业政策需求 …………………… 172
　　一　体育服务产业结构不合理 ……………………………… 173
　　二　我国体育服务产业附加值低 …………………………… 174
　　三　我国居民体育服务产业总体消费水平低 ……………… 174
　　四　我国体育服务产业组织水平低 ………………………… 175
　　五　与文化、旅游产业发展差距大 ………………………… 176
　第二节　我国若干具体体育服务产业的政策需求 …………… 177
　　一　体育场馆经营与管理 …………………………………… 177
　　二　高尔夫球产业 …………………………………………… 178
　　三　体育赛事产业 …………………………………………… 179
　　四　体育彩票 ………………………………………………… 180
　　五　健身会所 ………………………………………………… 181
　　六　保龄球馆和台球俱乐部 ………………………………… 181

第七章　完善我国体育服务产业政策的建议 ………………… 183
　第一节　政策内容的优化 ……………………………………… 183
　　一　综合性体育服务产业政策内容 ………………………… 184
　　二　若干具体体育服务产业政策内容 ……………………… 185
　第二节　完善政策制定过程 …………………………………… 188
　　一　政策方案设置 …………………………………………… 188
　　二　政策制定行为 …………………………………………… 191
　第三节　完善政策执行过程 …………………………………… 194

一　增强体育服务产业政策执行的协调性 …………… 194
　　二　改善体育服务产业政策执行机关的行政理念 …… 195
　　三　顺应经济发展水平 ………………………………… 196
　　四　加强体育服务产业政策信息传递 ………………… 196
　　五　提高体育服务产业政策的软执行力 ……………… 196
　第四节　优化我国体育服务产业政策评价与监控 ………… 197
　　一　完善体育服务产业政策评价 ……………………… 197
　　二　完善体育服务产业政策监控 ……………………… 198

第八章　具体案例研究：我国健身休闲业政策研究 ………… 199
　第一节　我国健身休闲业政策基本状况 …………………… 200
　　一　分布状况 …………………………………………… 200
　　二　健身休闲业具体政策内容 ………………………… 202
　第二节　我国健身休闲业政策执行效果及影响因素 ……… 208
　　一　体育类政策 ………………………………………… 209
　　二　第三产业、服务业政策 …………………………… 211
　　三　其他单体产业政策 ………………………………… 212
　　四　税费政策 …………………………………………… 212
　　五　土地政策 …………………………………………… 214
　　六　小结 ………………………………………………… 214
　第三节　完善我国健身休闲业政策的建议 ………………… 215
　　一　将健身休闲业政策的调整作为政策完善的一项
　　　　长期任务 …………………………………………… 215
　　二　针对健身休闲业存在的实际问题设计健身休闲业
　　　　政策内容 …………………………………………… 215
　　三　强化地方性健身休闲业政策的制定与执行 ……… 215
　　四　政府适度干预健身休闲业 ………………………… 216
　　五　多部门合作实现政策具体化 ……………………… 216

第九章　结论与展望 …………………………………………… 217
　　一　结论 ………………………………………………… 217

二　创新之处 …………………………………………… 219
　　三　不足之处 …………………………………………… 219
　　四　研究展望 …………………………………………… 220

参考文献 ……………………………………………………… 221

附　录 ………………………………………………………… 245

第一章 导论

第一节 体育服务产业政策研究的必要性

一 我国体育服务产业快速发展的需求

20世纪90年代以来,我国第三产业发展速度过慢一直是我国经济发展面临的主要问题之一。到目前为止,调整产业结构、加快第三产业和服务业的发展依然是我国经济发展的重要任务。体育服务产业属于第三产业,是服务业的重要组成部分,体育服务产业的快速发展对调整我国产业结构具有重要意义。从目前我国经济发展形势来看,强关联性产业类型对促进我国经济调整发展具有重要作用,而很多体育服务产业具有较强的关联性,能拉动制造业、建筑业、旅游业、文化产业等的发展。在我国经济快速发展过程中,消费不足和劳动力过剩现象,以及高能源消耗等现象已经影响了我国经济的良性发展,而体育服务产业是劳动较为密集型的产业类型,是拉动消费的无烟产业,在刺激消费和缓解社会就业压力方面具有重要作用。但是,从目前我国体育服务产业发展的实际状况看,体育服务产业在第三产业中的构成部分非常低,与发达国家相比有很大差距。

发展体育事业是一个国家不可推卸的责任,很多发达国家都把发展体育事业作为政府的重要职责,也把体育服务产业作为发展体育事业的重要内容和促进体育事业发展的重要途径。国外发达国家体育服务产业的发展对竞技体育、群众体育,甚至是学校体育都起到了重要的推动作用。体育服务产业的发展是满足不同人群体育消费的必然需求,虽然,随着我国体育管理体制的不断改革,体育服务产业对竞技体育和群众体育都有很大的推动作用，甚至对学校体育的促进作用也越来越明显。但是目前我国体育服务产业在群众体育、竞技体育和学校体育的发展过程中尚未充分发挥作用。我国体育服务产业经营者提供的体育服务产品的种类、服务产品的质量和价格等与实际需求之间有较大偏差。

体育产业主要包括体育服务业、体育用品业和体育建筑业。体育服务业即体育服务产业，是体育产业的核心产业，对体育用品业具有核心拉动作用。国外很多发达国家体育服务产业产值超过60%，而我国体育服务产业只占体育产业产值的17.70%[①]。加快发展我国体育服务产业，对促进我国整体体育产业发展水平具有关键作用。目前我国体育服务产业发展速度虽然比较快，但是与体育用品业的发展很不协调，已经影响到了我国体育产业的整体发展速度。

二 体育服务产业政策是促进体育服务产业发展的重要措施

1949年以后，无论我国的经济发展战略如何调整，经济制度条件如何变动，产业政策一直在我国经济体系中占据十分重要的位置。国家不仅制定了一系列宏观产业政策，还制定了很多单体产业政策，如农业产业政策、工业产业政策、汽车产业政策、文化产业政策等。体育服务产业政策即政府为了实现国家经济发展和体育事业发展，以体育服务产业为直接对象，通过对体育服务产业的规范、保护、扶持、调整和完善等，积极或消极干预体育服务产业的生产、营业、交易活动，以直接或间接促进市场的形成的法律规范和行政规范的总称。国内外实践经验和相关研究表明，体育服务产业政策确实能够促进体育服务产业的发展。我国体育服务产业的兴起和发展过程，在一定程度上也是体育服务产业政策的引导、规范、扶持和保障作用的过程。

三 体育服务产业政策本身存在不足

加快我国体育服务产业的发展是我国经济发展、体育事业发展和体育产业发展的需求。从目前我国体育服务产业发展状况看，我国体育服务产业市场准入逐渐宽松、体育服务产业发展迅速，但同时也存在很多问题需要解决，如我国体育健身会所经营危机、过多追求大型

---

① 国家统计局、国家体育总局：《体育产业及相关产业统计标准》，2008年。

体育赛事而忽略小型体育赛事、体育场馆资源浪费依然严重、高危险项目的经营方面缺少一定的保障等。体育服务产业的发展受很多因素的影响，而目前很多研究都表明政策不完善是其中主要影响因素之一。近几年来，我国政治、经济和文化等事业革新速度加快，与相关政策的改革和调整具有重要关系，而我国关于体育服务产业政策的改革和创新略显滞后，其发展水平不能满足体育服务产业发展的需求。到目前为止，在我国很多政策文件中涉及体育服务产业政策内容，但是有些内容不尽合理、现实中政策难以落实的现象依然比较普遍，有些政策对体育服务产业发展的促进作用并不明显。影响我国体育服务产业政策执行效果不佳的因素很多，如政策内容设置、制定环节、执行环节和监督环节等。对这些环节进行分析和研究是我国体育服务产业政策发展的重要任务。

国务院办公厅《关于加快发展体育产业的指导意见》（2010）是我国体育产业发展的契机，更是我国体育服务产业发展前所未有的机遇。但是仅这一项政策远远满足不了我国体育服务产业发展的需求。很多体育服务产业政策的配套政策还没有跟上，旧政策还没能及时更新。我国体育服务产业政策状况与我国体育服务产业发展的政策需求还有较大差距，需要新的研究成果指导我国体育服务产业政策的完善。

四　体育服务产业政策理论和实践发展的需求

分析和研究我国体育服务产业政策的内容结构体系和体育服务产业政策运行过程，总结我国体育服务产业政策发展规律；发现我国体育服务产业政策存在的问题，结合我国体育服务产业发展对政策的需求，提出完善我国体育服务产业政策的建议；论述我国体育服务产业政策的概念和类别，存在的理论基础，探讨制定、执行、评价和监督等环节的理论基础等可以让人们更深入地了解我国体育服务产业政策。对补充我国体育服务产业政策发展理论和丰富我国体育产业政策理论、体育政策理论、服务业政策理论，乃至对体育产业发展理论、服务业发展理论等都具有重要意义。探讨我国体育服务产业政策具体制定过程和执行过程，并对执行效果和影响因素进行判断，能够帮助我国各级体育服务产业政策制定部门制定更加科学合理的体育服务产业政策；能够帮助体育服务产业政策执行机关选择科学的政策执行方式；也能够帮助体育服务产业经营者和投资者提高对体育服务产业政策的重视和了解，提高对体育服务产业政策的认识水平和执行意识。

第二节 体育服务产业政策基本理论

一 体育服务产业政策理论视角

体育服务产业政策是一个由多种基础理论构成的理论体系。研究体育服务产业政策可以参考的理论模型有围绕人的理性行为衍生的理性模型、有限理性模型、渐进主义模型；围绕政治学衍生的精英主义模型、制度系统模型、团体理论模型、政治系统模型、过程模型；围绕经济学衍生的博弈模型、公共选择理论、福利经济学理论。基于体育服务产业和体育服务产业政策的发展特点，选择性地参考和借鉴这些理论对于分析和研究体育服务产业政策都具有重要意义。本书采取了以政策过程理论为基础的多种理论视角对体育服务产业政策进行研究。

理性模型认为：在政策的决策过程中首先确定政策目标，然后获得全部有效的信息，找出与现实目标相关的所有决策方案，准确预测每一方案所能产生的结果，从中选择最优的决策方案。体育服务产业政策在确定体育服务产业发展目标和制定政策方案时，必须充分收集体育服务产业发展状况和原有体育服务产业政策执行状况等各方面的信息，并从制订的方案中选择最合适的方案。理性模型理论要求政策方案设计者必须具有丰富的知识和经验，能够准确处理和判断各种信息，能够制订科学的政策方案和选择最优方案。[1]

有限理性模型认为：决策者的能力是有限的，在处理政策信息、设计方案和选择方案时，都会受到限制，最终选择的方案可能不是最优方案，但可能是最满意的方案。

---

[1] ［美］迈克尔·麦金尼斯主编：《多中心治道与发展》，毛寿龙译，上海三联书店2000年版，第23—34页。

渐进主义模型由有限理性模型衍生，由于有限理性的原因，人们无法判断政策的长久目标和最佳方案，过去的政策内容（或政策许诺），需要不断对之进行补充和完善，以设计出最适合当前需要的政策方案。（见图1-1）有限理性模型和渐进主义模型可以提醒体育服务产业政策制定者，制定出的政策无法达到十全十美或一劳永逸。因此在体育服务产业政策制定好后，应该根据体育服务产业政策环境的变化和对问题认识的不断深入对体育服务产业政策进行适时的调整和完善。

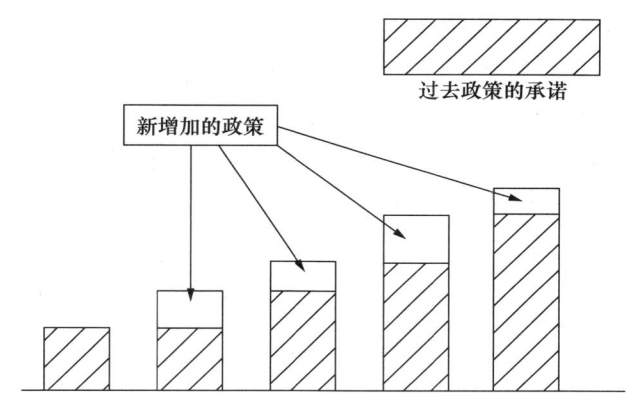

图1-1 渐进主义模型

精英主义模型的基本观点为：社会分化成掌权的少数人（精英人物）和无权的多数人，精英人物主要来自政治、经济地位较高的知识分子，在社会基本价值观和维护社会制度方面，精英者的看法是一致的。政策往往反映的是精英群体的价值观而不是大众的需求[1]。在体育服务产业政策的制定和执行中，精英主体的价值和偏好会体现在不同的体育服务产业政策中，其中各种体育服务发展的扶持、管制、规范等政策可以说是制定相关体育服务产业政策的精英者的价值体现。

制度系统模型认为政策是权威政治组织（立法机关、行政机关、

---

① ［美］托马斯·戴伊、哈蒙·齐格勒：《民主的嘲讽》，孙占平、盛聚林、马骏等译，世界知识出版社1991年版。

司法机关、政党）的输出、权威政治组织之间的权力结构（职责、权限）是政策的核心影响因素。① 体育服务产业政策是相关行政组织在各自职权范围内对体育服务产业行为的规范或约束的体现。本书研究体育服务产业政策的依据是大制度和大政策模型（见图1-2），体育服务产业政策是政策的一种类型，政策既受制度的约束，同时又对制度具有干预作用，在一定的历史条件下甚至可以形成新的制度。但是对体育服务产业政策来说，主要受制于制度，对制度的干预作用非常有限。

团体理论模型认为政策是团体利益的平衡，政府相当于一个仲裁者，力求各方作出妥协而制定政策规则，以政策出台的形式均衡各方利益，为制度平衡服务。② 这在法律意识比较强、社会文化发展水平较高的国家或者地区更为明显，如美国的职业联赛反垄断豁免权就充分体现了均衡各方利益的精神。我国体育服务产业政策也是政府在体育服务产业与其他产业之间的利益进行权衡的结果。

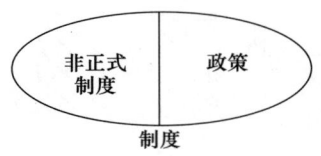

图1-2 制度与政策关系示意

政治系统模型认为，政策是在一定的政策环境下，各种政策信息输入到政治系统，通过政治活动输出政策。当输出的政策不适应社会环境时，其作为政策信息重新输入政治系统，通过政治系统输出政策。体育服务产业政策的制定即将各种体育服务产业政策信息输入政治系统，输出体育服务产业政策的过程。体育服务产业政策的执行情

---

① ［美］约翰·N. 德勒巴克、约翰·V. C. 奈：《新制度经济学》，张宁燕译，经济科学出版社2003年版，第430—451页；何俊志：《结构、历史与行为——历史制度主义对政治科学的重构》，复旦大学出版社2004年版，第129—141页。

② ［美］戴维·杜鲁门：《政治的过程》，天津人民出版社2005年版，第313—341页。

况将作为新的政策信息传输给政治系统，输出新的体育服务产业政策，或者是对原有的体育服务产业政策进行修正或者完善。①②（见图1-3）

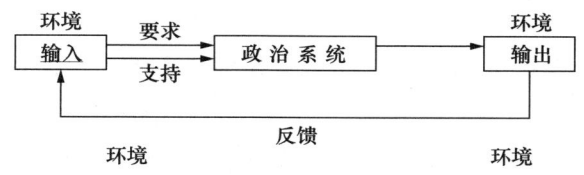

图1-3 政治系统模型

管理学专家认为"管理无处不在，管理无时不在"，就范围来看，有社会的管理、国家的管理、企业的管理。管理作为一项社会性的活动，一项实现组织目标的活动，涉及人与人之间关系的协调、资源在组织中的分配、权力在组织中的传递。体育服务产业政策的制定和执行过程，也是对整个国家体育服务产业的管理过程，其中包含了实现政策目标的活动、执行者与政策目标群体之间的协调、体育服务产业财政补贴的分配、政策制定权的行使等各种行为，其中很多环节都可以用管理学理论进行解释。体育服务产业政策内容的设计，体育服务产业政策的执行，不仅要达到政策制定者和政策执行者的要求，而且还应该达到使每个政策对象满意的目的。管理的功能是在人与人打交道的过程中实现组织的目的，而政策内容的落实也是在人与人的相互联系与沟通的过程中实现的。从管理的角度看，政策制定者和政策执行者都是管理者，特别是政策执行者必须富有理性思考、战略思维、公平对待、善于沟通等素质，这样才能保证体育服务产业政策执行的效果更好。在体育服务产业政策执行过程中，应尽力做到各方工作协调性强、摩擦少、效率高。政策执行者还要使用柔性管理方式执行政

---

① ［美］戴维·伊斯顿（David Easten）：《政治生活的系统分析》，王浦劬译，华夏出版社1999年版，第103—110页。
② Robert Eyestone, "The Threads of Pubcic Policy: a Study in Policy Leadership", *The Journal of Politics*, No. 5, 1972, pp. 669-670.

策内容，使政策目标群体在兼顾公共利益的基础上，接受和顺从政策。

政策博弈理论可以表述为一个新政策的制定实际上是新的利益整合，体育服务产业政策的制定，实际上是对体育服务企业利益的重新设计，或是政府与企业之间的利益均衡。因此在体育服务产业政策制定时期就可能激起各方的争议和利益博弈。在不违反法律的条件下，体育服务产业政策制定者，都会从社会利益的角度选择是否制定政策，而具体的政策制定部门会从部门利益的角度选择制定何种政策方案。在体育服务产业经营者能够参与政策议程的条件下，体育服务产业经营者也会在政策议程中提出对自己有利的政策方案。体育服务产业政策的执行也存在政策博弈，在法律许可的范围内，政府如果认为执行政策成本过高的话，将选择不执行政策；如果政策能给企业带来经济利益的话，企业则表现为顺从政策或者配合执行政策，否则表现为不顺从或者不配合。当体育服务产业政策执行细化到某个人的具体行为时，则会在条件允许的范围内采取对自己有利的行为，如晋升的机会更大、获得的劳动报酬更多等。

过程模型理论是比较常用的政策分析理论模型，国内绝大多数专家采取过程理论模型研究中国政策。过程模型理论将政策过程分为制定、执行、评估等若干过程来研究，认为政策过程由一系列的政治活动组成，即问题的提出、议题的设定、政策的形成、政策的合法化、政策执行与评估等，其中侧重分析政府机关的活动和行为。[1][2] 该理论模型较适合中国的国情，能比较清晰地解释政府机关的各种行为。但是该政策模型也有其弊端，如不能反映政策的内容、不能提供因果性解释。

在体育服务产业政策的运行过程分析中，主要以过程理论模型为主线，结合其他理论模型进行分析，以弥补政策过程理论的不足。另外经济学模型、实验理论模型，以及中国的儒家"中庸"理论、道家的"无为而治"理论都能从某种角度补充解释和分析我国体育服务产业政策。

---

[1] [英]米切尔·黑尧：《现代国家的政策过程》，赵成根译，中国青年出版社2004年版，第25—26页。

[2] [美]霍华德·威亚尔达：《比较政治学导论：概念与过程》，娄亚译，北京大学出版社2005年版，第56页。

体育服务产业政策也是产业政策的范畴，因此本书也会适当从产业经济学的理论视角对之进行分析和研究，争取对我国体育服务产业政策现象的分析更加透彻、对体育服务产业政策理论的本质认识更准确。

二 体育服务产业政策概念

（一）体育服务产业和体育产业

关于产业的概念，至今仍然存在很多不同的表述，但是从产业经济学的角度定义产业主要有两个方面的含义：一是认为"产业"与"市场"（狭义的局部市场而不是广义的一般市场）是同义语，因为只有为同一市场生产同类产品的企业才能构成同一个产业，即企业的集合。二是指具有某种属性的、具有相互作用的经济活动的集合或系统，即广义的产业概念。那么广义上的体育产业则指各种体育经济活动的集合，本书采取广义上的体育产业概念。

根据我国目前最新体育产业及相关产业统计分类方式可以将我国体育产业分为体育服务业、体育用品业和体育建筑业。[①] 体育服务产业即为体育产业中的体育服务业，即通过体育市场进行资源配置的体育事业。[②] 虽然目前一些专家认为，其中的体育彩票不能列入体育产业的范畴。但是相关政策文件和研究成果更趋于将体育彩票列为体育服务产业的范畴。尽管以往的研究文献中，极少有"体育服务产业"这一提法，但是早期狭义意义上的"体育产业"均指本书所讲的体育服务产业。体育服务产业的概念是随着体育产业的发展和人们对体育产业认识的不断深入而逐渐科学化和合理化的。1985年国务院颁布的《国民生产总值的计算方案》，把体育事业列入第三产业，体育服务产业即为其中所指的第三产业类型。《体育产业发展纲要》（1995）把体育产业划分为体育本体产业、体育相关产业和其他，其中本体产业也为目前所指的体育服务产业。

（二）产业政策

产业政策是一个使用非常广泛却定义含糊的概念，从不同的角度

[①] 国家统计局、国家体育总局：《体育产业及相关产业统计标准》，2008年。
[②] 鲍明晓：《体育产业——新的经济增长点》，人民体育出版社2000年版，第85—90页。

对产业政策有不同的理解。第一，认为产业政策是促进产业发展的一切政策的总称。阿格拉在《欧洲共同体经济学》中指出，产业政策是"与产业有关的一切法令和政策"。① 第二，认为产业政策就是产业计划，是政府对未来产业结构变动方向的干预。美国经济学家阿密塔伊·艾特伊奥利说："产业政策就是计划"，只是用了一个"温和的，更加悦目的名词"。第三，认为产业政策是后发国家实现赶超所采取的政策总和。日本经济学家井木信义认为，产业政策是当一国的产业处于比其他国家落后的状态，或者有可能落后于其他国家时，为了加强本国产业所采用的各种政策。第四，产业政策是弥补市场缺陷而对相关产业进行干预的政策总称。日本学者伊藤元把产业政策定义为："在市场竞争中，市场资源分配失败或者在分配上出现缺陷时国家介入产业的资源分配或者干预产业组织，以提高经济发展水平的政策。"② 另外还有很多其他产业政策的定义，但是其核心含义均为：为了优化产业发展现状和提高增长速度的政策总称。在产业经济学中，产业政策通常被描述为："国家根据国民经济发展的内在要求，调整产业结构和产业组织形式，从而提高供给总量的增长速度，并使供给能够有效地适应需求与要求的政策措施。"③

经济政策是在理论研究和实践使用中比较频繁的概念，在体育产业的研究中，把体育产业政策和体育经济政策混为一谈的现象非常普遍。为了更好地研究体育服务产业政策，现适度辨析产业政策和经济政策。经济政策和产业政策是一种相互交叉的关系，很多政策既是经济政策又是产业政策。一项产业政策可能由若干经济政策手段作为实现方式，如财政政策、货币政策、国际贸易政策等；而各种产业发展政策的同时又作为国家整体宏观经济政策体系的构成部分。经济政策

---

① 阿格拉：《欧洲共同体经济学》，上海译文出版社1985年版，第132页。
② 张泽一：《产业政策有效性问题的研究》，博士学位论文，北京交通大学，2010年。
③ 产业政策—产业经济学—人大经济论坛—经管百科，http：//www.pinggu.com/index.php? doc - innerlink - %e4%ba%a7%e4%b8%9a%e6%94%bf%e7%ad%96；Industrial policy - 商业评论百科 - 专业的管理百科，http：//wiki.ebusinessreview.cn/industrial_ policy；产业政策_ 商务百科，http://baike.aliqq.com.cn/jingjizhengce/200807 - 364.html，2011年9月2日访问。

和产业政策相互协调共同发挥作用，最终实现加快经济发展速度，达到有效供给的目的。但是两者也有一定的区别，经济政策和产业政策研究的侧重点不同。经济政策运行过程中，主要解决经济发展中的税收、收支、物价等问题；产业政策则主要解决产业的结构问题、组织问题和发展问题等。经济政策研究者更注重投入、产出、税收、消费、财政等，以及它们之间的各种关系；产业政策研究者则更注重行业的发展态势，如各种行业的企业数量、性质、构成、产值、缓解就业压力等。由此可以看出经济政策是一个国家经济发展所不可缺少的基本政策，产业政策是在经济政策基础上以达到若干产业类型或某一产业类型又好又快发展为目的的政策。

产业类型可以根据产业的分类方式或者细化程度分为不同的类别，产业政策可以是国家整体产业政策，如国务院《关于发布实施〈促进产业结构调整暂行规定〉的决定》（2005）；可以是某领域的产业政策，如工业政策、服务业政策；也可以是某一产业类别的政策，如钢铁产业政策、汽车产业政策、体育产业政策、体育服务产业政策等。体育服务产业政策则是为了促进体育服务产业这一具体产业的政策类型。在很多关于单体产业政策的讨论中，产业政策的主要目的是促进单体产业的发展速度和规模，以调整单体产业的外部结构和顺应整个产业或者某一事业的发展趋势。体育服务产业政策的主要目的则是加快体育服务产业的发展速度，改善体育产业发展结构不合理状况、促进体育强国建设、优化我国产业结构。

(三) 体育服务产业政策

体育服务产业政策是一个政策体系，与文化产业政策和旅游产业政策一样，是产业政策的分支，是关于发展体育服务产业的单体产业政策，以加快体育服务产业发展为主要目的的政策体系。体育服务产业政策可以描述为：国家根据发展的需求，为了提高体育服务产业增长速度，使体育服务产业能有效地供给，并适应社会发展的需求而采取的各种政策措施的总称。体育服务产业政策是一个政策体系，税收、财政、物价等经济政策是体育服务产业政策的主要组成部分，另外一些行政管制政策，如行政审批、行政监督管理等也是体育服务产业政策的内容。体育服务产业政策和其他单体产业政策一样，主要以加快体育服务产业的发展速度、吸纳就业和满足各种体育服务需求等效益为目的。体育服务产业政策是由相互交织的各种经济政策、行政政策和体育政策等形成的体育服务产业政策体系。

政策有广义和狭义之分，广义上的政策包括法律、法规、规章、中央文件、国务院文件、地方政府文件和其他各种规范性文件等，而狭义上的政策只包括各种规范性的行政文件，不包括法律规范。在研究某一行业或者某一产业业态的政策体系时，通常采取广义的政策概念。[1] 体育服务产业政策是规范和指导体育服务产业发展的各种法律、法规、规章、中央文件、国务院文件、地方政府文件和其他各种规范性文件的总称。

体育服务产业政策也是体育政策，属于体育政策的范畴，体育行政机关是体育服务产业政策制定和执行的重要行政主体。体育政策是一个国家在一定历史时期内为促进体育事业发展、满足国家对体育的需求、充分实现体育功能所制定的各种法规政策的总称，一些体育行政部门制定的以发展体育服务产业为目的的体育政策内容都属于体育服务产业政策的范畴。一些服务业政策、文化产业政策、旅游产业政策所涉及的体育服务产业内容，也属于体育服务产业政策的范畴，同样具有体育政策属性。体育服务产业政策是一个政策体系，体育服务产业政策不仅仅指专门发展体育服务产业所确定的政策内容，还包括与之相关的配套决定。体育服务产业政策的配套政策一般指较具体的财税政策、实施细则、地方性实施方案等。

根据体育服务产业政策的具体政策内容，可以将体育服务产业政策分为专门政策和相关政策。体育服务产业专门政策是指主要为了体育服务产业的发展而制定的政策。在我国体育产业政策中虽然没有以体育服务产业政策命名的政策，但我国体育产业政策均是以发展体育服务产业为主要目的的，本书认为是体育服务产业专门政策，如《关于加快发展体育产业的指导意见》《关于培育体育市场，加快体育产业化进程的意见》《体育服务认证管理办法》等。体育服务产业相关政策是指与体育服务产业有较大关系的其他体育政策、产业政策、文

---

[1] 陈振明：《政策科学》，中国人民大学出版社2003年版，第185—186页。

化产业政策，如《全民健身条例》《关于加快发展服务业的若干意见》。另外还有一些旅游、文化等与体育服务产业关系不大，但是对体育服务产业有所涉及的政策，本书称为其他政策。

三 体育服务产业政策属性

产业政策通常被描述为：国家根据国民经济发展的内在要求，调整产业结构和产业组织形式，从而提高供给总量的增长速度，并使供给结构能够有效地适应需求结构要求的政策措施。产业政策根据产业的分类方式或细化程度可以分为不同的类别，体育服务产业政策则是调整和规范各种体育服务产业行为的政策总称。体育服务产业政策是产业政策的一个分支，是关于体育服务产业的单体产业政策，与文化产业政策、旅游产业政策一样，专门为了发展某一单体产业发展的政策体系。从产业经济学和政策学的角度可以将体育服务产业政策描述为：国家根据发展的需求，为了提高体育服务产业增长速度，通过优化体育服务产业结构和组织结构，使体育服务产业能有效地供给，并适应社会需求而采取的各种政策措施。体育服务产业政策是各类政策构成的政策体系，如税收、财政、物价等经济政策是体育服务产业政策的主要组成部分，另外一些行政管制政策，如行政审批、行政监督管理等也是体育服务产业政策的内容。

体育服务产业政策具有政策的基本属性，如具有正误性、时效性、协调性。体育服务产业政策有正确与错误之分，人们对体育服务产业、体育服务产业政策的知识水平和对政策信息掌握的充分程度等，会影响体育服务产业政策制定或者执行是否正确或者是否科学，这也是研究体育服务产业政策的原因所在。体育服务产业政策具有时效性，因为政策是在一定的历史条件和国情条件下推行的现实政策，随着时间的推移，政策可能会失效或者不再起作用。政策具有协调性，从体育服务产业政策的制定和执行看，体育服务产业政策的制定和执行，必须与其他经济政策、政治政策和文化政策等相协调。从时序上讲，体育服务产业政策是连续的，一项政策在前，另一项政策可能在后，从而形成体育服务产业政策的接力。

四 体育服务产业政策的执行与评价

政策执行常常被视为制定过程的最后阶段，政策制定者通过政策目标与行动纲领的设定，希望将它付诸实践并且产生效果。但是政策制定者的一些目标与理想常常因为各种原因而无法实现，一项失败的政策可能出于政策设计的失败，也可能来自执行的问题。体育服务产业政策的有效执行对促进我国体育服务产业发展具有重要意义。[1] 政策执行的优劣需要通过对政策的评价来判断，体育服务产业政策的评价，是检验体育服务产业政策执行效果的依据。

关于政策评价的方案有多种观点，其中绝大多数专家侧重于对政策的执行效果进行评价，或者是为对政策执行状况进行评价。政策的评价大致可分为正式评价和非正式评价。正式评价指事先制定完整的评价方案，并严格按规定的程序和内容执行，并由确定的评价者进行的评价。非正式评价指对评价者、评价形式、评价内容没有严格规定，对评价的最后结论也不作严格要求，人们根据自己掌握的情况对政策作出评价。[2]

并非所有的政策在执行时都能有效发挥作用，影响体育服务产业政策发挥作用的主要因素一般为政策本身、政策资源、政策对象配合、外在环境限制等。体育服务产业政策评价的设计即从这些环节出发结合体育服务产业政策执行模式，采取合理评估的方式，对体育服务产业政策执行状况进行评估。目前国内外有十余种比较成熟的政策评估模式，在不同的历史条件下，政策评价者可以选择合适的评价方式对体育服务产业政策执行效果进行评价。

第三节　体育服务产业政策相关研究回顾

一　关于政策的研究

（一）关于政策发展的历程

最广义的政策是由诸如个人、群体、企业或者政府所采取的行动方案。在通常情况下，政策被理解为公共政策，即政府机构正式或公开宣布的决定。从政策内容上看，政策表现为政府表示将要做什么；

---

[1] 柴萍:《我国体育产业政策应用研究》,《北京体育大学学报》2010 年第 12 期。
[2] 李允杰、丘昌泰:《政策执行与评估》,北京大学出版社 2008 年版。

在执行层面，政策表现为政府实际上做什么；在结果层面表现为政府对社会的影响程度。① 政策是施政的策略，"施政"就是进行治理或实施管理。政策文件是反映政府目的最普遍、最直观、最正式和最被认可的表现形式。凡有现代管理的地方便有政策，政策是体现管理者意向的命令、规章、方法、措施等的总和。②

政策科学是人类发展到一定的历史阶段，人必须能够自己塑造自己的未来的产物（R. M. 克朗，1985）。政策科学在20世纪50年代首次被拉斯维尔和乐恩那提出。20世纪60年代，美国和其他一些西方国家出现了一系列的社会问题，很多政治学家受政府的委托，为政府收集资料和提供政策方案。但越来越多的事实证明，随着社会的不断发展，各种关系变得越来越复杂，政策制定者制定政策越发显得力不从心，需要各方面专家的帮助。在许多国家形成了一些帮助政府做决策和为其提出政策建议的智囊团。20世纪60年代以后，关于政策的研究开始快速增加，如关于政策体系、政策的制定、政策与政治的关系（兰奈，1968）等。根据国外政策科学研究的一般观点，政策研究可以分为五个重点范畴，即政策战略、政策分析、政策制定系统改进、政策评估和政策科学发展。随着政策研究的不断深入和细化，政策执行、监督和背景等很多研究领域开始形成。20世纪70年代，政策科学得到了空前的发展，社会制度和社会因素对政策制定和执行的影响受到重视，很多专家研究如何更好地使政策达到预期目标③。

相对于哲学、经济学等其他学科来说，政策科学是发展相对较晚的科学，在20世纪70年代，政策科学研究才有独立的研究体系。以《公共政策制定检讨》[德诺尔（Yehezkel Dror），1968]、《政策制定探索》（德诺尔，1971）和《政策科学构想》（德诺尔，1971）、《政策科学》（德诺尔，1969）刊物以及其他政策研究者如H. 拉斯维尔（H. Lasswell）、马斯·R. 戴伊（Chomas R. Dye）、詹姆斯·E. 安德

---

① [英]安德鲁·海伍德：《政治学核心概念》，吴勇译，天津人民出版社2008年版，第37—38页。
② 黄展涛：《公共政策本质属性谱系初探》，《理论观察》2007年第3期。
③ [美]查尔斯·E. 林布隆（Charles E. Lindblom）：《政策制定过程》，朱国斌译，华夏出版社1987年版，第2—4页。

森(James E. Anderson)和查尔斯·O. 琼斯(Charles O. Jones)等一系列的专著和研究成果构成了比较系统的政策科学体系。在过去的几十年中,一批政策研究专家在前期的研究成果上不断完善政策科学体系,不断形成丰硕的研究成果,为政策的科学发展作出了贡献。新中国成立以后,实行的是计划经济,其本身是以行政性政策引导和规范的发展模式。但是我国政策研究却起步很晚,在20世纪80年代才开始出现关于政策的研究,到目前为止关于政策研究的广度和深度依然比较落后,这也是导致中国很多领域体现出政策数量多、功效低、执行效果不理想的原因之一。[①]

在一个充满革新、竞争的转型社会中,关于社会发展最初设想的发展模式、前期的政策和经验,必然会随着千百万的思考和实践的发展而不断丰富、补充、修正甚至改变。因此政策不是一成不变的,政策必须随着社会的变迁、随着人们对社会认识的不断深入而不断进行修正。[②] 但是政策的变化又不能变化无常,要有一定的稳定性,因此政策要做到具有前瞻性,就要求政策研究者和政策制定者为之付出努力。[③]

通过政策科学发展的历程看,政策和人们对政策的认识都是不断发展的,对政策的研究是一项长期的工作,对政策的调整和改善也是一项长期的任务。体育服务产业政策的发展和人们对体育服务产业政策的研究也是一个长期的发展过程,适时研究体育服务产业政策,及时提出完善体育服务产业政策的建议也是非常有必要的。

(二)关于政策制定的研究

关于政策制定有广义和狭义两种理解。有些政策科学家如德诺尔将政策制定理解为整个政策过程,把政策制定、执行、评估等环节都称为政策制定阶段。大多数政策科学家则对政策制定作了狭义的理解,即把它理解为政策形成或政策规划,指设计政策方案以及将方案

---

① 陈振明:《政策科学》,中国人民大学出版社1998年版,第20—25页。
② 严强:《迈向经验中国政策变迁》,中央编译出版社2010年版,第10—36页。
③ 刘自学:《论政治哲学范式的演进》,博士学位论文,南开大学,2010年。

合法化的过程。①

安德森认为政策形成涉及三个方面的问题：社会问题是怎样引起决策者注意的；解决特定问题的政策意见是怎样形成的；某一意见是怎样在可供选择的政策方案中被选中的。查尔斯·琼和迪特·马瑟斯认为，政策形成包括如下环节：设立解决问题的议程、方案规划、方案的选择和方案的合法化。设立议程是政策制定过程中起始阶段，某一社会问题先进入系统议程，再进入政府议程，最后成为政策要解决的问题。在实践中，很多问题可以直接进入政府议事日程，因为政策决策者会主动寻找问题，把它列入自己的议事日程。一个问题即使能够顺利进入政府议程，最后也会出现不同的结果。经过决策者的研究可能很快制定出相应的政策，也可能由于渠道不畅、行动不力、效率低下，从而作不出决定。

关于政策制定的研究，查尔斯·E. 林布隆认为政策制定的首要工作是信息的收集与分析，如政策环境的证实与评价、政策目标的确立以及对未来环境的预估等，并对这些信息中的标志性信息点进行提取、筛选和分析。相关信息的收集、科研团体或者智囊团的建议等是政策制定的重要依据，是政策更为有效的保证。但另一方面，人们希望政策的制定过程是民主的，使自己的政策需求或者所代表的利益能够在政策中实现，而由于政策制定者观念的差异和竞争的存在，有时一项政策会成为政策制定者之间政策妥协的结果。②

政策的制定与国家的制度和体制紧密联系，政策制定的程序、制定机关和社会参与程度等都受限于一个国家的政治制度和管理体制。政策的制定和实施是在一定的政治、法律和经济环境下进行的，政策功效的发挥也受到国家政治发展水平的限制。一些发达国家政策信息的收集和政策的决定会由政府官员、新闻记者、社会团体、利益集团和有利害关系的公民经常参加讨论。而一些欠发达国家，很可能没有社会广泛参与政策制定的实施路径，或者公民怠于参与相关政策讨

---

① [美] 格斯顿：《公共政策的制定：程度和原理》，重庆出版社 2001 年版，第 4—10 页。
② [美] 查尔斯·E. 林布隆：《政策制定过程》，朱国斌译，华夏出版社 1987 年版，第 8—14 页。

论，也可能根本就没有政策参与活动的财政投入。①②

价值冲突也会干扰影响政策的制定，有些学者和政策分析人员认为其所从事的大量专业分析是白费心机，行政官员忽视了他们的成果，政府无法采纳他们的建议。政府官员有时也认为，他们发现提供给他们的分析结果并无多大用处。③另外政策也无法达到明显对大家都有利的政策，如果对某些集团有利，那么这些政策就会损害其他集团的利益。时间和成本的限制要求政策制定者必须以可利用的财力在规定的时间内完成政策的决策，有些决议不能等待把所有的事实都掌握了之后再作出。目前还没有哪一个政府资助过任何大型的"近乎完备"的政策抉择研究项目。④

"理性经济人理论"表明政府在制定政策时具有自利性，并在政策制定过程中谋求自身利益的最大化。首先，政府可以从谋求自身利益最大化出发来界定和认定政策问题；其次，在有效的制约与监督下，其自身利益能够在合理的范围内得到实现，正当的需求能够通过正规的渠道得到满足；最后，政府的利益常常被视为不应有的利益诉求，这使政府缺乏准确界定、认定和实现社会利益的动力。⑤

从以上关于政策制定的相关研究成果可以看出，政策制定者会通过各种途径获取社会信息，决定是否制定政策；政策的制定受一个国家制度的影响；政策内容的最终确定受决策方式、政策制定者价值观念、利益驱动、经济理性等若干因素的影响。体育服务产业政策的制定必然也会经历这些必要的步骤和受到以上各种因素的影响。

（三）关于政策执行的研究

在政策的执行过程中，随着社会各种因素的不断变化，政策执行

---

① 余友前：《我国政府决策制定过程中的公众参与研究》，硕士学位论文，湘潭大学，2010年。

② 陈振明：《公共政策制定的基本程序》（上），《中国工商管理研究》2006年第6期。

③ ［美］查尔斯·E.林布隆：《政策制定过程》，朱国斌译，华夏出版社1987年版，第18—22页。

④ 同上书，第105—166页。

⑤ 冯昊青、李建华：《理性经济人的道德辨析及逻辑演进》，《现代经济探讨》2006年第11期。

过程中的偏差是非常可能的,因此政策运行系统必须具有控制、调节和修正功能,尽量使政策为社会所需求,尽量使政策效用达到最大。国外对政策执行的研究总体可以分为三个阶段,第一阶段的政策执行研究主要采取个案研究方法,主要分析对政策执行失败的原因,认为政策制定不科学和执行结构的不合理是政策执行失败的主要原因(Goggin,1886;Sabatier,1986)。第二阶段主要形成了能够预测政策执行结果的各种模型,认为政策执行会随政策类型、政策执行结构和政策执行时间而产生不同的执行效果,并产生促进和阻碍政策执行变量而影响政策执行效果的研究,形成了分析政策执行过程的多样化视角(Mazmanian,Sabatier,1983;Hjern,Pprter et al.,1981)。第三阶段强调运用内容分析、社会实验、回归分析等研究方法在内的多元研究方法,通过各种历史案例研究政策执行动态过程(Deleon,1990;O'Toole,2000 等)。政策执行是一个动态行为过程,目前国内外政策执行研究已经总结了很多政策执行模型,如宏观视角上的从上至下的政策执行模型、从下至上的政策执行模型和综合政策执行模型;微观视角上的过程政策执行模型、互适政策执行模型、循环政策执行模型、系统政策执行模型等。在国内政策执行的研究中,一般借助前人的理论模型分析影响政策执行的因素,提出各种提高政策执行效果的方案。[1][2]

政策执行偏差是当前我国政策执行过程中的一个突出问题。应从强化政策执行控制的视角,构建政策执行控制主体体系、优化政策执行控制制度安排、构建立体无障碍的信息沟通系统、提高控制主体的觉悟水平和能力,以防治政策执行偏差。[3] 丁煌等对我国目前政策执行的研究较具有权威性,他认为政策执行过程是一个典型的委托—代理模型,作为代理人的政策执行机关(人)可能会基于自身利益最大化的诉求,利用信息优势、监管漏洞以及风险分担机制,通过不作

---

[1] 郭渐强:《政策执行研究》,湖南大学出版社1999年版,第109页。
[2] 丁煌:《政策执行阻滞机制及其防治对策——一项基于行为和制度的分析》,人民体育出版社2002年版。
[3] 吴开明:《政策执行偏差防治路径探析——基于政策执行控制的视角》,《中国行政管理》2009年第1期。

为、虚假执行和歪曲执行等方式，致使政策执行偏离预先设计的轨道，进而造成政策目标的落空或扭曲。① 因此在政策执行过程存在"道德风险"，地方政府作为代理人可能会从地方政府虚假执行政策来实现自身利益最大化。其产生的根本原因在于参与约束和激励约束无法满足的条件下的利益博弈，表现在中央和地方行政机关间的"斗鸡博弈"特征，具有层级隶属关系的地方行政机关之间的"智猪博弈"的特点，同级地方行政机关之间的博弈则属于典型的"囚徒困境"。他还认为信息不对称对政策执行有很大危害作用，他分析了政策信息不对称的十多种可能的原因，如"经济人"本性，政府及其官员都是寻求自身利益的"自利人"，在执行政策时也是追求自身利益的最大化，故而在政策执行中，政策执行者会有选择地传递对自身有利的信息，隐瞒对自己不利的信息②；有限理性决定了政府机关的行为能力和信息处理能力只能达到相对准确，很难达到所谓的客观理性；信息收集、实地调查与访谈等活动存在大量交易费用，构成了政策制定者和执行者搜寻信息的障碍等。基于这些原因，他从制度策略上、过程策略上、行为策略上、文化策略上和技术策略上提出避免政策信息不对称的方案，如进入竞争机制、完善行政公开制度、建立政策执行信息系统、改进政策评估、加强行政伦理建设、培养合作精神、优化政策信息技术手段等。

政策执行是政策发挥作用的关键环节，由以上研究成果可以看出，政策执行偏差是非常容易产生的，也是我国政策执行过程中的突出问题，但是政策的偏差是可以控制的，也可以通过若干方式进行干预以减少偏差或者杜绝偏差。但是关于我国体育服务产业政策执行偏差问题没有受到足够重视，相关的研究也非常少。

（四）关于政策评价的研究

政策评价也称为政策评估，是检验政策执行效果的行为过程。国外专家对政策评估的研究更多侧重于评估指标、评估程序、评估模

---

① 丁煌、李晓飞：《公共政策执行过程中道德风险的成因及规避机制研究——基于利益博弈的视角》，《北京行政学院学报》2010 年第 4 期。

② 同上。

式、评估方法等评估技术层面的研究。在具体政策评估中，主要对政策发挥的作用进行评估，评估政策是否发挥了作用，发挥了多少作用，影响政策发挥作用的因素等。国外关于政策评估的研究开始于20世纪60年代，如爱德华·萨齐曼（Edward Suchman）的《评估研究》（1967）、卡罗尔·威丝（Carol Weiss）的《项目有效性评估方法》（1972）、约瑟夫·侯利（Joseph Whley）的《联邦评估政策》（1970）、艾丽丝·里夫琳于1971年发表的《社会行动的系统思考》等。很多发达国家对政策的评估都非常重视，政策评估的主要目的是充分发挥政策的功能，以维护现有的基本社会秩序，提高政府服务质量等。国外关于政策评价的研究比较开放，评价性的研究结果会展示政策中实施步骤的正确与否，从而为下一步的政策工作提供指导。一些政策机构必须对政策本身的成败作出明确的评价，机构可以使用永久编制人员或机构内部的人员进行评价，也可以雇用外部的研究或咨询公司来评价。① 但是政策制定者会力图证明他们的政策方案是成功的，如果政策评价揭露出许多不利的调查结果时，负责该项方案实施或者政策制定部门会压制这一报告的公布。②

国内关于政策评价的研究主要侧重于政策评估功能（陶学荣，2008），认为政策评估能有效地检测政策效率和效益，为合理配置政策资源奠定基础；张国庆等梳理了政策评估困境和政策评估不力的原因，如政策评估理念没有形成，许多政策仅具有象征性的价值而不具有实际价值，政策评估由于需要投入很多经费、时间和精力而被放弃评估。

目前关于我国政策评估的研究开始注重影响政策执行效果的各个环节和因素，并建立了关于政策执行中的政府执行力的评估分析模型和政策执行效果的指标评价体系。③ 随着我国政策科学的不断发展，

---

① Williajn N. Nunn, Public analysis: AnIntroduetion, Znd. NewJersey: Prentiee – hall International, Inc., 1994.
② ［美］威廉·N. 邓恩：《公共政策分析导论》，谢明等译，中国人民大学出版社2001年版，第36页。
③ 冯栋：《公共政策执行力评估的指标体系研究》，硕士学位论文，湘潭大学，2008年。

一些专门行业的政策或者单体产业政策的评价研究越来越多。白常凯等认为政策的评估应以科学、合理、逻辑和简易可操作为原则，同时还要遵循科研与国情结合、多学科交叉融合、定量与定性结合，形成研究者和决策者共同评价的政策评估模式。他设计了一套政策执行程式，并将乡村卫生组织一体化管理政策运用到其中，建立了该政策评估指标体系，评估了该政策的执行效果。[①]

我国政策评估研究多为先分析国外政策评估理论，然后结合我国的国情制定适合我国国情的政策评估方式。但是从我国政府政策评估的实践来看，关于政策的评估还处在探索阶段，选择何种评估手段更科学，是否需要对政策的评估投入大量的成本，都是政府正在考虑或者还没有考虑的问题。有些专家认为政策的评价贯穿于整个政策的制定和执行过程，也有些专家认为仅仅是对政策执行效果的评价。对一个机构的政策或计划的成败作专门评价和研究，是提高政策制定理性程度的表现，但是我国政府同样不愿意看到自己制定的政策失败的评价结果。

（五）关于体育政策的研究

日本、韩国、加拿大和澳大利亚对体育政策的研究较多，一方面主要集中在竞技体育政策、学校体育政策和群众体育政策方面，另一方面比较注重体育政策的执行力，也有一些较多涉及体育产业政策和体育服务产业政策方面。如英国的公共政策的改革对英国体育政策具有很大影响，英国公共服务的外包政策直接推动了体育服务外包政策的形成。[②] 欧盟体育政策在制定的过程中，注重调查和研究，体育政策科研人员提供的调查研究成果起很大作用；其次要求各国体育官方组织和民间组织参加政策的制定和修改，确保制定出的政策能够有效执行；最后给予不同国家体育机构一定的自主权，使政策能够适应不同国家或地区的体育发展状况，或者根据本国的国情制定出更加细致

---

① 白常凯：《公共政策评估程式的研究》，博士学位论文，复旦大学，2004年。

② Houlihan B., "Sporting Excellence, Schools and Sports Development: the Politics of Crowded Policy Spaces", *European PhysicalEducation Review*, Vol. 6, No. 2, 2000, pp. 171 - 193.

的政策或者政策执行方案。①② 再如斯蒂文·杰克逊认为竞技体育、体育产业和体育人才不断增加的国际交流对各国体育政策具有很大影响③。在竞技体育方面，澳大利亚和英国还研究中国竞技体育政策对体育发展所起的作用，借鉴中国的竞技体育政策，在竞技体育方面也取得了较为显著的成果。

国内关于体育政策的研究也较多，有对体育政策的本质、内容和运行过程的研究，也有对学校体育政策、群众体育政策和体育产业政策的研究。苗志文系统地研究了当代中国体育公共政策，他将公共政策分为体育综合指导性政策、竞技体育政策、群众体育政策、体育经济和产业政策，其中的体育经济和体育产业政策主要指体育服务产业。他认为体育政策的研究即为政策分析，提出了体育政策分析的要素为体育政策问题、体育政策目标、体育政策方案、体育政策资源、体育政策评估标准、体育政策效果、体育政策环境。他从管理体制的角度提出公共体育政策的决策模式、从体育公共管理职能角度提出体育公共政策执行的路径、从我国体育公共政策历史发展的角度提出体育公共政策方案设计模式④。他对公共体育政策的研究侧重于体育公共政策的静态分析，对政策的分解比较多，但是政策制定、执行和评价的动态过程体系没有体现出来。

王书彦在其博士论文和发表的相关论文中对学校体育政策进行了研究，她在相关政策执行理论和教育政策执行研究成果的基础上探讨和分析了影响学校体育政策执行效果的原因，提出学校体育政策执行评价指标体系。并从组织理论、政策执行理论、博弈理论的角度对学校体育政策的执行力问题进行研究，指出影响学校体育执行力的原因是学校体育政策执行主体的利益博弈、学校体育政策执行个人能力的

---

① Stephen Weatherill, "The White Paper on Sport as an Exercise in Better Egulation", *International Sports Law Journal*, No. 1, 2008, p. 4.

② Sophie Cuendet, "The EU Commission's White Paper on Sport: an Official Coherent, Yet Debated Entrance of the Commission in the Sports Arena", *International Sports Law Journal*, Special Addendum to, No. 1, 2008, p. 10.

③ [美] 斯蒂文·杰克逊：《2008 全球化与体育政策面临的挑战》，王小柱译，《体育学刊》2008 年第 1 期。

④ 苗志文：《当代中国体育公共政策分析》，博士学位论文，北京体育大学，2006 年。

制约、学校体育政策执行机制不畅、学校体育政策执行资源短缺。她将某一个学校体育政策文件作为案例进行实证研究,忽略了政策的延续性、协调性、系统性,也没有对学校体育政策的环境进行分析和研究。①

李捷在其博士论文中对群众体育政策执行进行了系统研究,并以北京市群众体育政策执行为案例进行分析。她认为"我国群众体育执行对象和范围广泛,政府多采取非强制性手段"。她从行为理论和组织理论的视角对北京市群众体育政策的执行进行分析和研究,认为影响群众体育政策执行的因素有政治体制和政策文化、经济环境、文化环境、国际大众体育发展、2008年北京奥运会。提出改进北京市群众体育政策执行的对策为完善群众体育政策执行机制;进一步加强群众体育政策执行资源建设,完善全民健身服务体系;将青少年体育和学生体质健康作为衡量学校教育质量评价指标。② 但是没有考虑政策执行的成本因素。

冯火红较系统地研究了我国地方社会体育政策,她主要从政策执行主体的角度研究沈阳市社会体育政策的执行状况。她认为"沈阳市体育政策执行机构是地方体育局、地方其他相关部门、地方性群众性体育组织、其他与体育有关的社会组织、街道办事处"。她总结出沈阳市社会体育政策执行机构的特点,即"体育行政部门侧重于指导、监督社会体育政策实施,地方政府各相关机关及有关社会组织侧重于具体实施政策的执行;但是目前的情况是相互间缺乏一定的沟通与协调,从而影响政策的有效执行;街道实现承担体育职能的机制不够完善"。但是她没有分析行政主体之间的协调能力等因素对政策执行的影响。③

隋路系统地研究了我国体育经济政策(其中所指的体育产业是狭义上的体育产业,不包括体育用品业),他认为"体育经济政策是国家在社会发展领域里宏观经济政策的组成部分,是政府发展和管理社会体育事业的重要手段"。他根据体育事业在不同的历史时期体现的

---

① 王书彦:《学校体育政策执行力及其评价指标体系实证研究——以黑龙江省普通中学为例》,博士学位论文,福建师范大学,2009年。
② 李捷:《北京市群众体育政策执行研究》,博士学位论文,福建师范大学,2008年。
③ 冯火红:《地方政府社会体育政策研究》,北京体育大学出版社2007年版。

性质特点,把我国体育产业分为四种类型,即"完全公益型、完全产业型、部分公益与部分产业结合可分型、部分公益与部分产业结合不可分型"。他认为"针对不同的体育事业类型,制定相匹配的体育经济政策是体育经济政策的关键环节"。同时分析了我国不同历史阶段体育政策发挥的效果;从实证的角度研究了我国体育经济政策的形成、执行和评价,并提出完善中国经济政策的建议,如实行总体扩张、结构调整的体育经济政策,实行多元化的投资政策等。①但是他没有分析各政策体系之间的系统性和协调性。

另外,罗加冰、张颖、肖谋文、王婧、刘玉、谭祝平等人从其他不同角度对我国体育政策进行了一定的研究,在内容上主要涉及竞技体育、学校体育、群众体育、少数民族体育、社区体育、农村体育、弱势群体体育等;在政策运行过程方面主要涉及政策的制定和执行。主要观点为我国体育政策内容的科学性和适应性呈不断提高趋势,但是体育政策的制定环节和执行环节都存在较多问题,如意见表达机制不健全、执行存在偏差、执行效果不佳等,导致这些问题的主要原因为政策执行主体的重视不够、制度的限制等。②③④⑤

从以上研究方法和研究视角看,对体育服务产业政策的发展具有一定的指导意义,但是并不能全面指导体育服务产业政策的发展。对体育服务产业政策进行研究必须从更广泛的研究方法和更恰当的视角进行研究。

二 关于产业政策的研究

(一)产业政策基本理论研究

产业政策是绝大多数国家普遍采取的一种政策类型。产业政策分

---

① 隋路:《试论面向社会经济转型的体育经济政策》,《体育文化导刊》2005年第5期。
② 刘玉、隋红、田雨普:《转型期我国社会体育政策执行偏差的主体因素研究》,《山东体育学院学报》2010年第2期。
③ 刘玉:《转型期我国社会体育政策执行模式研究》,《西安体育学院学报》2010年第5期。
④ 王英峰:《英国体育管理及体育政策的演进研究》,《天津体育学院学报》2011年第3期。
⑤ 谭祝平:《论群众体育政策执行中居民体育利益表达机制的完善》,《山东体育学院学报》2011年第2期。

为两类：一是公益性的产业政策，主要集中在农业、国防等基础行业，以及能源、交通等基础设施建设上，它不以竞争性商品的生产为方向而以社会综合效益为目标；二是竞争性产业政策，一般选择未来市场上具有潜力的产业，加大政府对主导产业的支持力度，以期形成对未来市场很高的占有率和培育产业竞争力。① 但是关于产业政策的含义到目前为止仍然存在着一些不同的观点。夏大慰、史东辉等认为，产业政策是现代经济发展过程中必然存在的政策变量，是为各国政府所执行的一项基本经济政策，产业政策由于政策环境的差异，政府之间和学术之间也会存在一定的差别。下河边淳、管家茂、周叔莲等认为产业政策是指国家（政府）系统设计的有关产业发展，特别是产业结构演变的政策目标和政策措施的总和。刘吉发、龙蕾、小宫隆太郎、奥野正宽、铃村兴太郎认为产业政策是指一国政府为了促进本国的经济发展，根据产业发展规律的客观要求，综合运用经济、法律以及必要的行政手段，调整产业关系，维护产业运行，促进产业发展，达到对社会资源的最优配置，调整产业活动的一种政策导向。

产业政策实际上是一种国家保护扶持政策，国家对某一类认为符合当前利益的行业制定政策进行特殊保护和扶持。到目前为止，不管是发展中国家还是发达国家，都在一定程度上制定和实施了产业政策。实施产业政策的理论依据主要为：（1）后发优势理论。19世纪前半期，当时英法资本主义国家早已完成产业革命，德国历史学派经济学家李斯特提出本国保护幼稚工业学说，扶植本国工业快速发展，追赶英法国家并与之竞争。日本也因此采取了具有借鉴、学习和追赶功能的产业政策。（2）弥补市场缺陷论。日本经济学家小宫隆太郎提出，产业政策的实施是为了"弥补市场缺陷"，政府有必要通过制定相应的产业政策，诱导或者直接介入以调节或干预社会资源，弥补现实经济中市场存在的信息性失灵、外部性失灵、公共性失灵等。（3）结构转换理论。一个国家的产业结构必须实行从低级向高级的不断适时转换，才能实现赶超或者保持领先的地位。该理论促使很多国家及地区在经济发展的同时利用产业政策力度加速推进产业结构的调

---

① 张泽一：《产业政策与产业竞争力的研究》，冶金工业出版社2009年版，第6—9页。

整。另外还有危机导向理论和机会导向理论，如过去美国的理论界并没有产业政策这一概念，但是面对日本 20 世纪 60 年代后实行产业政策取得了经济实力的大幅提升，美国感受到危机，便开始对一些具有较大威胁的产业采取了扶持政策，危机导向理论的核心是在快速发展的新型产业中，政府选择增长潜力最大的产业，引导其健康稳定发展，拉动地方经济发展。

关于产业政策的目标、特征、任务、手段和体系等方面的理论研究比较一致。一般认为产业政策是政府经济政策体系的中观政策，其目标和经济政策的最终目标是一致的，主要有加速和优化经济增长、促进经济平衡、充分就业、避免通货膨胀和对外收支平衡等，但是不同的产业政策在目标上具有某一倾向性。产业政策是政府调节经济发展的常用政策，具有常规性；产业政策体现了政府主动干预经济的特点，在引导产业发展和推进经济增长方面效果显著，具有更强的导向性；产业政策作为一项基本的经济政策可能会随着现代经济的发展而一直延续下去，但是某些具体的政策导向和内容可能会随着经济发展和国内外环境的变动而发生某种阶段性的变化，即具有阶段性。[①] 产业政策的主要任务是调控经济结构，以市场机制的调节为依据，对市场起着直接调控，对企业起着间接调控的作用；产业政策通过促进或限制某些产业的发展，改造产业结构，调整各产业之间的相互关系和供给结构，实现供给和需求的总量、结构的平衡。[②] 产业政策主要由结构政策、组织政策、布局政策和发展政策构成。这四者之间并不是完全孤立的。产业结构政策主要通过调整各产业之间的比例、结构以及资源配置，以实现高效益和均衡；产业组织政策是指在产业范围内实现企业生产的国家干预同市场机制的有效结合，以调整企业规模、生产体制和生产活动的政策。产业结构政策和产业组织政策往往是产

[①] 夏大慰、史东辉等：《政府规则：理论经验与中国的改革》，经济科学出版社 2003 年版。

[②] 夏大慰：《产业组织与公共政策：可竞争市场理论》，《外国经济与管理》1999 年第 11 期。

业布局政策和产业发展政策的手段。①②

从以上基本理论的研究成果可以看出,产业政策主要是为了弥补市场失灵、实现赶超目的和产业结构升级,在一定的社会条件下促进经济发展的必要手段。产业政策强调通过对产业结构、产业组织和产业布局的干预实现产业良性发展的目的,这对于体育服务产业政策的发展具有重要借鉴意义。但是对于单体性的体育服务产业政策来说,不能完全照搬产业政策基本理论来解释,应采取选择性和创新性的理论来诠释体育服务产业政策。特别是对于我国社会主义市场经济制度下的体育服务产业政策,其目的不仅要加快体育服务产业的发展和促进国家产业结构升级,还要承担建设体育强国的任务。③

(二) 产业政策应用研究

日本的一些专家主要研究怎样通过产业政策的制定和实施,赶超欧美发达国家,并在实践中证实了产业政策的重要作用,并将产业政策运用到许多具体的行业。日本的产业政策长期以来受到其他国家政府和研究专家的重视,主要原因是日本政府的政策干预在第二次世界大战后二十多年里为日本的经济增长作出了贡献。日本的产业政策主要包括两个方面,一是协调不同产业之间的关系,为适应日本产业在世界经济竞争中的需要而采取的产业结构政策;二是协调各产业内部、企业之间的相互关系,使它们既能相互合作补充,又能保持竞争进步的产业组织政策。结构政策主要干预资源在产业间的分配,组织政策主要干预资源在产业内部不同规模的企业间的分配。④ 日本的产业结构政策包括产业扶持政策、产业调整政策等,产业组织政策包括合并和改组政策、中小企业政策等。第二次世界大战以后,日本在结构政策方面陆续采取了以加强农业和轻工业发展为核心的恢复性调整

---

① 李明圆:《论日本产业政策与贸易政策的融合》,博士学位论文,对外经济贸易大学,2005年。
② 赵嘉辉:《产业政策的理论分析和效应评价》,中国经济出版社2013年版。
③ 刘同刚、刘庆、王豫凌:《政府失灵与我国政府公共理性建设》,《法制与社会》2007年第4期。
④ 苏贵光、路迹:《日本产业政策的演变及对我国的启示》,《国际经济合作》2004年第7期。

政策、以重工业为中心的发展政策、以"知识密集型产业"为重点发展的政策,最终实现了现代化赶超任务。日本的组织政策主要为促进和保护公平竞争,既防止竞争不足和垄断,又防止过度无序竞争,实现资源"最优配置";弥补市场机制的缺陷,保护公共领域的企业,限制公害,促进企业规模经营,加快技术进步[1]。如日本在实施本国产业规模经济政策过程中,预测到对中小企业带来的不利后果,在采取规模经济政策的同时,设计了日本中小企业发展政策。

从20世纪初到20世纪中后期,英国一直面临经济衰退的压力,该国产业政策的研究主要集中在采取有效的措施提高国家生产率。专家们意识到英国人口数量降低导致消费下降,然后影响了经济增长,而休闲消费成为新的消费类型和经济增长类型。20世纪初,美国专家认为,应该重视产业结构的调整,快速实现结构现代化和高级化,虽然美国政府起初不承认自己实施了产业政策,认为是宏观经济政策在起作用[2];但是到20世纪60年代,产业政策得到了专家和政府的认可并引起了关于产业政策的讨论,国家应该支持什么产业、采取什么政策、达到什么目标引起了关注,经过争论,美国选择了多层次性、非规划性和干预的间接性政策,充分适应了美国的政治和经济发展环境,保证了国家经济发展一直领先的地位。[3][4] 如美国政府以补贴形式资助农业发展、注重研究与开发、资助小企业发展和反垄断行为,提供巨额资金发展高技术产业。美国产业发展政策的主要特点为弥补市场机制的不足、促进市场机制完善、提高国际竞争力。[5] 弥补市场机制不足的产业主要为农业、住房、社会基础设施等基础产业,很多体育公园和基础健身俱乐部就属于社会基础设施产业,主要采取扶持

---

[1] 杨柳:《日美产业政策比较及对我国的启示》,《知识经济》2010年第5期。

[2] Victor Bulmer-Thomas, *The Political Economy of Central America Since* 1920, Cambridge university Press, 1987.

[3] Juliet E. K. Walker, *The History of Black Business in America*, The University of North Carolina Press, 2009.

[4] Jeffrey Thomas Manuel, *Developing Resources: Industry, Policy, and Memory on the Post-industrial Iron Rauge*, University of Minnesota Press, 2009.

[5] [美] F. M. 谢勒:《产业结构、战略与公共政策》,张东辉等译,经济科学出版社2010年版,第45—75页。

和鼓励的措施。另外通过产业政策促进市场机制的完善,主要指美国的反垄断和扶持中小企业发展的政策,以形成良好的市场竞争基础。提高国际竞争力,提高新技术产业和战略性传统产业的国际竞争力,以便在激烈的国际竞争中处于有利的地位。[1][2] 20 世纪 60 年代,韩国还是一个落后的发展中国家,但是仅仅利用 30 年的时间就成了一个受人瞩目的发达国家。韩国国内外专家都认为,这和韩国实施的"压缩型"产业发展政策有直接的关系。[3]

关于产业政策如何发挥作用和发挥了怎样的作用是产业政策研究的重要内容,Beason 和 Weinstein（1996）、Okazaki 和 Korenaga（1999）、Kiyota 和 Okazaki（2005）等研究结果为:第一,产业政策对劳动生产率的上升作出了贡献;第二,产业政策不一定对全要素生产率的上升作出贡献。因为产业政策可能通过扩大投资促进了资本积累,这为扩大产出作出了贡献,使劳动生产率上升。然而,产出的扩大可能只是单纯地带来了资本投入的增加,没有带来全要素生产率的上升。日本产业经济学专家清田耕造的研究提出:如果因为政策没有发挥功能,全要素生产率没有增长,那么说明政策执行阶段存在问题;如果是发挥了功能,但全要素生产率没有增长的话,那就是制度设计本身有问题。日本专家对日本纺织业进行了定量研究,产业政策对保证纺织业的产量发挥了作用,在 20 年间基本保持市场份额稳定,但是却导致了纺织业整体全要素生产率下降,最后导致纺织业走向衰退。说明产业政策就像一把"双刃剑",对某个特定产业重点实施政策可能会带来副作用,尽管通过维持大企业的市场份额为稳定市场作出了贡献,在另一方面却阻碍了资源从生产效率低的企业向生产效率

---

[1] 孙敬水:《美国集约型经济增长方式的经验及借鉴》,《经济研究参考》1997 年第 3 期。

[2] 赵杰:《中外大型企业集团与政府关系体制的比较》,《经济研究参考》2003 年第 18 期。

[3] 刘永刚:《韩国经济增长与社会秩序转型演进轨迹研究》,博士学位论文,辽宁大学,2010 年。

高的企业转移。①

　　产业政策研究在我国虽然起步较晚，但产业政策的应用研究一直是我国重点支持的研究课题，而且取得了较为可观的研究成果。国内专家对国外产业政策的应用研究主要有以下若干观点。代永华、路风、韩小威、江海潮、周叔莲、白雪等对产业政策研究的观点为：中国工业需要技术产业政策改变技术落后的现象，产业政策的实施效果需要一定的评价。产业政策虽然在政府的介入下更容易达到经济目的，但是如果政府的政策与经济发展周期不吻合的话，产业政策则难以达到政府的初衷，或者政策实施无效。国内关于具体产业政策的应用研究涉及面非常广，在具体政策的应用方面有关于结构政策的研究、组织政策的研究和布局政策的研究，以及国内外产业政策的比较研究；在产业政策的实施方面有关于政策的监督和评价研究；在不同的产业领域有单体产业政策的研究，如汽车产业政策、文化产业政策、旅游产业政策等方面的专门研究等。目前我国产业发展政策的理论研究成果主要为：要加大第三产业结构、应多采取间接干预政策、采取多层次干预政策、采取具有市场性导向的政策、重视产业政策效果评估等。②③④ 这些研究成果都为体育产业政策的研究提供了理论和实践基础。最近几年我国关于单体产业政策的研究越来越多，很多专家从发展某一产业类型的角度研究和探索中国产业政策的功能和发展，很多专家认为中国的产业政策应该是对中国潜优势产业或者高附加值产业进行培育和扶持，待产业成熟后，政府应该及时退出市场，让产业在市场环境下充分发展，产业政策对产业的培育不仅要从培育产业主体出发，还要从培育消费主体角度出发，从规范政府行为的角度出发，促进某一产业的快速发展。

　　通过产业政策应用方面的研究成果可以看出，产业政策对产业发

---

① Kiyota, K. and T. Okazaki, "Industrial Policy Cuts Two Ways: Evidence from Cotton Spinning Firms in Japan, 1956 – 1964", *Journal of Law and Economics*, Vol. 53, No. 3, 2010, pp. 587 – 609.
② 李贤沛、胡立君：《21世纪中国产业政策》，经济管理出版社2005年版。
③ 刘南昌：《强国产业论：产业政策若干理论问题研究》，经济科学出版社2006年版。
④ 肖国安：《区域与行业产业政策》，经济管理出版社2008年版。

展确实有一定的促进作用,但是产业政策也具有副作用。在赶超阶段以实现规模经济为目的时,会损害中小企业的利益,也可能会降低总体效率。所以对产业政策的使用要谨慎,应尽可能使用间接性干预手段,减少产业政策的副作用,也需要及时对政策进行修正以防止产业政策带来低效率。体育服务产业政策的应用也必须遵循这一原则。如目前我国成立各类体育产业发展集团以实现规模效用,但同时也可能使中小体育服务产业经营者生存困难,应协调好促进规模与公平竞争之间的关系。

(三)关于单体产业政策的研究

随着产业政策研究的不断推进,单体产业政策的研究逐渐被提上日程,并取得了一定的成果,对单体产业的发展起到了非常重要的作用。在汽车产业、林业产业、旅游产业、文化产业等各产业类型都有较专门和系统的单体产业政策研究,也产生了较强的理论价值和实践意义。

邵明远、程宏美等认为汽车产业政策作用的过程是政府行为与市场活动间相互作用的过程,政策作用的实际效果取决于企业、市场和政府行为三个方面。从企业的角度看,企业行为取向对产业政策的实际效果的影响是不确定的。在市场中处于强势的汽车企业,更多地受市场的支配,处于竞争劣势的汽车企业趋向于从政府出台的产业政策中获利。从市场角度看,汽车产业市场的完善程度和发展过程决定了政府采取何种政策和采取多少政策进行干预,以及政策能否继续发挥高效用。从政府行为角度看,汽车产业政策能否发挥显著作用,很大程度上取决于政府制定产业政策的合理性和推行政策采取的手段和实施力度[1],如产业政策手段发挥作用的基础是否具备,产业政策的制定和执行过程是否恰当等。在此基础上对我国汽车产业政策在整个演进过程中的执行效果进行了研究,并对两部专门的汽车产业政策进行了绩效研究,认为影响汽车产业政策绩效发挥的因素有汽车产业政策体系中各项政策的协调、配套政策不明确或不准确,如汽车消费政策未能出台导致市场培育滞后、汽车行业金融政策缺失是政策执行的

---

[1] 邵明远:《中国汽车产业政策绩效研究》,硕士学位论文,山东大学,2008年。

"软肋"、过度保护和严格的市场准入政策导致重复建设严重、政策中扶持零部件企业的标准太高导致规模效益难以实现。①②

吴建文对我国制药产业进行了系统研究，他采用了组织结构理论 SCP（市场结构、市场行为、市场绩效），设计了 BCP（产业政策背景、政策行为、政策绩效）制药产业政策评价模型，他认为每一个特定产业都有其特殊性，这使得不能用像市场结构这样的单一指标或指标体系来描述制药产业政策背景。因此他将 SCP 模式改造成了 BCP 模式研究制药产业政策，使之具有一定的合理性和科学性。在制药产业综合社会政策背景下，他采取了美国产业经济学理论，系统分析和研究了中国制药产业技术政策和中国制药产业组织政策的具体政策内容、政策的实施方式、实施效果，以及影响政策执行效果的各种因素，最后在我国制药产业政策背景下，从经济目标和社会目标两个方面，提出完善中国制药产业政策的建议。③

刘家顺系统研究了林业产业政策，他从历史发展的角度描述了我国林业产业政策影响下的林业发展过程，并系统总结了目前林业发展面临的问题，然后借鉴国外林业产业政策，在我国现有林业政策的基础上设计出我国林业产业政策调整的方案。④

周斌将文化产业政策和文化产业法规一同研究，实际上指广义上的文化产业政策，他论述了文化产业管理机构和体制改革对文化产业政策的重要影响作用，将文化产业政策的具体方案作为文化产业政策环境进行了系统的研究，如文化市场管理政策、文化市场建设和准入政策、文化产业集约化政策、文化产业创新和精品政策、文化产业经济政策等。⑤ 杨吉华从产业经济学的角度对文化产业进行了研究，他将各种类型的政策文件视为文化产业组织政策、文化结构政策和文化

---

① 邵明远：《中国汽车产业政策绩效研究》，硕士学位论文，山东大学，2008 年。
② 程宏美：《中国汽车产业发展问题及产业政策研究》，硕士学位论文，天津大学，2008 年。
③ 吴建文：《中国制药产业政策研究——基于背景、行为、绩效的研究视角》，博士学位论文，复旦大学，2006 年。
④ 刘家顺：《中国林业产业政策研究》，博士学位论文，东北林业大学，2006 年。
⑤ 周斌：《文化产业政策法规研究》，博士学位论文，南京师范大学，2005 年。

产业发展政策的政策途径进行研究，主要研究政策的具体内容和具体方案，没有讨论政策执行主体对政策的影响作用。①

从单体产业政策的研究成果看，学者们都分别从不同的角度进行了研究，只是侧重点有所不同，有的侧重于产业经济学分析、有的侧重于政策的制定和执行、有的侧重于政策环境的影响、有的侧重于单体产业的发展变化等。但是这些研究最终都是以提高单体产业政策的执行效果为根本目的，对于研究体育服务产业政策具有较多借鉴意义。

三 关于服务产业政策的研究

（一）关于服务产业的研究

早在17世纪，西方经济学家格瑞·肯（Gregory King）（1648—1717）和威廉·配第（William Petty）（1623—1687）等提出，服务也是一种创造财富的活动。但是当时西方很多经济学家，如费雪、克拉克和福哈斯蒂耶都认为第三产业是一个生产率增长缓慢，甚至不增长的部门。最早提出服务业对产业组织有积极影响的是美国经济学家维克多·富克斯，他在1968年的《服务经济》里提出：随着经济的不断发展，人们对服务业的需求不断增加，服务业将可能成为拉动经济发展的动力。贝尔在1973年的《后工业社会来临，一个大胆的社会语言》中提出后工业社会是一个服务的社会，服务业在社会发展中具有非常重要的作用。乔纳森·格沙尼在1978年出版的《后工业社会之后——自我服务经济的兴起》和1983年的《社会创新与劳动分工》中分析服务和商品之间的共同特点，并指出服务的替代效应大于收入效应。目前关于服务业研究的国外专家（Jefferson – Rawski，1992；Allan Rae，2003）更侧重于服务产业的增长方式和服务产业的效益研究。目前在经济服务化的背景下，服务产业已逐步取代制造业的主体地位，成为经济增长的主流（陈凯，2009）。

1987年国家统计局提出"第三产业"的概念。服务产业在我国主要指以市场为主要配置和调整方式的第三产业，市场经济条件下的第三产业都可以称为服务产业。目前国内专家通常将服务业分为传统

---

① 杨吉华：《文化产业政策研究》，博士学位论文，中共中央党校，2007年。

服务业和现代服务业。① 我国传统服务业带有计划经济特色，现代服务业主要以市场为主要调节手段，即服务产业。2007年国务院《关于加快发展服务业的若干意见》指出服务业要坚持市场化、产业化、社会化的发展方向。在国内大量的服务业研究中，都体现了我国要大力发展服务产业，实现服务产业化的方针。1990—2003年我国服务业增长率只有0.12%，国内服务产业政策的研究则主要为提高服务业发展速度、形成规模经济和产业集群、优化产业结构和地域分布。②

随着经济的发展和社会分工的细化，服务产业的产业类别也不断增加，服务产业之间的交叉和重叠现象也越来越普遍。刘成林等认为传统服务业包括运输业、邮电业、商业、饮食服务业等；新兴服务业是指在新技术革命推动下已经或正在形成和发展的各种服务业，如信息服务业、咨询业、广告业、保险业、房地产业、旅游业、广播电视业、民间体育业、新型娱乐业等。③④ 20世纪中后期对生产性服务产业政策研究较多，生产性服务业（Producer Services）主要提供中间性质的服务产品，其服务对象主要面向生产企业而非最终消费者。一般认为生产性服务业主要包括贸易、交通、金融保险、房地服务业等。⑤ 21世纪初到目前为止，关于生活性服务产业政策的研究增多，体育和文化等很多服务产业成为其中重要的研究内容。⑥

从以上研究可以看出，服务产业对社会的推动作用已经得到了广泛认可，并受到各国政府的重视。同时也可以看出现代服务业种类的多样性和交叉性的特点，且生活性服务产业在服务产业中的位置越来越高，并不断受到广泛重视。从这些研究也可以看出，体育服务产业是以体育元素为核心的生活性服务产业类型。体育服务产业的经济效

---

① 李朝鲜：《理论与量化——现代服务产业发展研究》，中国经济出版社2003年版。
② 杨向阳：《中国服务业的增长与效率研究》，博士学位论文，南京农业大学，2006年。
③ 刘成林：《现代服务业发展的理论与系统研究》，博士学位论文，天津大学，2007年。
④ 黄维兵：《现代服务经济理论与中国服务业发展》，西南财经大学出版社2003年版。
⑤ 姜炎鹏：《我国东部地区生产性服务业发展的动力机制、模式和布局研究》，硕士学位论文，华东师范大学，2010年。
⑥ 王惠玲：《生产性服务业发展动因研究》，硕士学位论文，山东经济学院，2011年。

益和社会效益的双重功能应该受到重视,也应采取各种措施和手段来优化体育服务产业的发展。

(二) 关于服务产业政策的研究

越来越多的研究表明服务产业在现代经济社会生活中具有非常重要的位置和作用。在经济发展的特定时期,体育服务产业需要相应的政策支持。关于服务产业政策的研究多集中在政策内容的分析、评价、预测和建议等方面。国外一些发达国家对服务产业政策的研究比较早,Bruce R. Guile(1988)提出如果没有服务产业就不可能有经济的发展,服务产业政策制定者制定政策时,应该考虑服务产业的产出状况和吸纳就业状况。[①] 服务产业政策的研究多集中在某一特定服务产业研究中,Manfred Zeller 和 Manohar Sharma(2000)在关于金融保险政策的研究中论述到,小额金融和保险政策的综合使用必须考虑到低收入或者贫困人群的实际需求设计,以提高政策的有效性。[②] Esther Turnhout(2008)针对荷兰生态走廊政策的执行和终止进行了研究,他认为政策的终止和政策的执行一样也起到一种承上启下的作用,社会需求程度、经济投入的大小等很多因素都影响政策的执行或者终止。[③] Terry(2010)认为文化创意产业在欧洲、亚洲、澳洲和北美洲均有各自的发展模式,相关政策对这些文化的发展起到了一定的影响作用,如在媒体传播方面、文化和学习方面都有一定的干预。[④] Russell(2010)认为英国的文化创意产业政策应该基于地区的不同特点制定,英国文化创意产业作为一项经济政策实施,应该支持和制定多

[①] Bruce R. Guile, "Introduction to Services Industries Policy Issues", *Technological Forecasting and Social Change*, Volume 34, Issue 4, December 1988, pp. 315 – 325.

[②] Manfred Zeller, Manohar Sharma Many borrow, More Save, and All Insure: Implications for Food and Icro – finance Policy, *Food Policy*, Volume 25, Issue 2, April 2000, pp. 143 – 167.

[③] Esther Turnhout, The Rise and Fall of a Policy: Policy Succession and the Attempted Termination of Ecological Corridors Policy in the Netherlands. Forest and Nature Conservation Policy Group, Wageningen University, The Netherlands Received: 24 January 2008.

[④] Terry, Creative Industries after the First Decade of Debate. Information Society, March/April, Vol. 26, Issue 2, 2010, pp. 113 – 123.

元化文化产品生产政策。① 国外关于服务产业政策的研究中,也有不少专家从公共服务的角度对各种公共服务政策进行了研究,比如贫困、艾滋病等相关服务政策进行的研究。Wood,R.(2009)认为对贫困儿童卫生健康服务的重视,仅仅靠物质的投入是不够的,必须有政策的支持,依靠社会力量才能大幅度消灭贫困、保证良好的医疗卫生条件。②

张向宁认为,优惠政策对服务产业具有强烈的推动作用,它如同"大产业"链条中的润滑剂,整个产业链会因此快速发展。③ 代文认为我国应该在现代服务业集群内建立中小企业为主要服务对象的政策支撑服务体系,调整政府的角色定位,注重政府导向角色的平衡,既不能缺位,也不能越位;政府的作用在于规划和引导,完善外部环境,并在此基础上,引导市场机制发挥作用,促使服务业集群的形成和效应的发挥,最终推动经济的发展。他还认为应将服务产业集群政策制定看成是一个持续的学习过程,对各种功能政策,如教育政策、科学政策、技术政策等进行整合。政府在制定现代服务业集群的政策和规章时,不能割裂市场机制的运行,而应反映市场变化的规律。这就要求政府以市场为导向,建立高效和精干的政府支持机构,防止以现代服务业集群为基础的政策或政府支持的计划被滥用。④⑤ 孙国茂认为,由于宁波市特殊的柔性政策,使宁波市吸引了大量的服务产业人才,为宁波市服务产业的快速发展起到了重要作用。宁波市将继续完善和优化服务产业柔性政策,以促进产业升级。⑥

---

① Rusell, Globalizing the Creative Industries Concept, "Travelling Policy and Transnational Policy Communities", *Journal of Arts Management, Law & Society*, Volume 40, Issue 2, June 2010, pp. 119 – 139.

② Wood, R., Services for children: Emerging as a Genuine Priority within Health Policy at Last? *Child: Care, Health & Development*, Volume 35, Issue 3, June 2009, pp. 289 – 292.

③ 张向宁:《政策是信息服务产业良性发展的加速器》,《信息空间》2004 年第 6 期。

④ 代文:《现代服务业集群的形成和发展研究》,博士学位论文,武汉理工大学,2007 年。

⑤ 秦远建、代文:《现代服务业集群的内涵、特征及发展对策研究》,《商场现代化》2007 年第 12 期。

⑥ 孙国茂:《科学推进高层次人才开发》,《中国人事报(理论与探索)》2009 年第 6 期。

四 关于体育产业政策的研究

(一) 关于体育产业的研究

英、美、澳等很多国家将一切和体育有关的投入、产出和消费行为均列为体育产业范畴,多数体育公共产品和准公共产品的经济行为也被列为体育产业的范畴。英国体育产业主要分为体育用品业和体育服务业两大类,体育用品业包括体育服装鞋帽、体育装备、体育出版物、体育船只;体育服务业包括体育参与、体育博彩、体育观赏、体育传媒、体育旅游、健康与休闲、其他体育产业。美国是一个商业性非常强的国家,一般情况下体育产品分为有形的和无形的,无形的体育产品即为体育服务,其形成的产业即为体育服务产业。体育服务一般分为参与性服务、观众服务和赞助商服务。美国的体育产业一般划分为职业体育、健身娱乐体育、体育用品等,也有专家将美国体育产业分为大众健身行业(约32%)、体育用品生产业(约30%)和体育观赏业(约25%)。[1] 帕克斯等认为体育服务产业包括校际运动、职业运动、国际体育、校园娱乐、社区体育、体育健身产业、场地管理、赛事管理、体育市场营销、体育信息、体育传媒、体育新闻、运动训练、运动医学、健康宣传、体育旅游、体育俱乐部管理、项目管理、体育管理和销售代理、咨询和工商企业家活动。还有学者将体育服务产业分为:(1) 业余体育产业,包括高中和青年体育、大学校际体育、欧洲体育俱乐部以及国际体育;(2) 职业体育产业,包括体育代理和职业体育;(3) 支撑体育业的其他环节,包括场地管理、赛事管理、媒体关系、体育转播;(4) 生活方式体育,包括健康健身产业以及娱乐体育。对美国体育服务产业的政策支持就是对美国整个体育事业的支持。

在美国的体育产业科学研究中,以职业体育的市场运作和体育管理科学为主流,目的是为发现和解决体育经营中的各种问题,以达到提高体育产业经济效益的目的。格瑞蒂认为体育确实能在经济繁荣时期带来很多商机,但是体育对经济的变化比其他社会现象更敏感。当

---

[1] 刘江南:《美国体育产业发展概貌及其社会学因素的分析》,《广州体育学院学报》2001年第1期。

经济衰退时，公司不可能再花很多的钱投资在体育上，人们也最先削减对体育的开支。在股市上，跌落最多的也是体育，体育股市偶尔也会上涨，但是很不稳定。[1] 霍恩等认为评价体育对经济的影响，不能只评价 GDP 的变化，应综合考虑其对城市文化、政府形象、居民生活质量和福利水平等各方面的影响，这样的综合评价方式才具有参考意义。[2] 拉瑞斯认为场馆对城市的经济影响受地区特点的影响，如英国的体育场馆增加了城市的经济潜力，大大促进了曼彻斯特零售业的发展，但是却降低了邻近城市加的夫的零售业。[3] 丹尼斯认为体育运动的广泛普及，可以带来市场价值，体育活动推广部门看到体育活动带来市场价值，又积极开展更加广泛和质量更高的体育运动。[4]

奥斯尼和米查尔（Ozanian, Michael K. F. W.）描述了美国体育比赛的商业价值在几十年的发展过程中不断提高，体育绝对不是一个简单的商业活动，它是一个庞大的产业，它和任何经济活动都能挂上关系，体育的运作其实就是对一个产权的管理。基默探讨了位于北卡罗来纳州夏洛特地区美国赛车运动产业集群的存在基础，认为大学科学技术的开发和创新意识的深入，以及尖端人才和高素质管理人才的聚集，是有效管理体育产业，形成产业链和产业集群的重要条件。[5] 丹尼斯认为职业体育虽然每年可以产生成千上万的净资产，也可以创造很多新的就业机会，但是这种经济效益是带有瑕疵的，政府对职业体育设施的补贴费用非常大，几乎所有的职业体育场地都是政府出资

---

[1] Garrity Brian. Sports Business Booms While Economy Soars, *Amusement Business*, 00032344, 06/19/2000.

[2] Hone, Phillip Silvers, Randy, "Measuring the Contribution of Sport to the Economy", *Australian Economic Review*, Volume 39, Issue 4, December 2006, pp. 412 – 419.

[3] Larissa E. Davies, "Sport and the Local Economy: The Effects of Stadia Developmenton the Commercial Property Market", *Local Economy*, Vol. 23, No. 1, February 2008, pp. 31 – 46.

[4] Dennis Coates, "The Effect of Professional Sports on Earnings and Employment in the Services and Retail Sectors in US Cities", *RegionalScience and Urban Economics*, Volume33, Issue 2, March 2003, pp. 175 – 198.

[5] Kimmo Viljamaa, "Technological and Cultural Challenges in Local Innovation Support Activities – Emerging Knowledge Interactions in Charlotte's Motor Sport Cluster", *European Planning Studies*, Volume 15, Issue 9, October 2007, pp. 1232 – 1251.

的。[1] Paul 认为体育大型赛事是目前社会的必然需求，但是过去发生了很多赛事亏损现象，他通过访谈和调查了英国二十多个赛事后，认为成功大型体育赛事的运作必须建立在对体育、媒体和投资者的相互联系的高效管理基础之上。[2]

国内关于体育产业的研究在20世纪90年代多集中在体育产业概念、体育产业内容、体育产业类别等基础性研究。梁晓龙、鲍明晓等人对体育产业进行了基础性定义和分类。梁晓龙认为体育产业只能界定在体育本身向社会提供服务的范围内，如果体育产业的内涵与外延扩展到其他相关领域，就会引起概念的混乱。[3] 鲍明晓提出体育产业是由传统的计划经济体制转到社会主义市场经济体制下的称谓，体育产业是社会主义市场经济对体育事业运作方式和产出成果提出的更新、更高的要求。[4] 2000—2005年，我国体育产业多集中在发展趋势、发展对策、地方性研究以及国内外比较研究等方面；最近几年出现了体育产业集群、体育产业结构、区域体育产业等方面的理论和实践的研究。从目前的研究状况来看，研究的角度越来越多，研究的范围越来越大，研究的内容越来越具体。目前已经在体育产业统计方面作了非常深入和全面的研究，并运用到实践中，将我国体育产业分为体育服务业、体育用品业和体育建筑业三大类。同时也明确了体育服务产业的范畴，即为体育组织管理活动、体育场馆管理活动、体育健身休闲活动、体育中介活动、其他体育服务活动。目前我国体育产业由体育服务业（17.70%）、体育用品业（79.11%）和体育建筑业（3.19%）构成。体现出体育用品业比例高，体育服务业比例过低的现象。[5]

我国体育产业存在的主要问题是产业规模小，集群度低，计划经

---

[1] Dennis Coates, "Professional Sports Facilities, Franchises and Urban Economic Development", *Public Finance & Management*, Volume 3, Issue 3, September 2003, pp. 335–357.

[2] Paul Emery, "Future Major Sport Event Management Practice", *The Practitioner Perspective Sport Management Review*, Volume 13, Issue 2, May 2010, pp. 158–170.

[3] 梁晓龙：《关于体育产业、体育产业化、体育市场问题的综述》，《体育文史》1993年。

[4] 鲍明晓：《体育产业——新的经济增长点》，人民体育出版社2000年版。

[5] 国家体育总局：《2006—2008年全国体育及相关产业统计公报》，2010年。

济遗留的条块分割痕迹重,管理的创新性不足,政府管制范围大,相应的立法与配套支持政策少,经营管理水平低下,专业管理人才缺乏。但是随着国家经济的稳步增长、消费结构升级、城市化的快速发展,以及2008年北京奥运会的举办,我国体育产业发展结构不合理、市场主体发育不成熟和经济全球一体化带来的巨大冲击都是我国体育产业面临的挑战。[1] 专家提出了我国体育产业发展的建议,认为体育产业管理者应该树立体育产业发展的新理念、加快体育产业化改革步伐、转变政府职能、加大力度培养体育产业化专门人才、加快配套政策建设,为体育产业的发展创造良好的外部环境。[2] 尹从刚、姚颂平认为我国休闲体育发展初期应在比较优势理论的引导下发展,充分利用地区资源优势科学合理发展休闲体育产业。[3] 目前关于地方发展体育产业的研究也较多,如北京、上海、浙江、福建、河南等省市,乃至一些关于市域的体育产业研究,主要分析地区体育产业发展现状、存在的问题以及发展的对策。一些专家从经济学和社会学角度分析和研究体育产业,体育消费是体育产业发展的源动力,应该鼓励不同的人群进行各种水平的体育消费,以推动体育产业的发展[4]。体育消费的发展,对促进社会生产力的提高、促进国民素质的增强、促进社会文明具有重要作用。[5]

在地方性体育产业研究方面,制约地方体育产业发展的主要因素有经济欠发达、地方政策环境差、专业人才缺乏等因素,地方体育产业要紧密结合地方旅游资源协调开发和提升体育产业的价值[6]。张金桥、史兵认为西部地区体育产业在行业选择上,要在发挥优势的基础

---

[1] 张林、黄海燕、王岩:《改革开放30年我国体育产业发展回顾》,《上海体育学院学报》2008年第7期。

[2] 张堰玲:《我国体育产业的现状、问题及发展对策研究》,第18届中国国际体育用品博览会暨体育产业与体育用品发展论坛论文,2006年。

[3] 尹从刚、姚颂平:《比较优势理论下我国休闲体育产业发展研究》,《成都体育学院学报》2009年第3期。

[4] 张贵敏:《体育市场营销学》,复旦大学出版社2006年版。

[5] 杨越:《市场经济体制下中国体育经济发展研究》,博士学位论文,中国社会科学研究院,2003年。

[6] 闻杨、刘霞:《成都市场体育产业发展问题与对策研究》,《成都体育学院学报》2009年第3期。

上，选择投资少、见效快、效益好、具有一定特色的项目进行集中投入，塑造产业品牌。同时，还要注重结合西部社会经济发展的实际状况，对现有要素禀赋进行改善。[1] 认为我国少数民族体育资源较为丰富的地区应该在体育产业投资策略中重点选择具有潜在特色资源与优势产品进行产业开发，政府要抓住能带动全局性发展的关键环节加以引导和投资。[2]

从国内外关于体育产业的研究成果看，国外研究主要以体育服务产业为主要研究对象，在研究的过程中会有少量体育用品业的涉及。而国内的研究则处于动态发展状态，起初我国把体育产业限定为体育服务产业的范畴进行研究，但是随着我国体育产业概念扩大化解释的趋势，大量的体育产业研究都包含了体育用品业。体育服务产业和体育用品业具有必然联系，两者兼顾研究具有重要的理论和实践意义。但是在政策问题研究方面，需要将二者适度分开进行研究。

（二）关于体育产业政策的研究

美国体育服务产业政策的研究主要集中在职业体育政策和公共体育服务产业政策方面。美国职业联盟内部的准政策对职业体育的发展具有决定作用，很多专家对联盟内部的准政策进行研究。美国的非营利性组织免予交经营所得税，英国和法国的体育组织如果被确认为慈善组织也免予交税[3]，白俄罗斯和其他一些国家的企业或者单位用于体育运动或者健身的资金不纳税，对体育进行赞助的公司给予减税或者免税政策。[4] 英国将体育产业政策与文化产业发展、创意产业发展，甚至与农业产业发展相结合，使体育产业政策不仅促进了体育活动的广泛开展，还激发了其他产业的发展。英国在经济不景气时，休闲消费成为新的消费类型和经济增长类型，并因此发展休闲体育且制定相

---

[1] 张金桥、史兵：《西部地区要素禀赋与体育产业发展的关系研究》，《武汉体育学院学报》2008年第1期。

[2] 饶远、张云钢：《发展少数民族体育产业的政策与社会环境分析》，《北京体育大学学报》2003年第7期。

[3] 丁涛、王芬、金晓平、饶莉：《对英国体育发展状况的考察与调研》，《北京体育大学学报》2005年第11期。

[4] 李军、邵雪梅、王子朴、原玉杰：《俄罗斯体育产业政策发展特征研究及对我国的启示》，《山东体育学院学报》2008年第3期。

关的休闲体育产业政策。20 世纪末澳大利亚不断借鉴英国、美国、日本、韩国等许多国家体育产业政策发展经验，开始重视本国体育产业政策研究，对该国群众体育、休闲体育和竞技体育的快速发展起到了重要作用。

我国关于体育产业政策的研究多数是描述我国体育产业政策现状，认为我国体育产业政策内容需要完善。主要研究成果为：目前我国体育产业规模小、产值小，与我国经济发展水平不协调，体育产业的发展不仅是体育发展的重要途径，还是我国经济发展的需求，需要体育产业政策支持[1]；我国体育产业政策执行力差、监督机制缺失，实践中难以实现体育产业政策的初始目标。我国体育产业政策存在的主要问题为国家财政投入少、税收重、投资形式单一、市场准入门槛高[2]。我国产业政策制定主体多、层次多、行政政策多、法规政策少。[3] 在政策制定方面给出的建议有：我国应该鼓励民营企业投资体育产业，并给予一定的政策优惠，也要有体育产业的科技政策支持，以提高我国体育产业的科技水平，从而使体育产业产值大幅度提高；要给予体育产业发展一定的金融政策支持，解决体育产业的资金紧张问题；要规范体育企业的价格行为，优化体育产业市场秩序[4]；要借鉴国内外体育产业政策发展的经验和教训，以促进我国体育产业发展；要扶持大型体育龙头企业，形成体育企业规模[5]；体育产业政策的制定要与其所处的政策环境相协调；要符合我国经济发展和体育产业发展的需求[6]；要正确反映体育产业结构的变动趋势，符合体育产业发展的客观规律和趋势。体育产业政策的实施应避免体育产业政策效应的人为偏差，目标的实现应具有时间效益，应衡量成本与收益，

---

[1] 石培华：《为体育产业营造良好的政策环境》，《浙江经济》2002 年第 6 期。
[2] 黄晓江：《完善我国体育产业政策的若干建议》，《成都体育学院学报》2008 年第 9 期。
[3] 崔东：《体育产业开发政策研究》，《体育科研》2002 年第 3 期。
[4] 同上。
[5] 马晓河：《我国体育产业发展与产业政策选择》，《体育文史》2000 年第 1 期。
[6] 王子朴：《我国体育产业政策发展历程及其特点》，《上海体育学院学报》2008 年第 2 期。

并考虑到"政策外部负效应"。[①] 地方政策的选择要以本地区体育产业发展特点制定适合本地区的体育产业政策,要重点发展民族体育产业,如哈尔滨、广东、河南等地区地方体育产业政策的发展[②]。在福建、浙江一些制造业快速发展地区做好体育产业品牌政策、布局政策的制定和实施(翁飚,2009)。有些专家从管理学的角度研究体育产业政策,认为目前我国出台的体育产业法规,大多是综合性的管理办法,在综合性规定的基础上,应进一步制定有关实施细则。周武从政府规制的角度给出我国职业体育改革的政策性建议,认为需要从产权改革入手,使俱乐部成为真正的市场主体,以规制立法为先导,推进规制改革,还提出引入规制政策的成本收益分析,建立规制影响评估制度,提高规制质量,加强规制机构与反垄断机构配合与衔接,加强政府规制与行业自律配合与互补。[③] 陈林祥认为体育产业政策对正确引导体育产业的发展,起着非常重要的作用。很多地区过于重视体育用品业发展;体育服务产业没有受到足够重视。体育服务业的发展政策应与国家经济发展水平、体育场(馆)设施条件和自然地理环境等因素相协调,应多选择引导性的、激励性的政策。[④]

从以上研究成果看,国外体育产业政策的研究实际上指的是体育服务产业政策,且分为以促进经济效益为主的政策和以促进体育公共服务为主的政策,较少研究体育用品业政策。国内的研究则是将体育用品业和体育服务产业政策一并进行研究,甚至提出体育用品业发展政策。我国体育用品业和体育服务产业发展水平都比较低,研究体育用品业政策和体育服务产业政策都是我国体育产业发展的必然需求。但是基于两者归口管理部门的差别、生产模式和消费方式的差别,需要对二者分别进行研究。

---

① 祝振军:《我国有效体育产业政策的具体准则构架探析》,《体育与科学》2006 年第 4 期。
② 辛利:《广东省民营体育健身服务企业的现状与未来发展的制度建设取向》,《广州体育学院学报》2006 年第 6 期。
③ 周武:《我国职业体育产业政府规制的现状分析》,《上海体育学院学报》2009 年第 3 期。
④ 陈林祥:《我国体育产业结构与产业布局政策选择的研究》,《体育科学》2007 年第 3 期。

五 关于体育服务产业政策的研究

（一）关于体育服务产业的研究

体育服务产业是随着体育产业化的不断推进和人们对体育服务的不断需求而成为一类产业，和文化产业、旅游产业等一样具有服务产业的共同特点。市场经济条件下的体育服务业即为体育服务产业，虽然没有专门的研究进行区分和界定，但是大量体育服务业的研究文献都体现了这一客观事实。[①②③] 我国早期研究成果中的体育产业也指本书的体育服务产业。[④⑤⑥] 通过目前的研究成果和若干政策文件可以看出，体育服务产业属于现代服务业的范畴，即以市场经济制度为资源配置方式的体育服务业。根据目前我国体育服务业发展的理论和实践可以看出，体育服务产业就是体育产业中的体育服务业。从鲍明晓和梁晓龙早期对体育产业的定义方式看，狭义的体育产业或者体育本体产业都是本书提出的体育服务产业。[⑦]

国外也较少提及"体育服务产业"这一概念的解释和辨析，但体育服务产业现象普遍存在，如职业体育、健身休闲、体育博彩等都属于体育服务产业的范畴。国外学者相关研究的主要结论为：体育服务产业的持久发展需要政策的规划和支持；体育服务产业产值的增加必须与科技水平、媒体策划、体育水平、管理水平等关键因素紧密结合；体育服务产业的经济效益更容易受到经济波动的冲击；人们有很多体育服务消费的替代消费，在与替代消费产品共同出现时，体育服务产业效益降低。

---

① 宋永平：《我国体育服务业的现状与发展政策》，《体育与科学》2004 年第 6 期。
② 方春妮、刘勇：《论我国城市体育服务业发展——以北京、上海为例》，《体育文化导刊》2010 年第 5 期。
③ 杨铁黎、吴永芳、刘燕华、许松涛、刘西文、杨贵军、林显鹏：《关于建立我国体育服务业质量管理体系的研究——ISO 9000 在体育服务质量管理中的运用》，《体育科学》2005 年第 2 期。
④ 梁晓龙：《关于体育产业、体育产业化、体育市场等问题的综述》，《体育文史》1993 年第 4 期。
⑤ 鲍明晓：《关于体育产业的几个理论误区》，《武汉体育学院学报》1994 年第 1 期。
⑥ 钟天朗、徐本力、刘建中：《上海浦东新区体育产业的发展战略》，《上海体育学院学报》1994 年第 3 期。
⑦ 鲍明晓：《关于我国体育产业的几个理论问题》，《体育与科学》1993 年第 3 期。

早在20世纪80年代左右，我国已经出现了体育服务产业现象，如很多地方贯彻"体育场馆发展多种经营，广开财路，提高场馆使用率，逐步做到自负盈亏，以场馆养场馆"的行为。并在经济特区率先进行了体育服务产业的经营和试验，主要是以场馆为媒介的经营和管理。[①] 20世纪90年代初，体育服务或者劳务普遍被认为其不仅具有使用价值，而且具有商品价值，能够成为商品，可以对它进行经营。进入21世纪后，体育服务产业作为我国服务业或者第三产业的组成部分越来越受到重视，但是体育服务产业面临的问题也随之出现，很多方面需要政策的引导和支持，如财税扶持政策、人才激励政策等。[②]

随着时间的推移，我国关于体育服务产业理论和实践的研究不断增加，如关于职业体育的研究、体育经纪的研究、体育健身娱乐的研究、体育彩票的研究等。主要结论为：我国职业体育改革不彻底，难以按照市场运作的一般规律运作；我国职业体育理论水平低、体育技能水平低、制度环境差、产权不明确等是制约我国职业体育的重要原因；我国必须解决国家竞技体育与职业体育之间的关系，优化职业体育政策环境，以提高我国体育职业化水平。[③④] 体育经纪行业不仅是我国体育服务产业的重要内容，还是我国体育服务产业发展的纽带，我国经纪人数量少、种类少、人才结构不合理、从业者素质低、法律政策环境不完善，应该完善经纪人培养体制和法律政策制度。[⑤] 我国体育彩票经营政企不分问题严重，由于体育彩票"恶性竞争"产生的利益争夺、违规违纪现象依然存在，彩票发行、销售和公益金的监管力度不够。[⑥]

从以上国外体育服务产业的研究成果可以看出，体育服务产业是容易被其他服务产业替代且对经济波动非常敏感的产业类型，需要政

---

① 张林：《中国体育产业及相关产业统计研究》，《体育科学》2008年第10期。
② 宋永平：《我国体育服务业的现状与发展政策》，《体育与科学》2004年第6期。
③ 张保华：《职业联盟的企业性质分析》，《成都体育学院学报》2010年第1期。
④ 王岩：《职业体育联盟的经济分析》，博士学位论文，上海体育学院，2010年。
⑤ 肖淑红、彭铿、董烨、陈旭东：《体育经纪人相关问题的研究现状综述及分析》，《北京体育大学学报》2013年第3期。
⑥ 杨琳：《基于产业政策视角下的中国体育彩票业政策研究》，硕士学位论文，首都体育学院，2012年。

策的引导和支持。从我国体育服务产业的研究可以看出，我国体育服务产业产生于计划经济向市场经济过渡的背景下，起源于公共体育资源的市场化运作和体育事业的社会化实践。在我国社会主义市场经济制度发展中，我国体育服务产业依然存在很多问题，需要采取各种措施促进其发展。

（二）关于体育服务产业政策的研究

在国外，关于体育服务产业的专门研究中，经常涉及体育服务产业政策研究，主要集中在政策的内容和实施方面。在政策内容方面，一般认为体育服务产业政策应该给予支持体育事业的商家或企业实行税收减免；政府应该给予特殊体育事业经营者（如新开业者、非营利经营者等）扶持；在体育消费方面应该给予弱势群体一些价格优惠措施；体育服务产业政策应该维护从业人员的就业权利。在政策实施方面，一般认为体育服务产业政策对体育服务产业发展的推动作用需要通过评价来证实；认为政府的许多部门如政治、经济、文化、财政等部门都应该配合体育产业政策的制定和实施（Caroline Chilverr，2001）。①②③④

国外专家关于体育政策的研究也涉及体育服务产业政策，其中研究主要集中在体育服务产业政策的基本理论、制定方式、政策演变和政策比较等方面。主要观点为：体育服务产业政策的制定者与实施对象之间的博弈程度小于其他政策，政府主要采取放松性、扶持性政策。主要因为体育服务产业具有公益性，且对其他产业的波及效应显著（Aaron Beacom，2008；Related Articles，2007）。在体育服务产业政策制定前，应该充分考虑体育服务产业主体和消费主体的建议，科

---

① Mick Green, "Modernization and Sport, The Reform of Sport England and UK Sport", Finlayson, 1999.
② Mick Green, "Shane Collins: Policy, Politics and Path Dependency: Sport Developent in Australia and Finland", *Sport Management Review*, 2008, p. 11.
③ Tracy Taylor, Alison Doherty, Peter McGraw, *Managing People in Sport Organizations*, Elsevler Ltd., 2008.
④ "Marketing Murder: ball: The Influence of Spectator Motivation Factors on Sports Consumption Behaviours of Wheelchair Rugby Spectators", *International Journal of Sports Marketing & Sponsorship* 12, 2010, pp. 51 – 64.

学确定政策方案，以提高政策的执行力（Steven J. Jackson et al.，2007）；政策制定的过程要顾及政策制定成本（Mike Collins，2008）。①②③④ 体育服务产业政策起初伴随着体育政策的产生而产生，主要体现在政府对体育服务产业的扶持；随着体育服务产业的不断繁荣和发展，体育服务产业政策多为间接性干预，多利用市场引导的方式促进体育服务产业发展；随着法律政策环境的不断优化和政策理论的不断成熟，体育服务产业政策的实施效果和评价方式越来越受到重视（Dr. Neil King，2009）。在欧盟与成员国之间、国家与地区之间、政策与国际规范之间、不同国家之间的体育服务产业政策的比较研究中，认为体育服务产业政策的内容的设置要具有协调性、地方适应性，政策的执行也应有变通性等（Veerle De Bosscher，2009）。⑤⑥

　　曹可强等分析了英国体育服务产业政策产生的动因，认为英国体育组织对体育管理权的需求，是体育服务产业产生的主要原因，快速发展的体育服务业是体育服务产业政策产生的主要背景。王波介绍了美国20世纪70年代职业体育的各种优惠政策，认为政府给予了职业体育管理、融资、税收等方面的扶持政策，对美国职业体育的发展产生了强大的推动作用。吴丽君分析了国外若干体育服务产业政策，但只是列举了若干体育服务产业政策的内容，认为有很多内容对我国体育服务产业政策的制定具有借鉴意义。李军分析了俄罗斯体育服务产业政策，认为俄罗斯经济和政治因素对体育服务产业政策的制定具有很大的影响。

　　在我国体育产业政策的研究中，多是指体育服务产业政策。另外

---

① Dr. Neil King, *Sport Policy and Governance：Local Perspectives*, Elsevier Ltd.，2009.
② Aaron Beacom, "A Changing Discourse？british Diplomacy and the Olympic Movement"，*In Sport and International Relations*, London：Routledge，2004，95.
③ Victor D. Cha, *Beyond the Final Score：The Politics of Sport in Asia*, Columbia University Press，2009.
④ Authony James Veal, *Leisure，Sport and Tourism，Politics，Policy and Planning*, CABI Tourism Texts Press，2010.
⑤ Matthew J. Robinson, *Profiles of Sport Industry Professionals：The People Who Make the Games Happen*, Jones & Bartlett Learning Press，2001.
⑥ Lisa Masteralexis，Carol Barr，Mary Hums, *Principles and Practice of Sport Management*, Jones & Bartlett Publishers，2001.

在体育服务产业研究和体育政策研究中也体现出一些零碎的观点，如关于体育产业政策的体系和内容的讨论，体育产业政策概念、功能和作用的研究，关于体育服务产业政策的发展现状和趋势的研究。比较集中的观点为：我国体育服务产业政策存在问题，体育服务产业急需体育服务产业政策的扶持，现有扶持政策范围小，且缺少监督和评价（陈林祥等，2005）；我国现有的很多政策不适应目前体育服务产业的发展，应该多借鉴国外体育服务产业政策的成功经验，针对我国现有的政策环境和体育服务产业发展状况，完善我国体育服务产业政策。

从体育服务产业政策的研究情况看，国外研究注重政策内容的扶持性、兼顾政策的制定成本、重视体育服务产业政策的执行效果和评价机制。而国内研究仍处于初级水平，只限于对国外体育服务产业政策的简单分析和对国内体育服务产业政策现状的研究。针对目前我国体育服务产业存在的各种问题，需要对我国体育服务产业政策进行深入而系统的研究。

第二章 国外发达国家体育服务产业政策状况

第一节 国外发达国家体育服务产业政策内容

国外发达国家体育服务产业政策是体育服务产业发展到一定阶段的产物,一般通过国家宏观经济政策、国家产业发展政策和体育政策的形式体现出来。体育服务产业不仅被认为是拉动经济发展的产业类型,也是国家发展体育事业的重要手段。国外发达国家体育服务产业政策一方面为体育服务产业创造良好的政策环境以拉动经济发展,另一方面也会以体育服务产业本身所具有的公共服务性,坚持对体育服务产业的扶持或者给予财政优惠。国外体育服务产业政策在内容上会与群众体育政策、学校体育政策和竞技体育政策等密切联系、相互交融,共同推动体育服务产业的发展。

国外发达国家体育服务产业所使用的主要政策手段为税收政策、融资政策和财政补贴政策。对于经营性体育服务产业经营主体多采取税收政策和融资政策,对于具有公共服务特点的体育服务产业较多使用财政补贴政策,甚至是政府直接投资政策。也有使用管制性的审批和许可政策,对一些特殊体育服务业的经营也会采取适当限制,如占地面积庞大的高尔夫球产业在日本就设立了非常严格的审批政策。

一 体育服务产业政策若干内容

(一)体育服务产业发展视角下的体育服务产业政策

英国是现代休闲体育的发源地,举世闻名的温布尔登网球赛、高尔夫球赛和英超足球等在英国体育产业中均具有非常重要的地位。目前英国体育国内生产总值已占国民生产总值的1.7%，体育产业在英国经济中正在发挥越来越重要的作用。① 到目前为止英国有5万多个足球俱乐部，约有500万人从事网球运动，约有2000家高尔夫球俱乐部，这与英国的体育服务产业政策有很大关系。在17世纪，英国早期的业余体育组织开展体育服务活动常常面临资金短缺现象，这些组织主动向政府部门申请给予财政补贴或者税收减免的政策，在一定程度上得到了政府的支持。② 18世纪，体育经营活动开始出现并不断增加，经营者认为体育本身具有公益性，且盈利空间比较小，在没有盈利空间的时候，他们可以通过相关证明，确定其开展的活动具有公益性或者慈善性，就可以申请到财税方面的优惠，一般都能得到相应的政策支持。③ 到了20世纪，英国政府意识到本国第三产业的创新动力不足，通过政策鼓励发展本国的文化创意产业，体育创意产业作为创意产业的重要类型被给予税收和财政上的支持。④ 目前英国文化产业已发展到相当大的规模，文化产业超过了任何一种传统制造业所创造的产值，而体育是创造文化产品的关键要素之一。英国政府为扶植文化产业发展，外交、文化管理、旅游、画廊、博物馆等部门协调配合，运作效率很高。英国文化政策强调文化艺术产品面向大众，鼓励民众尤其是青少年参加各种文化活动，为民众提供尽可能多的参与机会，为文化艺术产业不遗余力地培养消费市场，这和体育服务产业政策理念非常吻合。

美国体育商业的发展有一百多年的历史，已经形成了完善的体育产业管理体制与运行机制。美国的体育产业结构一般分为职业体育、健身娱乐体育、体育用品等。20世纪80年代美国体育产值就达到了全国GDP的1%，90年代中期达到了2%。美国较高的人均GDP（2007年为46280美元）水平使公民形成了良好的体育消费意识。美

---

① 田军：《发达国家体育产业火》，《市场报》2007年11月7日。
② 郭宏、丁建定：《19世纪末20世纪初英国体育的商业化与产业趋势》，《广州体育学院学报》1999年第3期。
③ 王志威：《英国体育休闲娱乐的发展》，《军事体育进修学院学报》2005年第10期。
④ 王志威：《三十多年来英国体育休闲娱乐及其政策理念的发展》，《山东体育学院学报》2006年第2期。

国体育产业被称作"永远的朝阳产业",美国有方便舒适、遍地皆是的体育健身场所,长盛不衰的休闲体育等都是美国体育服务产业的重要组成部分。这与美国体育长期以来贯彻的体育服务产业特殊政策具有一定关系。美国体育产业政策对体育产业的发展一直坚持税收优惠政策,美国的职业联赛一直享有垄断豁免权,保证了职业联赛商业价值的提升;在美国很多州的社区体育俱乐部都是免税的,大大减少了俱乐部的经营成本[1];美国很多户外体育娱乐场所、体育公立公园服务和对其设施的保养,都有专门的政府拨款政策。[2] 美国政府认为,体育服务产业与其他产业部门有很大差别,并不创造有形财富,如果没有政府的政策支持,体育服务产业难以产生利润。[3] 美国公共体育在产业化运作中不仅可以获得税收优惠,还可以获得财政补贴,如果美国的大学生体育联赛、中学生体育联赛、业余体育联赛在产业化运作过程中市场竞争力相对较小,政府一般会给予财政上的补贴或者税收倾斜政策,但是由于各州政府政策的差异,政策倾斜程度会有所不同。[4] 与其他国家不同的是,美国职业联盟、学校体育联盟等组织管理权力较大,内部规范对体育产业的保值、增值效应明显,也有些专家认为美国体育联盟内部的规划或者规范也是体育服务产业政策的范畴。

20世纪90年代,日本提出了"体育产业化""体育文化和富裕程度"以及"体育产业振兴和地区经济振兴"等概念。日本在相关政策中强调,体育服务产业是搞活经济战略的一部分,指出"保健、体育、时尚、娱乐、音乐等领域有望将市场扩大到全球范围的环保产业"。日本通过政策鼓励体育经营者成立非营利性组织,以在发展过程中享受各种优惠政策,减少经营压力和防止企业破产。[5] 韩国将体

---

[1] 石磊:《美国政府的职业体育政策》,《国外体育动态》1998年第6期。
[2] 王晓露、尚志强、唐建军:《美国城市社区体育的组织、发展模式及其启示——以BELLEVUE市公园与社区服务机构为例》,《中国体育科技》2005年第1期。
[3] 吴香芝、张林:《国外体育服务产业政策略论》,《体育文化导刊》2011年第12期。
[4] 黄文卉、黄祥富:《美国体育产业中的公共—私有合作伙伴关系》,《武汉体育学院学报》2005年第10期。
[5] 杨向东、钟嘉奎、张雪梅:《陈元赟对日本体育文化的贡献》,《体育文化导刊》2006年第9期。

育健康服务产业列为新增长动力产业的范畴,从政策上指出新动力产业发展应该注重长期成果、重视源头技术,不同部门之间应该减少竞争和增加合作。韩国1975年的《观光振兴法》指出政府应致力于发展文化、体育、休闲、自然生态等观光基础设施,鼓励开发各种体育旅游商品。政府可指定观光特区,并为观光特区提供多种财税支持[①]。澳大利亚体育局和旅游局联合制定体育旅游发展政策,将体育旅游作为一个具有良好发展前景的特色旅游项目。他们利用悉尼奥运会的发展机遇,推出澳大利亚体育旅游发展战略、体育旅游市场推广计划和澳大利亚旅游白皮书等。

(二)若干具体性体育服务产业政策

各种体育服务产业类别是体育服务产业的细胞,这些细胞的集合构成了一个国家体育服务产业的整体,这些具体的体育服务产业类型往往需要与之相对应的具体政策来引导和规范。

1. 高尔夫发展政策

高尔夫是一项古老的运动,迄今为止已有五百多年的历史,目前已成为现代体育运动中发展最快的项目之一。目前,全世界有3万多家球场,美国占59%,欧洲占19%,亚洲占12%,其他国家和地区占10%[②]。许多国家首先关心的是高尔夫球场用地与土地资源紧张的矛盾,其次是高尔夫球产业的高度膨胀会不会造成高尔夫球产业结构的剧变,导致高尔夫球产业迅速衰退和造成大量沉没成本。目前美国高尔夫球场已经开始倒闭,日本大多数高尔夫球场也难以赢利。

尽管美国高尔夫球场数量位居全球最多,但球场面积仅占国土面积的1.61‰。大力开发高尔夫球场对美国来说没有任何土地资源压力,但是美国的高尔夫球产业经营状况并不乐观,进行高尔夫消费的人群已经饱和甚至下降,倒闭的高尔夫球场不断增多,亚洲国家应科学判断高尔夫将来的市场状况,制定合理的高尔夫发展方案。

日本的国土面积为中国的1/25,由大量的山体构成,较适合开展

---

① 《韩国体育旅游》,http://www.mke.go.kr/language/chn/policy/Ipolicies_05.jsp,2012年6月23日访问。

② 郭彤:《中国拥有最大高尔夫市场》,《人民日报》(海外版)2003年7月3日。

高尔夫运动。2003 年数据显示，该国高尔夫球场用地占国土面积的 5.30‰，是球场密度最大的国家。每 1 万平方公里平均有 66.17 个，中国只有 0.32 个，美国有 20.06 个，韩国有 17.12 个。由于日本一度急于上马、盲目集资和投资，导致球场供过于求，经营面临困境，据专家分析，现在日本的高尔夫球场数量，比实际需求多了约 1/3，目前 80% 的球场经营状况严峻，约 800 个球场出现财产纠纷而诉诸法律。[①] 目前在日本建设高尔夫球场，必须得到所在地区政府的许可。无论是建设时期还是经营期间，日本高尔夫审批最重要的条件是保护环境。申请建设前，投资者要进行可行性调查，从调查、申请到开发建成，平均需要 10 年。[②]

韩国土地面积只有中国山东省面积的一半，韩国虽然土地资源少，但是依然鼓励高尔夫球场建设和经营。截至 2007 年年底，韩国已经投入营业的高尔夫球场达 280 多个，而 2008 年一年已经完工或者正在兴建的高尔夫球场达 122 个。[③] 因为韩国属多丘陵地区，平坦地区不到国土面积的 15%，地势环境起伏复杂，适合高尔夫球的发展。[④] 韩国禁止利用平坦土地建设高尔夫球场，允许丘陵地区建设高尔夫球场，并严格禁止占用农用土地。韩国很多大学里也都有室内高尔夫球练习场地，不仅本校学生可以选修高尔夫球课程，社会人员也能交费学习。韩国高尔夫国际冠军也是刺激韩国高尔夫消费群体增加的重要因素，由此也可以看出培育和发展一个体育项目的产业，学校体育、竞技体育和群众体育的发展都是非常关键的。但是韩国过度膨胀的高尔夫运动需求和国内高昂的高尔夫球场消费价格已经不协调，导致韩国人到国外打高尔夫球的现象越来越多。

2. 健身会所发展政策

目前世界上最成熟、最发达的健身服务市场是美国，美国人去健身房健身的比例占总人口的 12% 左右。美国健身房按照类似于酒店的

---

① ［日］竹田慎：《中日高尔夫市场的细节差异》，《世界高尔夫》2011 年第 7 期。
② 《日本高尔夫球场管窥》，人民网采访日本高尔夫球场事业协会理事大石顺一、事务局长小沼达夫，2011 年 6 月。
③ http://abroad.lotour.com/n/20091211/n413682.shtml。
④ 王光裕：《特色专业技术是物业服务企业品牌的亮点》，《上海房地》2007 年第 7 期。

五星级标准分为高档、中高档、中档、中低档和低档，年费也在数年内保持相对稳定，甚至可以逐月从消费者的信用卡里划拨[①]。美国中低档健身会所多处于社区，由于这些社区健身会所侧重于健身功能，因此会享受到税收减免或贴息政策。社区健身会所也因此收取很低的费用，确保到健身会所健身有较大的人口数量。

2010 年德国大型健身俱乐部已超过 6000 个，会员首破 700 万人，比 2009 年增加了 50 万人，如果算上 200 平方米以下的 1000 个小型健身俱乐部会员数，将达 731 万人，占总人口的 8.9%[②]。德国健身俱乐部在过去几十年的发展中，经历了良莠不齐，缺少规范的发展过程，但是现在已经形成了档次由高到低的金字塔状态，高端健身俱乐部价格高服务好、中低端健身俱乐部价格低服务质量相对较低，但是都能保证基本的健身功能和安全水平。体育是德国人日常生活的重心之一，吃饭、睡觉、工作和运动是居民生活的必需事项，健身养生市场参与人员（俱乐部会员）和全国总人口比例保持在 1∶16。[③]

鼓励更多的人去健身房健身是推动健身房行业发展的根本动力，日本的健身行业常常和某些保险行业捆绑在一起，日本的健身费用可以到保险公司报销，不仅不会增加保险公司的负担，还会减少公司的成本。[④] 德国的健身消费也可以在医疗保险公司报销，德国还推出鼓励人们增加锻炼的口号。如"德国，动起来"的全民健身活动，鼓励群众每天参加体育运动，还通过名人做宣传，引导大家多参加体育活动。[⑤]

3. 体育赛事产业政策

在很多发达国家，体育赛事被看作是一种具有很大商业价值的文

[①] 迟忠波：《健身行业十年兴衰警示录》，《中外管理》2011 年第 3 期。

[②] http://www.Germany finance.cn/ns_detail.php?id=12924&nowmenuid=51&cpath=&catid=02011-3-29.

[③] 包蕾蕾：《中德健身业对比和发展趋势新探》，《首都体育学院学报》2009 年第 3 期。

[④] 田里：《我国健身房场地、投资与收入现状调查分析》，《体育科学》2002 年第 3 期。

[⑤] 陈金鳌、陆彩凤、张鑫华：《健身消费行为的影响因素与对策》，《体育文化导刊》2011 年第 11 期。

化现象，也被认为是对当地经济具有较大拉动力的产业类型，同时还被认为是激起人们从事一般健身活动的发动机。因此国家或者地方政府一般都给予很大的政策支持，这对体育赛事特别是职业体育赛事的发展是非常有利的。如美国针对职业体育发展的实际情况，给予体育运动一些其他行业所不具备的特殊的政策支持，这些政策对职业体育联盟和职业运动队的商业运作起着至关重要的作用。① 如反垄断法与美国职业体育的"反垄断豁免"，保证了美国职业联盟的权威性和稳定性，使职业体育联盟有权确定职业运动队的分布和数量，保证了职业体育的整体利益。再如职业体育中一些税收的减免、对职业体育比赛节目的版权保护等促进了美国职业体育商业价值的提升。② 由于赛事对提升城市形象和改善市民生活质量方面具有重要作用，因此国外很多城市积极投入体育场馆建设吸引球队或者引进赛事，且在场地使用上给予很多优惠政策。或者设计各种优惠政策以吸引社会资金投入体育场地建设③，政府会给予一定的财政补贴和市政方面的方便直接引进大型赛事。④

4. 体育彩票业政策

在国外，体育彩票不仅成为发展体育事业的主要经费来源渠道，还是拉动体育赛事产业的主要动力。美国、英国、日本、德国等很多国家一半以上的体育经费都来源于体育彩票。英国的体育博彩业以发行体育彩票、赛马彩票、自行车彩票等为主要渠道。英国体育博彩业不仅帮助他们在北京奥运会上取得优异成绩，对体育赛事的发展和群众体育的发展也起到了非常重要的作用。⑤ 体育博彩在发达国家普遍存在，以本国体育赛事为竞猜对象的博彩业吸引了大量的彩民，并成为球迷或者体育赛事的痴迷观众，大力拉动了体育赛事

---

① E. Thomas Sullivan, Herbert Hovenkamp. *Antitrust Law, Policy and Procedure.* Michie Co., 1987.
② 石磊：《美国政府的职业体育政策》，《国外体育动态》1998 年第 6 期。
③ 张玉超：《我国体育场地建设现状与发展对策》，《山东体育学院学报》2006 年第 3 期。
④ 黄海燕、张林：《体育赛事综合影响框架体系研究》，《体育科学》2011 年第 1 期。
⑤ 彩花：《国家彩票计划助推英国体育》，《中国体育报》2008 年 9 月 2 日。

的发展。

国外体育彩票政策对彩票的发行机构的资格要求非常严格，必须经过国家相关部门的审查和同意才能进行体育彩票的经营，并接受相关部门的监督和检查。在彩票资金的使用方面同样具有严格的政策规定，而且具有严格的机制对之进行监督，如有舞弊行为将会受到严厉的惩罚。

二 产业政策视角下的体育服务产业政策

产业政策常常以补充市场失灵被加以讨论，在不同国家产业政策的发展过程中，对产业政策的重视程度有所不同。但是从全球整个研究状况看，在20世纪90年代以前，对产业政策关注的专家比较多，进入20世纪90年代后，对产业政策的关注开始减少。因为实践和理论研究表明，如同市场失灵一样，政府也有失灵的可能，而且政府失灵所带来的社会成本也不容忽视。但是面临2008年美国引发的金融危机，各国在采取金融和财政措施的同时，依然运用各种产业政策对企业进行支援，如美国的不良资产救助计划（TARP）和低碳产业政策、德国和法国的信用保证、日本产业财政动员政策等。政府和社会对产业政策的关注又开始高涨起来。实证研究表明，创造和扶持新产业或新企业是经济增长和创新的动力。但是新产业达到自立需要很长时间，需要采取长远的政策措施[1]，体育服务产业被很多发达国家称为永远的朝阳产业，也被称为新型服务产业。发达国家的产业政策也是引导体育服务产业发展的政策，很多政策内容可以直接引导和规范体育服务产业的发展。

现代意义上的产业政策概念是在20世纪50年代最先被日本专家提出，关于产业政策的研究也产生于这个时期。日本当时经济水平相对较低，政府通过产业政策的制定和实施，赶超欧美发达国家，并在实践中证实了产业政策的重要作用，并将产业政策运用到许多具体的行业，包括体育服务产业[2]。但是从产业部门和政策部门提出体育产

---

[1] Josh Lerner, *Boulevard of Broken Dreams*, Princeton University Press, 2009.
[2] Daniel I. Okinoto, *Between MITI and the Market: Japanese Industrial Policy of High Technology*, Stanford University Press, 1989.

业政策是在20世纪末期才被提上日程的（广濑一郎，2004）。21世纪日本的产业由政府主导向民间主导过渡，但是也依然需要产业政策，需要政府发挥作用。日本是使用产业政策比较成功而又谨慎的国家。日本为了发挥民间力量，坚持市场公正性和政策的透明性，使市场本身顺利地发挥作用，对体育服务产业扶持政策主要侧重于具有公共服务性质的体育服务产业。而对于一些商业性的体育服务产业政策使用较少，主要担心政策执行过程中存在一些不公平现象，会损害中小企业的利益。从中也可以看出日本是以采取培养体育服务产业消费群体的途径促进体育服务产业发展的。

从20世纪初直到20世纪中后期，英国一直面临经济衰退的压力，休闲体育却快速发展起来。因为英国人口数量降低导致消费下降，因而影响了经济增长，而休闲体育成为新的消费类型和经济增长点，并因此调整产业政策，鼓励支持休闲型消费，英国体育休闲产业因此得到发展。20世纪末英国的文化产业受到重视，并成立文化体育部，把体育作为文化产业的一部分共同研究和开发，给予多项政策倾斜政策。很多能够被列为创意产业行列的体育文化产业或者体育产业都能得到不同程度的税收减免。英国体育活动如果是非营利性的则可以享受减税政策，如果得到慈善委员会批准为慈善机构的话，可以享受免税政策。公共服务外包是英国的一项特殊的产业政策，作为公共服务的体育事业进行了大量尝试，并取得了成功。比如，爱丁堡市把提供服务的市营设施的职员全部转到了成为受托方的非营利性组织。这些职员转到非营利性组织的时候，曾经得到许诺：如果非营利性组织破产，可以重新恢复市政厅职员的身份。因为政府许诺：即使非营利性组织破产，也必须继续为市民提供体育服务，会依然录用原来的职员继续为市民提供服务。但是爱丁堡市的体育设施提高了服务质量，设施的利用率得到提高，效益转好，职员的工资也在上涨，非营利性组织并没有破产。

20世纪初，美国专家提出应该重视产业结构的调整，快速实现结构现代化和高级化。但是美国政府不承认自己实施了产业政策，认为是宏观经济政策在起作用。直到20世纪60年代，产业政策得到了政府的认可并引起了关于产业政策的讨论，如国家应该支持什么产业、采取什么政策、达到什么目的引起了关注。经过争论，美国选择了多层次性、非规划性和干预的间接性政策，充分适应了美国的政治和经济发展环境，保证了国家经济发展一直处于领先的地位。[1] 而美国体育服务产业所享受的政策优惠程度强于国家其他很多产业类型，享受政策的主要原因有两个方面，一是体育服务产业对其他经济的强大带动力，另一方面是基于体育的公共服务功能。美国在职业体育方面的反垄断豁免政策和社区体育优惠政策都在一定程度上基于其公共性的特征。

日本在公共体育发展中采取的外包政策既是发展公共体育，同时也是发展体育产业，而且还对外包政策进行前期的评估，如对城市人口、公共体育供给能力和承包主体能力给予评估，实现有计划有步骤的承包。一些专家提出体育行政部门和经济产业部门共同设计外包政策，以便提高政策执行力和公共服务能力。

20世纪60年代，韩国还是一个落后的发展中国家，但是仅仅利用30年的时间就成了一个受人瞩目的发达国家。这和韩国实施的"压缩型"产业发展政策有直接的关系。1988年汉城奥运会对韩国产生了巨大影响，对韩国的经济和政治都发挥了极大作用，此间各种推进体育服务产业发展的"压缩"政策起到了非常重要的作用。20世纪末，澳大利亚不断借鉴英国、美国、日本、韩国等国家的体育服务产业政策发展经验，开始重视本国体育产业政策，对体育服务产业政策进行研究和探讨，并运用到体育服务产业实践中。

加拿大是一个典型的福利国家，由于体育工作者习惯了长期接受政府的资助，体育在国家产业结构调整中没有发挥太大的作用，体育服务产业的发展动力明显不足。许多体育组织仍过度依赖联邦政府的支持，并期待政府给予引导和政策支持。在一些体育经营活动中，每个全国性体育组织和省级组织，以及许多社区体育俱乐部都试图独立经营，而不是与其他体育组织合作以降低成本和提高服务效益，这与加拿大长期以来高福利性的国家制度有一定关系。目前加拿大政府利

---

[1] Nils Asle Bergsgard, *Sports Policy: A Compartive Analysis of Stability and Change*. Elsevier Ltd., 2007.

用各种政策和手段不断提高体育参与的产业效果还没有充分体现，或许随着政府的引导和疏导，体育的商业性会有所提高，加拿大的体育服务产业会有大幅度提升。

三 体育政策视角下的体育服务产业政策

发展体育是一个国家的基本职责，而发展体育服务产业是推动和发展体育的重要途径。体育政策是推动体育发展的有效措施，几乎每个国家的体育政策中都含有体育服务产业的政策内容，这些政策内容对体育服务产业的发展非常重要。现在很多国家，政府主要采取放松性、扶持性政策，因为体育服务产业具有公共服务性质，且对其他产业的波及效应显著。在体育政策制定前，一般充分考虑体育服务产业主体和消费主体的建议，确定政策具体方案，以提高政策的执行力。美国的体育政策主要由《美国业余体育法》（1978 年、1998 年修订）统领，各州在这项法律下制定本地区的体育政策。美国一些州的社区、文化、环境、公园等相关机构也参与体育健身娱乐或者体育休闲政策的制定，这使得体育服务产业更容易获得一些政府财政补贴。美国非政府体育组织有非常强的自治性，很多美国人认为这些内部组织政策是体育服务产业政策的范畴，例如，一些州协会有权制定比赛规章。这些权力范围各州不尽相同，多数州协会在州内提供体育竞赛的统一标准，确保体育比赛公平、安全和符合体育道德。

20 世纪中后期，英国大量的公共体育设施催生了庞大的体育消费群体，场地设施却满足不了群众需求。政府开始设计场馆设施能够充分利用的政策，通过体育公共设施外包的形式使更多的场地设施得到充分利用。[1] 1995 年的《体育：发展游戏》、2000 年的《大众的体育未来》和 2002 年的《游戏计划》都规定商家可以竞标经营体育公共服务业，体现出公共服务产业化运作的理念。20 世纪中期英国推出的《体育：在比赛中提升》和《奥运会计划》等政策充分体现了重竞技体育的倾向。早在 20 世纪 70 年代，英国的体育政策体现不出体育服务产业的特点，但是英国的体育政策直接融入英国的国家政策体系，

---

[1] Chris Gratton, Peter Taylor, *Government and the Economics of Sport*. Langman Group UK Limited, 1991: 2 - 20.

英国的法律习惯和法律环境决定了体育是受国家法律保护的重要事业。英国的公共体育政策对体育服务产业的促进作用比较大，如《体育与休闲活动的空间规划》（2004）确定了一些体育休闲计划，力图改善地方居民的健康和经济状况，这些公共体育政策的有效实施保证了体育参与人口的增长，刺激了体育消费的增加，推动了体育服务产业的发展。体育行政部门还积极与旅游部门、创意产业部门协调配合制定出服务产业政策，对休闲体育产业的发展都具有较大推动作用。

但是最近几年英国大力倾向于竞技体育发展的政策在一定程度上影响了英国体育服务产业的发展。英国为了在世界上取得好成绩，在2004年推出优秀运动员资助计划（TASS），政府直接向在校学生运动员的训练进行投入，并组成很多项目的国家队，吸引了很多年轻人参与到体育训练当中。[1] 相对于以前大部分专业选手自己出资或者依靠商业赞助来训练和比赛的现象，英国削弱了很多商业性，更不可能像美国那样具有创造学校体育联赛商业价值的积极性。但是这些竞技体育的投入与学校体育和群众体育衔接较好，在提高体育消费群体方面起到了推动作用，从消费需求的角度看对体育服务产业具有一定的推动作用。[2]

英国一直以发展群众体育为首要任务，英国政府认为体育活动对降低青少年犯罪和减少医疗开支具有很大的相关性，政府极力动员所有国民运动起来，但是靠政府自身的努力是不可能达到全民的需求的，社会发展体育服务产业是英国发展体育服务产业的有效途径。英国大量的群众性体育政策，培养了国民体育消费的习惯，培育了大量的体育消费人口，进而推动了体育服务产业的繁荣发展。可以说全民普及体育政策是发展英国体育产业的基础政策，英国体育服务产业的繁荣，是英国长期以来群众体育政策和体育服务产业政策共同作用的结果。英国的竞技体育较晚被重视，英国的竞技体育在一定程度上是由坚实的群众体育基础促成的，而英国的职业体育又是由英国较高的竞技体育水平和深厚的群众体育基础培育出来的。英国的群众体育发

---

[1] 《英国体育发展根植校园》，《南方日报》2011年8月15日。
[2] 董延：《发达的产业　先进的理念》，《重庆日报》2003年4月21日。

展政策对英国职业体育、休闲体育、体育中介等各种体育服务产业的发展都起到了非常重要的作用。

日本传统的"体育政策"代表的含义是"体育行政"。而在现代社会里，与体育相关的经济活动逐渐增多，也具有更重要的社会意义。1961年日本的《体育运动振兴法》并没有体现发展体育服务产业的内容，其主要任务是努力为广大国民创造参与体育运动的条件，以达到促进国民身心健康发展的目的。[①] 随着体育社会化发展趋势的推进，日本政府逐渐出台《关于面向21世纪的体育振兴策略》（1989）和《体育振兴基本计划》（2001—2010），鼓励地方建立综合型区域体育俱乐部或泛区域体育中心，并配置一定的发展基金，明确规定对俱乐部基本配套设施给予补贴帮助，如资助建设体育俱乐部的浴室、休息室等。体育中心在支援和支持体育训练、信息传播和科研交流中发挥了重要作用。国家同时大力宣传政策内容，使社会各界充分获取国家体育事业发展的政策信息，吸引社会资本投入到体育服务产业。日本政府认为体育既有交给市场较好的部分，也有不能交给市场的部分。从"公共服务"的观点考虑，体育教育和增强体质的基础体育是不能交给市场的，能够提高较高档次和高质量体育需求的内容可以交给市场。日本非常推崇英国的体育服务产业发展模式，即将群众体育作为体育服务产业发展的根基，又不丢失体育服务产业的公共性质，做到社会、政府和公民共同获益的三赢模式。

1997年以来，韩国政府和学者开始频繁使用"体育产业政策"，但是在政策中都没有脱离产业政策为大众服务的思想和宗旨，而且这些产业政策都是从国家体育事业发展的总体政策中体现出来的，如体育发展规划：《国家体育促进总体计划（1993—1997）》中涉及了体育服务产业促进政策；在第三个《国家体育促进总体规划（2003—2007）》中，提出建设体育文化网络信息基础结构。1999年韩国体育服务产业产值约15.3亿美元，占体育产业总产值的17%，但是国家依然对体育场馆和设施有很多优惠政策，鼓励民间体育场馆的建设，

[①] 国家体委政策法规司、国外体育法规选编：《日本体育振兴法》（1961），第261页。

进而为体育表演和体育观赏等体育服务产业发展提供基础条件。在体育健身娱乐和培训方面，韩国采取不干涉、不管制的自由发展政策，形成了韩国层次不同、种类齐全的各种体育健身和培训主体，满足了不同消费人群的需求。

澳大利亚认为体育事业不单单是体育行政部门的事，也需要其他多个部门的合作才能使体育的社会价值和商业价值达到最大化。澳大利亚强调体育资源和其他各种资源的共同开发，实行体育部门、旅游部门以及其他部门共同合作开发体育资源，并共同分享资源开发带来的各种利益。如《澳大利亚体育旅游发展战略》（2000）、《体育旅游市场推广计划》（2001—2002）和《澳大利亚旅游白皮书》（2003）等，都充分体现了体育事业与旅游事业共同发展的内容，这些政策的颁布和实施都为体育服务产业创造了更大的社会价值和商业价值。

加拿大体育政策如同一把"双刃剑"，一方面，由于政府在体育方面的大量投入，国家体育基础设施很充足，体育参与程度较高。但另一方面，体育组织过度依赖政府拨款，不能积极引用公共体育服务外包或者使用"官民"合作发展的模式，使体育服务产业发展活力不足，没有像欧美国家一样成为拉动经济发展的重要产业。由于加拿大政府对群众体育的投入比较充足，也导致一些商业性体育服务市场空间相对较小。随着国家体育财政的不断削减，加拿大各体育部门逐渐意识到它们优先考虑的体育事业并非政府最重要的事情。它们已经不再过分依赖政府，开始学会和商家沟通，获得资助。但是政府依然会在群众体育上通过调税给予政策上扶持或者倾斜，如体育协会、体育俱乐部接受企业赞助时不需要交所得税。[①] 一些国家资助的公司或企业也会积极支持国家体育事业的发展，如加拿大广播公司一直支持加拿大草根体育项目。

四 影响国外体育服务产业发展的其他政策

在很多发达国家，有大量的政策不是以促进体育服务产业为目的的，但是在其执行的过程中确实对体育服务产业的发展起到了较好的

---

① 续川等：《中国社区体育代表团赴美国、加拿大考察报告》，《群众体育信息》2010年第1期。

推动作用。对体育服务产业的促进作用成为这些政策的非目标政策执行效果,这些政策的发展经验也值得我国学习和借鉴。这些政策主要指发展体育事业的体育政策,如群众体育政策、学校体育政策和竞技体育政策。

英国是一个以发展基础群众体育带动体育服务产业发展的典型国家,1894年颁布的《地方政府条例》和1906年实施的《公共场地开放条例》,要求地方政府为体育和娱乐活动提供一切室内或室外体育场地设施。在之后的近半个世纪,各级政府投资兴建了大量的体育场地设施,并全部向公众开放,还专门为足球兴建了大型体育场。政府非常关心国民的身体素质,鼓励人们积极参加各种体育锻炼,提高国民身体质量。1935年成立了英国身体训练与娱乐中央委员会,并于1937年颁布了《身体训练与娱乐条例》、1972年政府制定了《体育供给计划》、1975年出台了《体育的白皮书》(主要是体育和休闲的内容)、1982年制定了《未来十年体育规则》、1988年制定了《90年代的社区体育》。从这些政策可以看出,英国积极引导群众多参加体育活动,为国民尽可能多地提供各种健身场所。英国政府对学校体育课程也进行了一系列的改革,历经了从"体育训练"到"体育教育"再到凸显"运动"的体育发展过程。[①] 2002年英国政府发起了"体育、学校竞赛运动与俱乐部联合国家战略"行动,以提高参加高质量体育活动的学生比例。[②] 英国学校体育虽然没有像美国那样能创造巨大的商业价值,也没有像美国那样有疯狂的观众,但是英国大、中、小学生对体育的迷恋丝毫不亚于美国。英国体育的氛围非常浓厚,体育社团非常发达,几乎每个学生都会选择加入1—2个体育社团。学校体育与群众体育共同发展,造就了英国巨大的体育消费人群,也孕育了巨大的体育消费市场。

美国的体育事业就是一项产业,几乎所有的体育概念都可能成为体育服务产品,美国的中学体育、大学体育和竞技体育训练都是体育

---

① 黄晓灵:《二战后英国体育课程改革的历程及特征》,《外国教育研究》2009年第4期。

② http://www.Teacher.net.gov.uk,2008-09-16/2009-11-17。

服务产业的重要内容。美国必然会对这些具有公共性质的体育事业给予政策上的扶持。美国中学体育可以产生大量的体育赛事，并产生商业利益，因此校际体育比赛项目的数量很多。州高中体育协会努力对校级比赛制定各种政策，通过这些政策规范校际比赛，并取得很好的效果。美国全国大学体育协会是大学校际体育的主要管理机构，是大学校际体育中一个明确的管理机构，协会制定各种大学体育联赛的政策或纪律，以促进大学体育联赛的开展，大学生体育联赛已经融入电视广播、体育赞助、体育中介等各种体育服务产业中。这些政策或纪律有时也不被认为是政策，但是它对学生联赛产生巨大的商业价值具有重要作用。从政府的角度看，如果某一学校在联赛中因为比赛成绩不理想而导致学校亏损，政府会适当给予一些补助，以维持学校体育的正常开展，也会促进学校联赛的正常进行[1]。美国的每个社区基本都有自己的活动中心或社区体育中心。美国的社区体育被看作是美国的体育公共事业，这些公共场地设施一般都免费或低价向社区居民开放。"健康公民 2000 年"计划把增加社区体育中心的数量作为一个重要指标。1932—1937 年美国联邦政府在其经济最不景气的大萧条时期依然投资 15 亿美元用于社区体育设施建设。1965 年起，通过《土地与水资源保护法》，联邦政府每年拨款 7.8 亿美元用于大众体育设施建设。[2] 美国政府对社区体育的财政支持培育出了极大的体育消费群体，而社区体育经营者并没有完全依赖政府的拨款，它们利用这些机会广泛开展各种商业活动，既保证了参与人群的数量，也创造了一定的商业价值。

　　日本是一个善于借鉴别国成功经验的国家。日本借鉴英国和德国等国家的经验，从发展群众体育为基础，提出终身体育的概念；借鉴美国的经验，通过各种政策推进体育服务产业发展。1961 年 6 月颁布的《体育振兴法》，起初是为了提高竞技体育水平，后来逐渐重视群众体育和体育产业的发展。从 20 世纪 60 年代后半期开始，日本政府

---

[1] [美] J. 伯尼·帕克豪斯：《体育管理学》，秦椿林、李伟、高春燕、程红译，清华大学出版社 2003 年版，第 235—240 页。

[2] 何文璐、张文亮：《"健康公民"的美国社区体育》，《环球体育市场》2009 年第 4 期。

大力发展地区体育，1964年颁布了《关于增进国民健康和体力对策》，1972年颁布了《关于普及振兴体育的基本策略》。在这些政策的影响下，1980年提出"终身体育"的口号，促成了大量的体育参与人群，进而提高了进行商业性体育消费的人口数量。1976年的《学校体育设施对外开放法令》大力推动了日本体育人口的增长和体育服务消费人群的增加。日本政府也意识到行政机构难以应对越来越多的体育服务需求，并借鉴了英国体育服务外包模式，逐渐把管理和经营托付给团体。日本群众体育的普及、学校体育设施的开放、场馆管理的外包等政策培育了日本体育服务产业消费市场和供给市场。2006年，日本出版的《日本体育白皮书》反映了日本整个体育事业发展规划，而其中的每一类体育事业都与体育服务产业有着密切的联系，也都包含体育服务产业的要素。

韩国汉城奥运会期间，提出"发展竞技体育，全面普及大众体育"指导方针，在成功举办1988年汉城奥运会后，将竞技体育转为积极倡导体育俱乐部制，将可以商业化的项目或热门项目移交给民间市场，对难以商业化的项目仍依靠政府进行扶持和管理。同时，通过扩建大众体育设施、发展普及大众体育活动项目、培养大众体育指导者和提供财政资金支持等一系列措施，普及全民体育活动，不断提高大众体育活动的参与率。[①] 这些政策的实施为体育服务产业夯实了基础，强烈的体育需求使体育服务产生了商业机会。随着体育利润的增长和体育参与的增加，职业体育不断流行、体育项目不断商业化，体育在社会中发挥的作用越来越大，导致体育产业快速发展。韩国借鉴英国和日本的"草根发展模式"，大力在各个城市建设公共场馆，建立大众体育健身中心，还在学校和社区开设各种大众体育讲座，培养大众体育指导员。韩国还与民间社会力量共同建设体育场地设施，对民间体育器材设施实行免息或者贴息贷款，对于公共场馆和小规模体育经营个体不收任何税费。韩国体育基金的使用比较均匀地分布在竞技体育、大众体育、青少年体育、地方体育设施方面，形成了韩国各

---

① 柏胜：《韩国重视和全面发展大众体育的特点及趋势》，http://www.batsman-cn.com/newsview.asp?id=465&pid=10。

阶层、各年龄段所有国民爱好体育的繁荣局面。① 培育出了约50%以上的体育人口，形成了强烈的体育需求，大力推动了体育产业的发展。

　　澳大利亚受英国体育发展模式的影响很大，政府采取主动在体育与休闲方面进行群众性直接投入的政策，2000—2001年，澳大利亚政府对体育与休闲活动投资约21.24亿美元，其中中央政府投资约1.989亿美元，州和区政府投资约8.752亿美元，地方政府投资约10.501亿美元，政府财政投资人均约110.21美元。最终产生大量的体育消费人口，进而带动体育服务产业的发展，因此公益性体育产业开发始终受到政策扶持和帮助。体育产业开发的同时还要保证不能对公共服务造成不良影响，比如当体育产业开发可能与环境或者其他公共事业发生矛盾的时候，政策的出台就不那么顺利，常常受到媒体的关注和监督，如澳大利亚引进大型体育赛事时，媒体积极监督赛事是否会对国家环境造成不利影响而加以干预。

　　加拿大在体育事业发展政策上似乎难以看出对体育服务产业发展的促进作用，长期以来，联邦、省和市政府的基金在群众体育方面起了重要作用。在加拿大有成千上万个社区体育俱乐部，它们是加拿大体育事业的核心部分，但是尽管在一个区域内有大量的社区体育组织，但它们很少联合起来通过市场来创收。它们与城市的公园娱乐部门、学校体育部门很少联系和合作。不仅造成了很多管理上投入的浪费，还削弱了很多市场价值。这与加拿大一直采取政府投入体育的政策有关，很多组织和机构习惯了这种模式，缺少创造市场价值的动力。

第二节　国外体育服务产业政策运行过程

　　国外体育服务产业政策注重执行效果，在政策的制定阶段，充分听取各方意见，致力于设计科学的政策内容；在体育服务产业政策执

---

① 金仙女：《韩国大众体育管理体制》，http：//www.chinasfa.net/lr.aspx? id=2515。

行过程中,有较大投入从而产生的效果较好。国外发达国家能对体育服务产业政策执行效果进行实时评价;国外发达国家的监控系统比较完善,能对体育服务产业政策制定、执行和评价各个环节进行有效监督;国外发达国家的体育服务产业经营者的政策意识很强,对体育服务产业政策的正常运行起到了重要作用。他们能在政策制定中积极表达自己的政策诉求,在政策执行中能积极实现自己的利益,在政策的评价中也会积极参与。

一 体育服务产业政策制定

政策制定一般指政策议程、政策规划和政策合法化三个关键环节。政策议程指某一引起政策决定者深切关注并确定必须解决的问题,以及正式提起政策讨论,决定政府是否对其采取行动、采取适合行动的政策过程。政策规划指为了解决某个政策问题而研究和提出具体办法,并形成公共政策方案的过程。政策的合法化是指政策获得合法化地位,使其具有权威性和约束性,如以法规文件的形式颁布或者以政策文件的形式发布。体育服务产业政策的制定应该有政策议程、政策规划和政策合法化三个重要环节。保证政策的质量是政策制定的根本要求,其中体育服务产业政策的议程阶段和规划阶段对体育服务产业政策质量具有关键影响作用,在这两个环节中,应充分参考社会各界意见,以解决体育服务产业中迫切需要解决的问题和设定科学的体育服务产业政策方案。

在体育服务产业政策制定中,很多发达国家对各类群体意见听取比较充分。2000年悉尼奥运会的组织者,需要制订计划以促进因奥运会而兴旺的旅游产业。为了一个协调规划的确定,澳大利亚旅游预测理事会的顾问召集全体旅游管理者和决策者,讨论与奥运会旅游相关的可能性战略和潜在的结果。在讨论中形成的想法,又被反馈给相关管理者和决策者评论和考虑。评审结果被用作2000年奥运会规划旅游发展项目的一个参考依据,最后在1998年的旅游预测理事会上讨论决定最终方案。① 1993年,克林顿政府将健康改革作为当时的首要

---

① [美] J. 伯尼·帕克豪斯:《体育管理学》,秦椿林、李伟、高春燕、程红译,清华大学出版社2003年版。

大事。一些体育界的领导者注意到体育并没有被纳入克林顿政府的健康计划。作为回应，总统体育健康和体育运动委员会于1993年召开了为期两天的"战略规划论坛"。政府方面、医学、娱乐、体育服务组织以及体育用品产业的专家汇聚一堂，讨论将体育增加到全国健康计划中去。

  西方的很多社会组织对政策的制定具有重要影响作用，如布鲁金斯学会、兰德公司等著名政策智囊机构，虽然它们并没有直接制定政策的权力，但是它们可以施加压力促使政策制定机关出台一些政策。[①]发达国家大众传播媒介的作用也非常强，一个社会问题一旦经过它们的传播，很快就能在社会上产生很大的影响，形成强大的舆论力量，引起人民大众和政策制定者的注意，从而有助于政策议程的建立。但是在西方社会也普遍存在一些不良现象，很多大众传媒主要为企业所拥有，掌握大众传媒的主体也正是那些在社会上、在政策问题提出过程中处于有利地位的社会集团。在体育服务产业政策领域，特别是在中低档体育服务产业领域，社会团体和媒体等很多组织都认为体育基础经营是一项具有公益特点的事业，常常会受到它们的认可和支持，政策往往容易制定和通过。像其他国家如加拿大的体育拨款政策、博彩业发展方式以及对职业体育市场的保护政策；意大利的体育信贷、体育税收以及政府为大型体育活动提供经济支持等政策一般都会经过社会各界团体或组织的充分讨论和论证来制定，而且比较容易通过。

  发达国家体育服务产业政策的制定对地方性体育服务产业政策的制定也非常重视，一些地方政策制定机关都有制定地方体育服务产业政策的权力。这些政策制定机关都会根据本地区发展的实际需求积极会同地方企业、群众、体育社团或体育协会商议如何设计体育服务产业政策内容。如在日本的都道府县的体育振兴计划中，由企业、民间、职业体育共同紧密配合的政策设计大约占到了30.7%；日本新潟县在2006年制定了发展本地体育观赏的政策，以培养当地居民对故

[①] 吴江：《国外政策科学研究与我国政策科学教育》，《中国行政管理》1999年第12期。

乡的感情、加强职业运动员与当地居民之间的感情。[①]

二 体育服务产业政策执行

政策执行一般被认为是拟定细则、确定专职机构、配合必要资源、采取必要的行动、使政策方案付诸实施以达成预定目标的所有相关活动的动态过程。但是政策执行效果的最终标志是政策对象对政策内容的响应、认可和服从。

很多发达国家体育服务产业政策在制定阶段，政策执行主体和政策对象（体育服务产业经营者）的参与性较多，也能充分发表自己的意见，因此政策的执行效果一般比较理想。美国、英国、日本和澳大利亚对体育服务产业政策的执行过程都比较重视，并防止政策执行过程中的腐败行为，一般都对政策执行效果进行评价。美国、日本和韩国等国体育服务产业政策执行力一方面取决于行政机关的积极推行、监督和评估，另一方面在很大程度上还取决于企业的素质，如诚信度、自律性和守法意识。我国在提高体育服务产业政策执行效果时，不仅要从政策主体做工作，还要通过宣传、教育等手段提高政策对象的政策执行意识，促进其支持和服从政策执行。在英国和加拿大有一些非政府组织的体育协会，由于它们大多由联邦政府资助，在很大程度上行使领导权和咨询权，并在体育领域分配任务，它们制定的一些体育服务产业发展方案或者发展策略也成为准政策，由于其在一定程度上建立了政策主体和政策对象之间的利益平台，因此这些准政策执行效果较好。

三 体育服务产业政策评价

政策执行效果是通过政策评价或评估来判断的，20世纪六七十年代，很多发达国家开始对政策进行评估。到目前为止，政策评估已经成为很多发达国家的日常行政事务，甚至还出台专门的政策评估法，比较典型的国家有美国、日本和韩国，如美国的《政策规定绩效分析》（2003）、韩国的《政策评估框架法案》（2001）、日本的《关于

[①] 曲国洋：《日本竞技体育体制研究》，博士学位论文，北京体育大学，2011年。

行政机关实施政策评价法》等。① 在这些国家的政策评估工作中，体育服务产业政策同样属于被评估的对象。在政策的评估工作中，不仅要有法律政策依据，而且还要在政策评估上投入一定的财力、物力和人力，有多少体育服务产业政策被评估、哪种体育服务产业政策需要被评估和采取何种方法评估常常会因此受到限制。美国是一个非常重视政策评价的国家，评估是联邦政策运行过程的关键环节，每年都会投入大量的财力对政策进行评估。美国的政策评估并不限于联邦政府政策的评估，还逐渐将评估活动落实到各个州政府。体育服务产业政策的评估也不例外，比如美国对社区健身俱乐部的贴息贷款政策和减免税政策正是经过评估之后，得到社会充分认同而一如既往地实施。在其他很多发达国家也都非常重视体育服务产业政策的评价，只是不同国家所采取的评价方式有一定的差异。但是每一项体育服务产业政策的评价基本已经成了发达国家的常规性活动，或许正是政策得到了充分评价，政策被制定后相对比较稳定，执行效果相对较好。体育服务产业的发展是否需要政策、需要何种政策、政策执行效果如何等都需要一定的评估，以达到在政策调整或新政策出台过程中有更好的参考作用。除此之外，体育服务产业政策的评估还必须建立在公众充分参与和评估透明的基础上，以保证政策评估的公正性和合理性。

四 体育服务产业政策监控

政策监控是政策过程的一个基本环节或功能活动，它贯串于政策过程的始终，是及时发现并纠正政策偏差，确保政策能得到贯彻实施的重要活动。某一政策的监控系统受制于一个国家的法律、政治和经济发展水平，美国、英国、日本、韩国、澳大利亚等发达国家的政治制度和法律制度比较健全，体育服务产业政策的制定、执行和评价等环节均受到本国司法系统和行政系统的良好监控。发达国家政府对政策的认识比较客观和科学，包括对体育服务产业政策的认识，他们认为在信息不充分、有限理性、既得利益偏好和社会环境变迁的现实条件下，政策被曲解、被滥用和执行不力的现象是非常容易产生的。因

---

① 姚刚：《国外公共政策绩效评估研究与借鉴》，《深圳大学学报》（人文社会科学版）2008 年第 7 期。

此他们设置了各种法律性和行政性的监控机制，以便对政策的有效实施进行及时监控。政策制定机关一般都会设立专门的政策评价部门或者委托其他科研组织，对政策的执行效果进行评价，同时对政策的制定和执行环节进行评价，以获得各种政策信息，从而实现对政策的有效监控。国外发达国家除正式的法律政治监控系统外，还有以媒体、利益集团和社会组织等为监督主体的社会性非政府监控系统，这些监控系统对体育服务产业政策的监控也起到了非常重要的作用。

第三节 国外体育服务产业政策发展环境

国外体育服务产业政策与国家行政机制、经济结构状况、法制背景、体育事业发展状况等社会环境都有很大联系。本书主要从体育服务产业政策内容的设计、发展和变化的角度，探讨国外发达国家体育服务产业政策的发展环境。韩国和日本行政机关早期主动制定体育服务产业政策，以达到赶超发达国家体育服务产业的目的，待体育服务产业发展到较高水平时，采取市场导向、间接干预的政策。美国为了国家产业结构的优化和升级，利用较为完善的市场经济体制，始终采取间接干预的方式给予体育服务产业各种优惠和扶持政策，促进了体育服务产业的持续繁荣。澳大利亚在借鉴英、美、韩、日、新加坡等国以及中国在内的经验和教训后，逐步制定了适合本国的体育服务产业政策。

一 政治背景

美国是一个新兴国家，从国家产生起就极力发挥市场的自我调节功能，弱化政治功能，因此对体育的发展是减少管制、自主发展的形式。在实行"自由企业制度"的理念下，美国对经济活动规制较少，但是对健康和安全方面的社会规制很多。体育具备较强的健康功能，因此干预的主要方式是扶持政策。美国没有专门的体育行政机构，自治组织具有很强的独立性，可以自行制定体育服务产业发展政策，特别是体育赛事行使商业发展政策。美国的这些非政府组织在一定程度上形成了部分类政策权力，节省了政策成本，在一定程度上是对美国政治环境的适应。美国虽然没有专门的体育行政机构，但是其他很多机构对体育具有很多干预权，而且通过政策或法律赋予一些体育管理权，如美国50个州的法律都规定，"社区政府可单独与有关机构合作，修建和拥有社区体育场地设施"。

在英国的历史发展中，公民在政治的主动性和参与性方面，强调臣民的义务和权利相融合，英国的政治强调对权威的尊重与强烈的公民主动权利结合在一起。[①] 因此英国的体育服务产业政策多由体育服务产业的经营者提出，英国体育服务产业政策具有良好的实施效果和监督效果。另外，英国在20世纪70年代末撒切尔政权开始的民营化政策得到迅速发展，在"可以不由公共部门提供的公共服务，公共部门则不提供"这一大原则下，大量的公共体育服务转为非政府组织或者经济主体提供。这在一定程度上也是英国当时国家公共支出过多，财政能力受限导致的，是国家由传统福利制度向现代福利制度过渡的一种体现，英国工党当时对全体公民实行社会福利制度的指导原则是社会保障必须由国家和个人共同的合作来实现。特别是1997年政府正式提出围绕改革福利国家展开的"第三条道路"的口号，建立"社会投资型国家"制度加速了体育服务产业投资行为的增加。日本和韩国纷纷借鉴了英国这一经验，20世纪80年代，日本大胆提出体育服务产业相关政策，将体育这一公共事业推向市场和社会，达到了既提高体育服务质量又加快发展体育事业和体育服务产业的目的。日本还明确规定了许多其他非体育行政部门对体育发展的职责，如厚生省负责保健卫生设施建设、保健专业人员的培训、妇女健身推进事业、地区保健推进事业、老人保健事业等；通商产业省负责关于提供劳动外时间内的体育活动条件的调查研究；建设省负责城市公园体育设施的建设、大规模自行车道路的建设等。[②]

目前英国的体育行政部门是文化、传媒和体育委员会的分支机构。澳大利亚的体育行政部门是体育与旅游局的分支机构，韩国体育

---

① [美]加布里埃尔·A. 阿尔蒙特、[美]西德·维巴：《公民文化五个国家的政治态度和民主制》，徐湘林等译，东方出版社2008年版。

② 曲国洋：《日本竞技体育体制研究》，博士学位论文，北京体育大学，2011年。

行政部门经历了文教部、体育部、体育青少年部、文化体育部、文化体育旅游观光部,面对与社会融合程度越来越高的体育现象和这些行政组织结构状况可以看出,体育服务产业绝不单独为体育行政部门的职责,而是多个部门的共同职责。这样的行政结构在体育服务产业政策制定时,参与的主体较多,执行时各行政机关也比较积极,体育服务产业政策执行效果也比较好。

日本和韩国实行过以儒教为基础的国家干预的"统制经济"。一方面日本、韩国政府对企业的直接干预相对较多,常采取资助、金融、税收、奖励等措施来刺激企业的生产和投资方向,对体育服务产业的干预程度也比较大,对体育服务产业的推动力也很强;但另一方面造成"寻租"的机会较多,容易造成腐败现象,日本和韩国对腐败问题非常重视,努力减少和杜绝腐败现象,使体育服务产业政策发挥了较好的效果。

另外,发达国家较好的民主决策机制、社会参与政治活动的较好意识、政策制定者和执行者较高的政治文化水平,以及较完善的政治监督机制等一些基础性政治条件,都是保证发达国家体育服务产业政策内容设计比较科学、政策执行比较有效、政策评价比较客观和政策监督比较有力的保证。

二 政策背景

国外体育服务产业政策制定的权威性较高,多数建立在立法的基础上,因此执行力相对较强。国外体育服务产业政策强调政策结果,有一定的程序政策保障,使政策声明在社会中得到较大程度的实现。英、美、日、韩、澳等许多国家具有较为科学的政策评价指标体系,在一定程度上保证了体育服务产业政策的实施结果和实施效果。在英国和美国,政策是否需要制定、政策有没有达到预期的目的、政策需要怎样调整等,在政策运转过程中都是非常重要的环节。在早期,政策运转比较简单,如英国一些政策的制定只需要政府、相关公民、社团或者企业的简单参与,就可以促成体育服务产业政策的形成。随着社会的不断发展,政策变得越来越复杂,在政策的制定过程中,科研组织作为政策的智囊团逐渐介入政策制定,发挥的作用越来越大,但需要投入的成本也不断提高。政策制定前期的讨论程序往往进行非常充分的讨论和论证。

很多发达国家在一项政策的制定上已经形成了一种约定俗成的习惯，如政策内容的设计必须经过充分的讨论或辩论，要通过民主的决策程序选择最合适的政策方案，政策的执行效果必须通过公众的评议和判断，政策的运行过程必须接受各种监督系统的监督。这些都是保证本国设计合理的体育服务产业政策和使体育服务产业政策能有效发挥的重要条件。

三 体育背景

一个国家的体育发展环境会直接影响体育服务产业政策的发展，通过英国、日本和韩国体育服务产业发展状况看，在本国举办奥运会前期，积极引进社会资金投入体育事业，以体育服务产业为手段提高竞技体育水平。在奥运会结束后，积极利用奥运会期间的体育场馆设施的政策和措施，充分提高经济效益和社会效益。世界各国都认为体育服务产品具有较明显的公共性质。很多国家政府积极地将体育公共产品实行外包的形式，以尽可能获得最大经济效益和社会效益。另外国家鼓励多方筹集社会资金投身体育服务产业，满足体育事业发展的需求。

美国、英国、日本、韩国和澳大利亚等很多国家都把体育作为国家重要的事业发展，坚持鼓励和支持群众体育、学校体育和竞技体育，而在发展每一类体育事业时，都与体育服务产业有着密切的联系。如培养大量的体育消费群体和经营主体，鼓励和支持非营利组织和营利性组织参与体育的运作或经营。甚至一些国家认为，体育服务产业的中低端体育经营活动，扮演了从事体育公益事业的角色，政府应当帮助它们发展成为中高档体育服务产业，这实际上达到了培育体育服务产业供给市场和消费市场的双重目的。

在发达国家，体育事业的发展模式和发展状况会直接影响其对体育服务产业政策的设计。发达国家在发展体育事业时，都采取了国家有限投入，积极引入社会投入的模式，以实现尽可能多的体育供给目的。在发达国家早期对竞技体育成绩需求并不强烈，以考虑体育的综合社会效益，在体育服务产业政策方面有较多关注和较多涉及。但是随着社会的不断发展，很多国家对竞技体育水平开始重视起来，只是重视程度不同。但是过于强调竞技体育成绩时，会削弱体育服务产业政策的设计和实施。如加拿大早期的体育发展模式和英国备战北京奥运会和伦敦奥运会时的重竞技的体育发展状况，都在一定程度上削弱了政府对体育服务产业的重视。

四 经济背景

在对国外体育服务产业政策进行分析和研究后发现，经济发展对体育服务产业政策的影响程度很大。美国将体育产业视为推动经济发展的发动机，在政策上给予体育服务产业充分的发展空间，从产业关联上带动体育用品业和其他产业的快速发展。英国早期体育服务产业政策的出台，很大程度上因为本国经济萧条、内需不足而得到政府的有效支持。英国早期体育服务产业政策侧重拉动国内消费，但是随着国际竞争程度的不断加强，以及文化创意产业和体育产业的不断融合，体育服务产业政策内容也不断与文化创意产业政策内容融合。在日本受经济长期不景气困扰时，体育用品制造业已从增长高峰滑落，但是体育服务产业却显示了高速增长的势头。韩国体育服务产业的兴起与日本具有相似的经济背景，它们也是从经济发展角度优化国家经济结构、拉动就业、加快国家 GDP 增长来发展体育服务产业。

发达国家体育服务产业政策内容的设计常常以国家直接投入、间接补贴、税收减免和贴息等为手段，这些手段的运用需要政府具有一定的经济实力和财政能力才能实现。体育服务产业政策的制定过程中，需要对体育服务产业发展状况进行调研、对体育服务产业政策信息进行分析，这都需要一定的财力支持。在体育服务产业政策执行和评价中，也要投入大量的人力、物力和财力。如果投入过少，政策内容设计的科学性、政策执行的公平性和政策评价的准确性都可能会降低。因此，每个国家体育服务产业政策的扶持程度、政策内容的合理性、政策执行效果的发挥都与这个国家的经济发展水平息息相关。

第三章 我国体育服务产业政策内容体系

第一节 我国体育服务产业政策构成

一 体育服务产业政策基本要素

体育服务产业政策基本要素即体育服务产业政策的主体、客体、政策对象和运行环境。政策主体主要是政策制定机关、政策执行机关、政策监督机关等组织和所属机构的人员。体育服务产业政策的客体为需要解决的各种体育服务产业问题。体育服务产业政策的对象是相关经营主体、从业人员、消费者等,它们也被称为政策目标群体。体育服务产业政策的运行环境是指体育服务产业发生、存在和发展的一切社会状况,如经济状况、制度条件、法治环境、政治文化环境、体育服务产业发展水平等。

(一)政策主体

政策主体也称政策活动者,政策主体是在政策制定、实施与评估等阶段对政策问题、政策过程、政策目标群体主动施加影响的人员或组织。政策主体多以官方主体和非官方主体进行划分[1],官方政策主体是指具有合法制定政策的权威组织,主要指立法机关、行政决策机关、行政执行机关、司法机关和执政党。体育服务产业政策的官方主体主要为人大、国务院、体育局和其他相关部委(如财政、税务、土地、文化、旅游、安保、民政、教育等),以及地方各级体育服务产

---

[1] 谢明:《体育经济市场发展的问题及对策》,《人民论坛》2010年第20期。

业政策机关,如地方人大、地方政府、地方体育局以及其他相关职能部门(如财政、税务、文化、旅游等)。在我国市场经济制度初始时期,我国体育行政部门是体育服务产业政策的主要制定者和执行者。但是在目前社会主义市场经济制度下,我国体育服务产业政策的制定和执行主体已经扩大为各种与体育服务产业有关的其他行政部门,如财政、税收、土地、旅游、文化、安全等部门。体育服务产业政策的非官方主体不断扩展为向政策制定、执行和监督等机关提供建议和意见的利益集团、公民、大众传媒、体育服务产业科研组织或团体等。这些非官方主体在我国体育服务产业政策制定中发挥的作用越来越大,我国体育服务产业政策制定者也越来越重视各类主体提出的政策建议。

(二) 政策客体

政策的客体,是指政策发生作用的对象,主要指政策所要处理的社会问题。政策最基本的功能和作用是进行社会控制和调整人与人之间的利益关系[1],即解决各种社会问题。体育服务产业政策的作用则是解决各种体育服务产业发展问题。政策问题被政策研究学者看作是一种引起社会某一部分人的需求或不满足的条件[2],政策问题是人们主观判断的产物,它不能脱离那些试图界定该问题的利害关系人。[3]体育服务产业政策问题则是引起部分人或者相关机构对体育服务产业利益发展不满的状况。体育服务产业问题是一类比较复杂的社会问题,体育服务产业问题的种类也很繁多,如体育服务产业在体育产业中的比例过低的问题、高危体育服务产业经营问题、体育场地设施资源浪费问题等。

尽管一个问题在社会中已经引起普遍关注和讨论,但是并不必然成为政策的客体。尽管专家、学者和研究机构已经对它加以探讨,但限于各种条件的限制,并不一定能列入政府议程而成为政策要解决的问题;有些问题尽管已经进入政府议程,最终也未必能够出台政策加

---

[1] 肖谋文:《我国群众体育政策的历史演进及过程优化》,博士学位论文,北京体育大学,2007年。

[2] 安德森:《当前世界经济金融领域的八个问题》,《国际金融研究》2006年第2期。

[3] 王欣平:《公共政策问题的界定——从问题到政策问题的决定性因素》,《法制与经济》2011年第12期。

以解决。比如，各级人大代表或政协委员就普遍关心的问题提出的意见、建议和议案，很多没有列入政策议程。专家和学者认为体育服务产业发展存在的许多问题，也未必都能进入政策程序，如高危体育项目经营问题、瑜伽的培训和经营问题、健身会所倒闭问题等很多问题并未进入政策程序。有些问题过于复杂政府无力解决、政策制定的工作准备还不充分、政策制定时机还不成熟、制定政策的成本太大等都可能是不能制定相关政策的原因。另外一些可以通过民间渠道处理的体育服务产业问题，政府也不会对其进行制定政策。

体育服务产业问题是确定体育服务产业政策内容的重要依据。哪些体育服务产业问题需要制定政策，需要具有丰富知识和经验的专家、学者、媒体和社会团体等协助政策制定者进行科学选择，以节省决策成本和保证决策的科学性。同时还需要一定的民主机制使社会各类团体有表达自己观点的机会，进而在一定程度上保证体育服务产业政策制定的科学性，以提高政策的执行效果。

（三）政策对象

政策对象即为政策的目标群体，指那些基于政策的规定而必须遵守政策的群体。[①] 政策目标群体对政策的执行有接受政策和不接受政策两种选择，接受政策还分为完全接受和部分接受。对政策的各种不接受行为都会在不同程度上妨碍政策效果的发挥。政策目标群体接受和服从某项政策的原因是多方面的，如政治社会化的影响、传统思想观念和行为习惯的制约、对政策是否合理的看法、服从政策成本收益情况等。通常情况下，政策如果能使目标群体获利，则容易被接受；如果对自己无利可图，则不容易被接受。[②]

体育服务产业政策目标群体主要是体育服务产业经营者。体育服务产业政策可以分为强制性规范政策、宏观信息传达性政策和优惠扶持性政策。体育服务产业经营主体对不同政策的服从和接受程度有一定差别，对强制性政策可能会因为避免受到处罚而接受和服从；对宏

---

① 杨吉华：《文化产业政策：效益导向型诉求》，《中国文化报》2006 年 11 月 17 日第 1 版。

② 张颖：《中国大众体育政策制定情况与执行者现状研究》，硕士学位论文，北京体育大学，2006 年。

观信息传达性政策可能因为与自己没有利害关系而怠于接受和服从；对于优惠扶持性政策则可能会积极响应，以实现自身的某些利益。如果一个国家或地区的政治社会化程度低、某些体育服务产业经营主体的法律政策意识薄弱、对体育服务产业政策认识有偏见等，那么即使是优惠扶持性政策也很难受到目标群体的接受和服从。另外，如果体育服务产业经营主体在获得政策所给予的优惠需要付出其他更大成本的话也可能不接受政策的扶持，如申请程序过于烦琐、在接受优惠或者扶持时，受到更多的监控和限制，体育服务产业经营主体就有可能因此不接受和不服从体育服务产业政策。

（四）政策环境

政策环境是指政策生成、运行、发生作用的过程中一切条件的总和，包括自然环境、社会经济环境、社会制度、政治文化环境和国际环境等。体育服务产业政策环境有两种含义，一种含义是指体育服务产业的政策环境，另一种含义是指体育服务产业政策的环境。后者是本书所指的体育服务产业政策环境，指影响体育服务产业政策内容设定、体育服务产业政策运行过程和体育服务产业政策发挥作用的一切社会条件，如体育发展状况、经济状况、法制状况、政治文化状况等[①]。体育服务产业政策的环境构成呈现出复杂性和多样性，目前国内专家一致认为我国体育服务产业政策环境主要由经济发展水平、法制环境和政治文化环境构成。体育服务产业政策环境是一个动态状况，任何一个国家的法律、政治、经济和文化等社会环境因素都会随着历史的不断推进而发生变化，体育服务产业政策环境也会随着历史的不断变化而发生变化，体育服务产业政策也会因此作一些适当的调整。

我国不同地区由于经济、法律、政治和文化的差别形成了各种不同的体育服务产业政策环境。政策环境对政策制定和执行具有非常重要的影响作用，如江苏地区经济发展水平相对较高，法律制度和政治文化发展也相对完善，省政府积极响应国家政策，在省内积极制定和

---

① 吴香芝：《试论我国体育产业法律环境》，中国体育科学学会体育产业分会《首届中国体育产业学术会议文集》，2005年，第115页。

执行地方性体育服务产业政策，并取得较好效果。在江苏省内部体育服务产业政策环境也存在区别，苏南地区的市级政府和市级体育行政机关推行体育服务产业政策比较有效，因为苏南地区政策运行所需的物力、财力和人力资源充足，政策意识高，政治文化环境较好。苏州和无锡的若干县级政府（如昆山和江阴）都积极响应国家、省和市级体育服务产业政策，积极制定和执行政策，协助民营企业申请财政补贴和税收减免。而苏北地区由于经济、政治和法制等发展环境较差，体育服务产业政策的制定和执行投入都比较小，地方政策内容的科学性和政策执行效果都不及苏南地区。

二 我国体育服务产业政策类别和表现形式

体育服务产业政策根据不同的标准具有多种分类方法。从体育服务产业政策的构成看，我国体育服务产业政策主要可分为体育服务产业专门政策和体育服务产业相关政策（见图3-1）。另外图3-1中的其他政策在一定的条件下也可以列为体育服务产业政策的范畴，这些政策主要指文化、旅游等一些单体产业政策，在设计上体育服务产业政策的内容较少，主要包含了一些体育元素。体育服务产业专门政策是指为了体育服务产业的发展而制定的政策，我国很多体育产业政策主要以发展体育服务产业为目的，本书认为是体育服务产业专门政策。体育服务产业相关政策是指不以发展体育服务产业为主要目标，但是涉及体育服务产业，对体育服务产业的发展具有一定促进作用的体育政策、第三产业政策、服务产业政策等，如《全民健身条例》（2009）、国务院《关于加快发展服务业的若干意见》（2007）等。

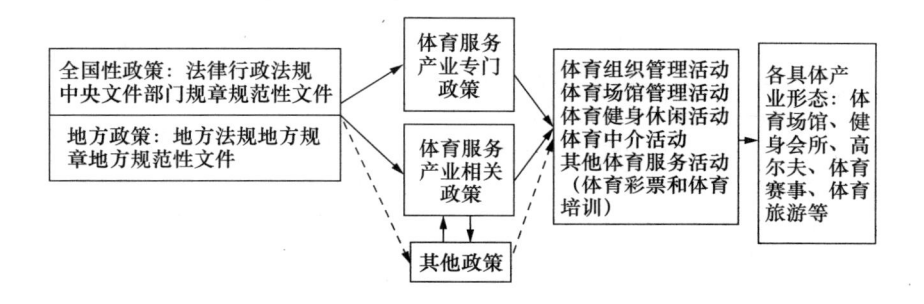

图3-1 我国体育服务产业政策框架体系

根据我国体育服务产业政策的表现形式或者效力范围也可以将我国体育服务产业政策分为中央政策（法律、法规、中央文件、部门规章、规范性文件）和地方政策。从体育服务产业政策内容的具体程度还可以把政策分为综合性政策和具体政策。综合性体育服务产业政策是指发展整体体育服务产业的政策，如加快体育服务产业发展的意见或通知；具体体育服务产业政策是指具体发展某项体育服务产业领域的政策，如体育经纪人政策、体育场馆经营政策等。我国体育服务产业政策的类别决定了我国体育服务产业政策多种不同的表现形式。从政策内容上表现为专门政策和相关政策；从适用范围上表现为全国性政策和地方政策；从政策的发布机关上表现为法律、法规、规章、地方性法规和规章、规范性文件等形式；从具体文件看，表现为体育产业政策文件、体育政策文件、服务产业政策文件、文化产业政策文件和旅游产业政策文件等。

表3－1中列出了我国体育服务产业专门政策。从表3－1可以看出，我国1993年开始出台体育服务产业专门政策文件，一直到2001年，我国体育服务产业政策文件都由体育行政机关发布，表现为体育部门规章和规范性文件。2006年，我国国家认证认可监督管理委员会和国家体育总局共同发布《体育服务认证管理办法》，打破了我国体育行政机关单独发布体育服务产业专门政策的常规。2008年国家统计局和国家体育总局又联合发布了规范性文件：《关于开展全国体育及相关产业专项调查的通知》。2010年国务院办公厅出台的《关于加快发展体育产业的指导意见》是我国体育服务产业专门政策文件的最高级别。由这些政策的颁布机关和表现形式可以看出：我国体育服务产业专门政策趋向于多部门发布和高权威性的表现形式，也体现了我国对体育服务产业的重视程度在增强。

表3－1　　　　我国体育服务产业专门政策一览

	政策文件名称	发布机构	发布时间（年）
1	《关于深化体育改革的意见》中的附件五：《关于培育体育市场，加快体育产业化进程的意见》	国家体委	1993

续表

	政策文件名称	发布机构	发布时间（年）
2	《关于加强体育市场管理的通知》（已失效）	国家体委	1994
3	《1994—1995年度体育彩票发行管理办法》（已失效）	国家体委	1994
4	《1994—1995年度体育彩票审计工作规定》（已失效）	国家体委	1994
5	《体育产业发展纲要》（已失效）	国家体委	1995
6	《关于进一步加强体育经营活动管理的通知》（已失效）	国家体委	1996
7	《关于加强在役运动员从事广告等经营活动的通知》（已失效）	国家体委	1996
8	《全国水上体育经营活动管理暂行规定》（已失效）	国家体委	1998
9	《中国足球彩票发行与销售办法》	国家体育总局	2001
10	《体育服务认证管理办法》	国家认证认可监督管理委员会、国家体育总局	2005
11	《关于开展全国体育及相关产业专项调查的通知》	国家体育总局	2008
12	《关于加快发展体育产业的指导意见》	国务院办公厅	2010
13	《体育产业"十二五"规划》	国家体育总局	2011

表3-2列出了我国若干体育服务产业相关政策，可以看出我国体育服务产业相关政策有体育政策、服务产业政策、第三产业政策等多种表现形式。除体育类部门规章由体育行政机关单独发布外，很多政策都不限于体育行政机关发布，如1998年国家体育总局、财政部和人民银行联合发布的《体育彩票公益金管理暂行办法》。从我国体育服务产业相关政策列表可以看出，政策的权威级别较高，主要表现为法规性政策和政府文件政策，如1992年发布的《关于加快发展第三产业的决定》、2007年发布的国务院《关于加快发展服务业的若干意见》。一些体育类规章性政策也逐渐上升到法规性政策文件的形式，如《公共文化体育设施条例》《奥林匹克标志保护条例》和《全民健身条例》由原来的部门规章上升到政府条例的级别。

表3-2　　我国体育服务产业相关政策一览

政策文件名称	发布机构	发布时间（年）
《关于进一步发展体育运动的通知》	中共中央	1984
《关于体育体制改革的决定》	国家体委	1986

续表

政策文件名称	发布机构	发布时间（年）
《关于加强彩票市场管理的通知》	国务院	1991
《关于加快发展第三产业的决定》	国务院	1992
《关于深化体育改革的意见》	国家体委	1993
《关于公共体育场馆向群众开放的通知》	国家体委	1995
《全民健身计划纲要》	国家体委	1995
《体育彩票公益金管理暂行办法》	财政部、人民银行、国家体育总局	1998
《少年儿童体育学校管理办法》	教育部、国家体育总局	1999
《2001—2010年体育改革与发展纲要》	国家体育总局	2000
《全国体育竞赛管理办法（试行）》	国家体育总局	2000
《全国性体育社会团体管理暂行办法》	民政部、国家体育总局	2001
《关于进一步加强和改进新时期体育工作的意见》	中共中央国务院	2002
《彩票发行与销售管理暂行规定》	财政部	2002
《公共文化体育设施条例》	国务院	2003
《奥林匹克标志保护条例》	国务院	2002
《体育事业"十一五"规划》	国家体育总局	2006
《关于加快发展服务业的若干意见》	国务院	2007
《关于构建合理演出市场供应体系 促进演出市场繁荣发展的若干意见的通知》	国家发展改革委、文化部、公安部、监察部、财政部、税务总局、广电总局、国家体育总局、工商总局	2008
《彩票管理条例》	国务院	2009
《全民健身条例》	国务院	2009
《体育事业"十二五"规划》	国家体育总局	2011

　　我国地方人大和地方政府具有制定地方法规政策的权力，地方性体育服务产业政策表现形式主要为地方性法规和地方政府规章、地方性规范性文件。表3-3列出了13项江苏省省级体育服务产业政策，包括体育服务产业专门政策和体育服务产业相关政策，专门政策4项，相

关政策9项。在地方性体育服务产业政策中不仅仅表现为省级政策文件，还有很多体育服务产业政策表现为市级政策文件，甚至是县级政策文件如《无锡市体育经营管理条例》（2009）、《江阴市关于加快发展体育产业的实施意见》（2011）等。这一系列的地方性体育服务产业政策对有效贯彻我国国家级体育服务产业政策具有重要意义。

表3-3 　　地方性体育服务产业政策一览（以江苏为例）

江苏体育服务产业政策	发布机关	时间（年）
专门政策		
《江苏省体育经营活动监督管理规定》	江苏省政府	2003
《关于加快发展体育产业的实施意见》	江苏省政府	2010
《江苏省体育产业发展引导资金使用管理暂行办法》	江苏省政府	2011
《关于组织申报2011和2012年度省级体育产业发展引导资金项目的通知》	省体育局 省财政厅	2011
相关政策		
《江苏省体育设施管理办法》	江苏省政府	1997
《关于加快发展现代服务业的若干政策》	江苏省政府	2005
《江苏省人民政府办公厅转发省体育局关于深入推进体育强省建设意见的通知》	江苏省政府办公厅	2007
《关于命名江苏省首批体育强县（市）的决定》	省体育局	2007
《江苏省运动员聘用暂行办法》	省体育局、教育厅、公安厅、财政厅、人事厅、劳动和社会保障厅	2008
《关于创建省级社区体育健身俱乐部的通知》	省体育局	2009
《现代服务业优惠政策》	江苏省政府	2010
《江苏省现代服务业产业指导目录》	江苏省政府	2010
《关于建设2010年江苏省全民健身设施工程（点）的通知》	省体育局	2010
市县级政策		
《无锡市体育经营活动管理条例》	无锡市政府	2009
《江阴市关于加快发展体育产业的实施意见》	江阴市政府	2011

三 我国体育服务产业框架体系

我国所有体育服务产业政策形成整个体育服务产业政策框架体系，由图 3-1 可以看出我国体育服务产业政策的整个体系是由引导和规范体育服务产业发展的体育服务产业专门政策、体育服务产业相关政策和其他政策构成的政策系统，它们分别由全国性政策和地方政策构成。这些不同效力等级和不同效力范围的体育服务产业政策相互协调，共同发挥作用，以促进体育服务产业的发展。有的重在确定体育服务产业发展方向，有的重点管理和扶持某些体育经营项目。但体育服务产业政策在实施过程中最终体现为规范各种体育经济行为，通过调整或改变各种体育产业活动来促进体育服务产业的发展。这些行为主要为体育组织管理活动、体育健身休闲经营活动、体育中介活动等。最终实现促进发展的对象为具体的体育服务产业形态，即体育场馆经营管理、健身会所、高尔夫、体育赛事产业和体育旅游业等。

体育服务产业政策的其他政策是指与体育服务产业没有直接关系，但是对体育服务产业的发展可能会有间接影响作用的政策。除部分文化、旅游等产业政策外还有宏观经济政策、外贸政策等。这些政策数量众多，难以进行统计，本书也不作具体统计。还有很多对体育服务产业发展具有一定影响的各种"准政策"，根据我国的政策定义习惯，本书也没有界定在体育服务产业政策中，如国际单项体育组织的章程、国家单项体育组织的章程，以及各类体育服务产业标准等。

政策体系是一个动态系统，政策的数量、表现形式、内容、效力等都会随着越来越复杂的社会而发生变化。在体育服务产业政策体系中，全国性政策出台后，一些相应的地方政策可能会出台。在不同的省市，如果其他产业政策直接涉及服务产业，则可能被列为体育服务产业相关政策的范畴，如北京的某些文化产业政策、青海的某些旅游产业政策都可以认为是体育服务产业相关政策。体育服务产业专门政策和相关政策的数量分布、政策内容、政策效力等均会随着国家或者地区体育服务产业的不断发展和体育服务产业的政策需求而改变。

第二节 我国体育服务产业政策数量

20世纪80年代以来,我国与体育服务产业有关的政策文本近60件,平均每年都有两项政策直接或者间接规范我国体育服务产业的发展。这些体育服务产业政策的出台,一方面推动了我国体育服务产业的发展,另一方面也体现了体育服务产业政策本身处于不断发展和完善的过程中。体育服务产业政策的数量变化体现了我国不同历史时期体育服务产业和体育服务产业政策的发展规律,从中也可以分析和判断我国未来体育服务产业政策的发展趋势。

一 全国性体育服务产业总体政策

到目前为止,我国全国性体育服务产业政策文件总计59件,体育服务产业专门政策13项,相关体育服务产业政策46项。由图3-2可以看出,从"六五"(1981—1985)期间到"九五"(1996—2000)期间,我国体育服务产业政策颁布的数量逐渐增多,"十五"(2001—2005)期间数量略有下降,"十一五"(2006—2010)期间有所回升。"六五"(1981—1985)期间和"七五"(1986—1990)期间,我国体育服务产业政策制定数量分别为两项,这一时期我国社会主义市场经济制度还没有确立,体育服务的经营和管理已经在部分城市出现,虽然体育服务的产业化已成为不可阻挡的发展趋势,但此时不可能大量制定体育服务产业政策,政策的制定仅处于探索阶段,因此出台的数量也比较少。"八五"(1991—1995)期间政策出台多达12项,因为我国1992年刚刚确立市场经济制度,体育服务的产业化已经成为政府支持和社会接受的事实,但是具体如何发展需要相应政策的引导和规范,于是制定了一定量的体育服务产业政策。"九五"(1996—2000)期间是我国体育服务产业政策制定高峰期,共出台体育服务产业政策的数量为18项,平均每年制定3.6项,是我国体育服务产业政策制定最密集的时间段。1995年出台的《体育产业发展纲要》为体育服务产业政策的制定提供了依据,使体育服务产业政策数量大幅提高。同时又由于中国政策的制定具有应急性,体育服务产业政策的制定往往在体育服务产业出现问题之后，而此时正是我国体育服务产业问题多发阶段，针对问题制定相应的政策规范，因此导致了大量体育服务产业政策出台。"十五"（2001—2005）期间体育服务产业政策制定数量有所下降，下降到 10 项。此时体育服务产业政策发展存在的问题依然不断出现，随着政策制定的合理性和科学性越来越受到重视，体育服务产业政策制定的数量有所缩减。"十一五"（2006—2010）期间，体育服务产业政策的制定数量又开始增加，达到 14 项。根据政策制定的规律，政策达到一定数量时，新制定的政策会逐渐减少，但此时却是增长现象，主要原因是体育服务产业相关政策的增多，因为此时修改和出台的一些体育政策，几乎都辐射到了体育服务产业。在以后的"十二五"规划期间，出台的体育服务产业政策的数量可能会呈下降趋势，因为此时国家整体法律政策环境不断优化，一些现有的体育服务产业政策对体育服务产业发展具有较好的指导作用，以后的体育服务产业政策可能以逐步提高体育服务产业政策的效力等级和执行力为主。由于体育服务产业政策的落实最终在地方执行，在《关于加快体育产业的指导意见》（2010）指导下，近几年地方体育服务产业政策可能会有一定数量的增加，以更好地落实体育服务产业政策的实施。

由图 3-2 可以看出我国体育服务产业专门政策和相关政策的变迁状态的对比情况，除"八五"期间数量相同外，其他阶段体育服务产业相关政策的数量始终高于体育服务产业专门政策的数量。这说明了体育服务产业的发展不仅需要专门的政策，还需要更多的体育服务产业相关政策。

二　全国性体育服务产业专门政策

从图 3-3 可以看出我国体育服务产业专门政策的发展变化，虽然我国 1978 年就开始了体育服务产业的萌芽，1992 年开始不断发展。但是 1993 年才开始出现体育服务产业专门政策文件；在此后的十年中，体育服务产业专门政策制定的数量增长很多；一直到 2001 年，共出台九项体育服务产业专门政策，几乎每年都有体育服务产业专门政策颁布。此阶段是我国体育服务产业发展期，对体育服务产业政策的认识和实践也处于发展过程中，因此，此时间段出台的体育服务产业专门政策较多。从 2002 年开始一直到 2007 年，只出台了一项专门

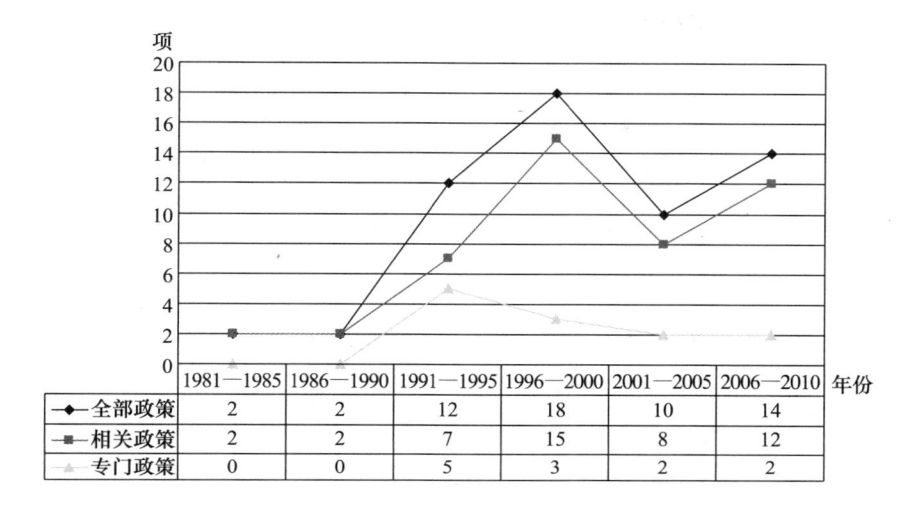

	1981—1985	1986—1990	1991—1995	1996—2000	2001—2005	2006—2010
全部政策	2	2	12	18	10	14
相关政策	2	2	7	15	8	12
专门政策	0	0	5	3	2	2

图 3-2　我国体育服务产业政策数量分布

的体育服务产业政策，因为这一期间是筹备北京奥运会时期，对体育服务产业政策的修改和制定多处于研究和观望时期。另外，已有的体育服务产业政策数量较多，甚至过于臃肿，在一定程度上成为新政策出台的阻力。2008年到2010年，是体育服务产业政策出台数量的回升期，仅三年时间就出台了三项体育服务产业专门政策。一方面是奥运期间体育服务产业政策研究成果的体现，另一方面也是体育服务产业的发展对专门政策有较强的需求。以后的几年全国性体育服务产业专门政策出台的可能性较小，但地方性体育服务产业政策可能会相继出台。

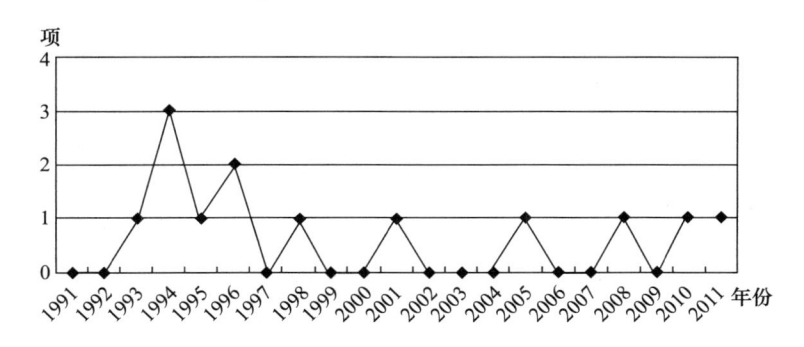

图 3-3　我国体育服务产业专门政策数量分布

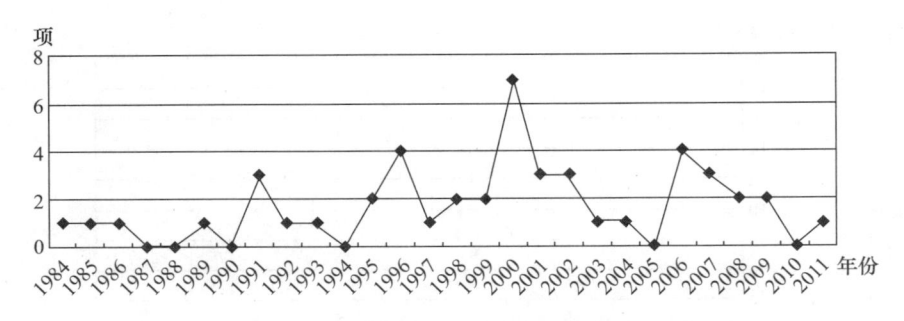

图 3-4 我国体育服务产业相关政策数量分布

三 全国性体育服务产业相关政策数量

体育服务产业相关政策虽然不是专门为促进体育服务产业制定，但是对体育服务产业发展的辐射作用也非常重要。体育服务产业相关政策的数量在一定程度上体现了体育服务产业发展和体育服务产业政策发展的政策环境，体育服务产业相关政策不仅可以引导体育服务业的发展，也是专门性体育服务产业政策制定和执行可供参考的依据。我国从 1984 年开始出台体育服务产业相关政策，比体育服务产业专门政策早 7 年。从整体变化趋势看（见图 3-4），从 1984 年开始到 2000 年，体育服务产业相关政策一直呈增长趋势。2000 年达到最高水平，这一阶段数量发展比较平稳，呈现出递增数量逐渐加快的趋势，在一定程度上体现了我国体育服务产业政策环境不断优化的状况。从 2000 年到 2005 年呈下降趋势，但是 2006 年出现了第二次体育服务产业相关政策出台数量高峰期。从 2006 年到 2010 年虽然数量缓慢下降，但是总体出台体育服务产业相关政策数量仍然较多。因为从 2000 年到 2010 年跨越了奥运备战和奥运举办时间，北京奥运会是中国的重大体育事件，涉及体育政策、政治、经济、文化等许多复杂的社会问题。我国对许多体育政策进行了修改和优化，在优化的同时对体育服务产业的辐射有所增加，如《全民健身条例》《奥林匹克标志保护条例》等都涉及了体育服务产业，促使此阶段我国体育服务产业相关政策数量增多。随着我国法律政策环境的不断优化、我国产业法规政策和体育法规政策的不断完善，以及产业结构调整工作的不断推进，未来几年新制定的体育服务产业相关政策数量可能会较少。

四 地方体育服务产业政策数量

我国省、自治区、直辖市以及各级地方政府都有政策制定权,地方体育服务产业政策对体育服务产业的发展具有重要意义。地方政策制定机关不仅可以在全国性政策的指导下制定出更具有可操作性的地方政策,还可以根据地方特点在权力允许的范围内制定出适合本地区的体育服务产业政策。通过分析地方性体育服务产业政策,发现我国多数地方性体育服务产业政策的制定一般晚于全国性体育服务产业政策,并且以全国性政策为主要依据。但是个别地方性政策的制定也有创新性和前瞻性,全国性政策也会借鉴一些地方性政策在全国进行普及。如在 2007 年北京市就制定了《关于促进体育产业发展的若干意见》,而国务院办公厅在 2010 年才制定了《关于加快发展体育产业的指导意见》。

在各地区体育服务产业政策中,北京市体育服务产业政策制定数量最多,内容相对比较全面。从图 3-5 可以看出北京体育服务产业政策的数量变化:从 1998 年开始制定体育服务产业政策,到 2010 年,体育服务产业政策数量总计为 20 项,几乎每年都有体育服务产业政策出台,且在每年分布上也比较均匀。由此可以看出,北京体育服务产业政策对体育服务产业发展的应对性比较强,能比较及时出台相关的政策。由于奥运会在北京召开,北京又出台了很多应对奥运会的相关政策,导致了北京体育服务产业政策比其他地区体育服务产业政策多,且每年数量的波动也比较大。另外,在上海、广东等其他一些省市,体育服务产业政策的数量变化情况也类似于北京地区。

由于地区的差异,体育服务产业政策发展也存在一些差异。东部地区体育服务产业政策开始制定的时间较早,数量也多;中部和西部地区地方体育服务产业政策开始制定的时间比较晚,数量也相对较少。体育服务产业政策对体育服务产业问题的应对性比较弱,甚至出现很多年都没有出台过体育服务产业政策的现象。主要原因为欠发达地区体育服务产业兴起比较晚,对体育服务产业政策的需求较小,欠发达地区体育服务产业政策制定资源较少,制定体育服务产业政策的能力不强。比如,河南省 2000 年才开始制定体育服务产业政策(见

图 3-6），时间分布也不平衡，从 2004 年至 2008 年没有制定一项体育服务产业政策，但是从 2009 年到 2011 年每年都制定一项体育服务产业政策。随着河南省政府对体育服务产业政策的不断重视和武术产业对地方经济发展的强劲带动作用的发挥，"十二五"期间，河南省体育服务产业专门政策和相关政策可能会处于平稳发展趋势。

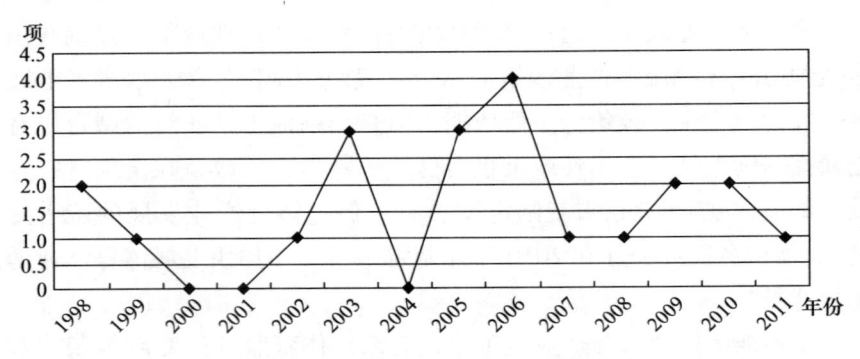

图 3-5 北京市体育服务产业政策文件数量

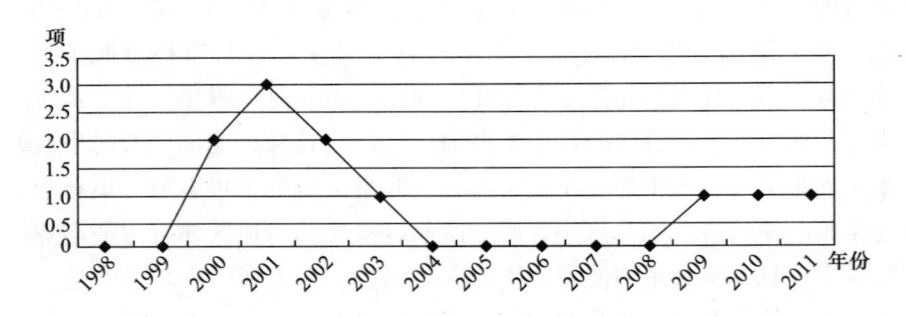

图 3-6 河南省体育服务产业政策文件数量

我国体育服务产业政策的数量在一定程度上反映了我国体育服务产业政策的发展情况，但是体育服务产业政策并不是越多越好，尽可能少的政策和发挥更好的效果是体育服务产业政策发展的良好状态。将来在我国体育服务产业政策发展中，应坚持少制定政策，制定顺应我国国情和迎合我国体育服务产业发展所需求的政策。

第三节 我国体育服务产业政策

体育服务产业政策内容是指关于引导、规范或者扶持体育服务产业发展的政策规定或者政策方案，是体育服务产业政策执行者实施管理行为和体育服务产业经营者调整经营行为的依据。我国体育服务产业政策的具体内容主要分布在体育服务产业专门政策和相关政策中。体育服务产业专门政策涉及的内容较多，几乎所有的规定都是以发展体育服务产业为目的。相关性体育服务产业政策涉及的内容相对较少，体育服务产业是作为发展其他产业的内容之一被提出的，如国务院《关于加快发展第三产业的决定》（1992）就有对发展体育服务产业的涉及。由于一些相关性政策的权威级别较高、规定的财税内容比较具体等原因，有些相关性政策对体育服务产业的促进作用并不小，如国务院《关于加快发展服务业的若干意见》（2007）。由于体育项目的多样性、体育项目之间的差异性、体育服务产业与其他产业的交叉性，以及我国体育服务产业市场的不成熟性，我国体育服务产业的政策也体现出多样性。从政策综合性层面上可以将我国体育服务产业政策分为宏观政策和维持市场秩序的规范性政策；从发展体育服务产业业态上可以分为不同类别具体的体育服务产业政策。

一 体育服务产业综合性政策

我国综合性体育服务产业政策由宏观性政策和规范性政策两部分构成。我国体育服务产业政策宏观性主要体现在国家体育服务产业政策中，也有地方范围内的宏观性体育服务产业政策。宏观性政策常常以引导、提倡、号召和鼓励的方式规定体育服务产业宏观发展方向和趋势。我国宏观性体育服务产业政策在我国整个体育服务产业政策中的比重较大，因为宏观性政策制定和执行成本都比较低，一般不会直接带来负面结果，也很少需要承担政策执行不作为责任。而规范性体育服务产业政策则是直接明确体育服务产业行为规范的政策，明确规定了相关主体必须做和禁止的行为，对我国体育服务产业的干预性较强。从相关政策文件可以看出，在特定的时间段里，我国既有宏观性体育服务产业政策的设定，又有规范性体育服务产业政策的设定。

(一) 我国体育服务产业初始性政策

在体育服务产业发展初始时期，我国宏观性体育服务产业政策较多，因为在政府对体育服务产业发展问题把握不精确的情况下，宏观性体育服务产业政策风险低，不容易出现政策失误。如1984年中共中央《关于进一步发展体育运动的通知》提出了"体育场馆应讲究经济效益，积极创造条件实行多种经营，逐步转变为企业、半企业性质的单位"；1992年国务院《关于加快发展第三产业的决定》提出"重点发展包括体育服务产业在内的投资少、收效快、效益好，就业容量大，与经济发展和人民生活关系密切的行业"；1993年国家体委《关于深化体育改革的意见》提出"以产业化为方向，增强体育自我发展能力，根据建立社会主义市场经济体制和发展体育事业的需求，要加快体育产业化进程"等。在当时市场经济制度不够完善的条件下，宏观性政策具有一定的引导作用，而规范性体育服务产业政策对宏观性政策的补充也很关键，二者共同规范我国体育服务产业发展是由当时的历史条件所决定的。体育服务产业规范性政策因为规定的内容具体、强制性强，直接涉及具体的利益分配或调整，所以这些政策在社会主义市场初期发挥较大作用，但是在我国社会转型过程中，很容易被新的市场经济政策取代而失效。如1994年《关于加强体育市场管理的通知》和1996年《关于进一步加强体育经营活动管理的通知》在早期发挥了较好的规范作用，但是在我国市场经济政策法规出台，就不再有执行力了[①]，因此2007年宣布失效。

(二) 我国体育服务产业常规性政策

以五年或者十年发展规划的形式从宏观上制定各项事业的发展是我国政策制定的惯例，是常规性发展政策。由于这些政策有具体的时间效力，因此在每一阶段的政策内容多体现出政策的继承性和一定程度的创新性。我国体育服务产业发展政策的规划内容主要体现在我国

[①] 吴香芝、于善旭：《我国行政许可制度改革时期政府在体育经营活动中的职能研究》，《成都体育学院学报》2008年第4期。

体育事业发展规划和体育产业发展规划中。如 1995 年的《体育产业发展纲要》规定"以体为本，多种经营；坚持社会效益与经济效益相结合，要把社会效益放在首位"的内容；2000 年的《2001—2010 年体育改革与发展纲要》规定"各级体育部门要认真研究和合理安排好资源配置方式，积极探索社会主义市场经济条件下体育事业的发展机制"；2006 年的《体育事业"十一五"规划》规定"充分调动社会各界兴办体育事业的积极性，坚持谁投资，谁受益，尊重并保护不同主体的利益，进一步发挥市场在体育资源配置中的作用"等。这些政策体现了我国体育服务产业的社会化程度不断提高和不断推进体育服务产业市场规范化的过程。到目前为止，我国依然采取这种方式确定我国体育服务产业的宏观政策内容。

与以往规划性政策不同的是，在"十一五"期间我国出台了两项关键的政策，即国务院《关于加快发展服务业的若干意见》（2007）和国务院办公厅《关于加快发展体育产业的指导意见》（2010）。这两项政策明确规定了我国体育服务产业已经不是以前探索发展路径的阶段，而是明确了我国体育服务产业发展的具体措施，确定了要扶持体育服务产业的发展、满足人们的体育需求、形成体育服务产业规模、发挥体育服务产业增加 GDP 和吸纳就业的任务。作为体育服务产业政策相关政策的《体育事业"十二五"规划》（2011），对体育服务产业政策的内容规定依然比较宏观，主要强调贯彻国务院办公厅《关于加快发展体育产业的指导意见》。但是 2011 年的《体育产业"十二五"规划》在继承了以往政策的基础上有了较大突破，如在规划目标上确立了具体的量化目标；在实施措施上强调落实相关税费优惠政策而不是以往的制定优惠政策；提出积极争取在体育赞助、体育捐赠等方面的税收优惠政策；推动体育产业企业的水、电、气、热等基本费用收费标准的调整；指出要建立多部门合作的体育产业发展协调机制，切实将体育产业纳入各地区域经济社会发展规划等。与以前相比，政策内容体现了任务明确、工作具体和重在落实的特点，充分强调和强化了国务院办公厅《关于加快发展体育产业的指导意见》的精神。这些体育服务产业政策对我国将来一定时期内体育服务产业发展将发挥较好的促进作用。但是这并不代表我国体育服务产业政策的完善，这些政策的落实依然需要其他配套政策和地方性政策辅助落实。国务院办公厅《关于加快发展体育产业的指导意见》和《体育产业"十二五"规划》也都分别提出要继续完善体育服务产业发展政策和探索体育服务产业扶持政策，由此也可以看出我国体育服务产业政策依然存在不足。

从表3-4中的规范性政策内容所属文件可以看出，在我国社会主义市场经济制度早期，体育服务产业专门性规范类政策相对较多，但是到社会主义市场制度成熟期，规范性政策文件主要为市场类政策，且为等级较高的法律法规性政策。如2002年的《中华人民共和国行政许可法》规定废除各种经营活动的前置性审批，2008年的《中华人民共和国营业税暂行条例》降低了我国所有服务业的营业税，并将若干服务营业税调整权下放到地方，其中包括许多体育服务产业类型。这些规范性政策和我国体育服务产业宏观政策相结合，将会在我国出现体育服务产业政策的大幅度调整，我国体育服务产业将迎来前所未有的发展空间。由此也可以看出我国体育服务产业发展正处于政策扶持期，从我国体育服务产业发展实践也可以看出，我国体育服务产业需要政策扶持。从国务院《关于加快发展服务业的若干意见》（2007）和国务院办公厅《关于加快发展体育产业的指导意见》（2010）这两项对体育服务产业发展的规定也可以看出，体育服务产业宏观政策对我国体育服务产业政策的确定趋于具体化，相关政策对我国体育服务产业的规范也趋于明确化。这将会引导我国未来体育服务产业政策趋于融合性、交叉性和涉及政策制定机构与政策执行机构的多样性。

表3-4　　　　　我国体育服务产业综合性政策一览

宏观性政策	发布时间（年）
《关于进一步发展体育运动的通知》	1984
《关于加快发展第三产业的决定》	1992
《关于深化体育改革的意见》	1993
《体育产业发展纲要》	1995

续表

宏观性政策	发布时间（年）
《2001—2010年体育改革与发展纲要》	2000
《公共文化体育设施条例》	2003
《"十一五"体育事业发展规划》	2006
《关于加快发展服务业的若干意见》	2007
《关于加快发展体育产业的指导意见》	2010
《体育事业"十二五"规划》	2011
《体育产业"十二五"规划》	2011
规范性政策内容	
《关于加强体育市场管理的通知》（2007年宣布失效）	1994
《关于进一步加强体育经营活动管理的通知》（2007年宣布失效）	1996
《举办体育活动安全保卫工作规定》	1998
《体育类民办非企业单位登记审查与管理暂行办法》	2000
《中华人民共和国行政许可法》	2002
《大型群众性活动安全管理条例》	2007
《中华人民共和国营业税暂行条例》	2008

二 不同产业类别体育服务产业政策

我国体育服务产业通常被分为体育健身休闲业、体育中介业、彩票产业等产业形态。体育服务产业政策正是通过调整这些具体产业的活动行为而实现体育服务产业发展目标的。因此，对若干具体体育服务产业政策进行分析和研究，对优化我国体育服务产业政策和推进体育服务产业发展具有重要意义。结合我国体育服务产业最新统计标准，可以将我国整个体育服务产业政策内容分为体育场馆经营与管理政策、健身休闲业政策、体育中介业政策、体育培训业政策、体育赛事产业政策、体育彩票业政策。

（一）体育场馆经营与管理政策

体育场馆经营与管理是我国最早形式的体育服务产业形态，尽管当时还没有体育服务产业这一提法，但是从目前对体育服务产业普遍的理解看，它的确是目前体育服务产业的范畴。而且体育场馆的经营与管理是任何历史时期体育服务产业发展的重要内容，体育场馆管理政策也是体育服务产业政策的重要构成部分。1984年中共中央《关于进一步发展体育运动的通知》提出"体育场馆要改善管理和提高使用率,同时要讲究经济效益"。由此也可以看出,我国体育服务产业是由体育场馆的经营与管理开始的,以体育场馆的开放和经营获得经济效益为手段的。受当时历史条件和国家经济制度的影响,体育服务产业仅仅限于体育场馆的开放和停留在国有单位经营的状态,主要目的是解决体育事业发展资金紧张的问题。国家体委《关于培育体育市场,加快体育服务产业化进程的意见》(1993)中,基本延续了1984年的体育场馆政策,而且提出了更多的体育场馆经营内容。其中明确提出"体育场馆在保证训练、竞赛的前提下,积极对外开放,提供有偿服务"。不仅提出"有条件的体育场馆可以过渡为企业单位进行经营和管理",还提出"体育场馆应继续坚持以体为主,多种经营的方针,以扩大对外服务,加速由事业型向经营型转变,逐步做到自收自支、企业化经营"。如果仅仅通过体育服务也难以达到收支平衡,那么体育场馆是房产物业的重要表现形式,这是我国体育场馆通过其他非体育经营业务来弥补场馆经费不足和保证体育场馆体育功能的必然选择。在《体育产业发展纲要》中,体育场馆的非体育经营内容被认为是体办产业[①]类型,后来被质疑其属于体育产业类型,这些非体育内容的经营活动目前已经被排除在体育服务产业内容之外,但是关于这些内容的体育场馆管理活动属于体育服务业范畴。[②] 到目前为止,我国绝大多数体育场馆依然是公共体育场馆,在《关于公共体育场馆向群众开放的通知》(1995)中提出,在搞好社会效益的前提下,体育场馆及设施可实行有偿服务,同时开展一些配套的经营性服务活动,以方便广大人民群众参加体育健身活动。从中可以看出,体育场馆可以开展配套经营服务,但是依然保持其公益性,依然以向广大群众提供健身为目的。国家体委《关于深化改革加快发展县级体育事业的意见》(1996)中规定"公共体育场馆可以实行不以营利为目的的

---

① 体办产业:是指体育系统内经营的非体育产业类型,如体育宾馆。是当时历史条件下中国一种产业类型的称呼。
② 国家统计局、国家体育总局:《体育及相关产业分类(试行)》,2008年6月28日。

有偿服务和部分有偿服务"。从中可以看出国家对基层体育场馆的管理顺应了国家场馆提供有偿服务且兼顾公益性的原则。《公共文化体育设施条例》（2003）也提到公共文化体育设施管理单位提供服务可以适当收取费用，收费项目和标准应当经县级以上人民政府有关部门批准。《体育服务认证管理办法》（2005）中规定了体育场馆属于体育服务质量认证的范畴。《关于构建合理演出市场供应体系　促进演出市场繁荣发展的若干意见的通知》（2008）提出要盘活演出场所资源，充分开发利用现有场馆（体育馆、艺术馆等）。国务院办公厅《关于加快发展体育产业的指导意见》（2010）用大量篇幅描述关于体育场馆管理和经营的内容，如提高设施综合利用率和运营能力，充分发挥公共体育设施在提供社会体育服务、满足群众体育需求方面的作用，有条件的学校及企事业单位体育场馆应当向社会开放等。其中还规定政府对用于群众健身的体育设施日常运行和维护给予经费补助，并根据其向群众开放的程度，在用水、用气、用电、用热等方面给予政策优惠。这些较为明确的内容体现了体育场馆既要实现经济价值还要实现公共服务的职能，而且提出根据向群众开放的程度给予优惠。但是政策内容的具体落实需要一个过程，我国各种体育场馆经济价值和场馆公共功能的共同实现，还需要相关政策执行机关的配合和支持，也需要具体的政策实施细则来落实。

地方体育场馆使用政策的制定和实施对体育场馆的经营与管理具有重要作用，各地方制定体育场馆使用政策也有所不同。多数地区依然像制定全国性体育场馆使用政策一样仅从宏观上规定其经营和管理内容，只有极少数地区制定了可操作性的体育场馆经营管理政策。如20世纪80年代，上海市制定了国内第一个地方性体育场地经营政策，即《上海市体育场地管理办法》（1985），在该政策的指导和规范下，上海市各体育场馆实现了扭转场馆浪费和场馆维修资金困难的局面，并逐渐产生体育场馆经营获利的现象，增强了体育场馆进行公共体育服务能力。1994年，上海市政府又根据当时国家体育服务产业政策精神和内容，重新制定了新的《上海市体育场所管理办法》（1994），废止原有的政策，以适应时代的发展，其中强调在获得经济效益的同时要防止腐败，要坚持场馆的公益性功能。到目前为止，《上海市体育场所管理办法》依然对上海市场馆的经营和管理起着非常重要的作用。可以看出上海市体育场馆政策具有较好的前瞻性和实时性，这和上海市的整个政策环境和经济发展环境具有一定关系。其他一些省市也根据本地区体育场馆发展的需求制定了一些体育场馆政策，但是涉及具体经营方式的内容相对较少，如《江苏省体育设施管理办法》(1997)、《河南省武术学校、习武场所管理办法》(2000)等，对如何使体育场馆实现市场价值的规定都非常模糊或者避而不谈。我国许多地方性政策需要像上海市体育场馆政策一样，对体育场馆的经营和管理作出更具体的规定。

(二) 健身休闲业政策

"健身娱乐"是以往人们使用较多的用词。但是随着人们对体育服务产业认识的不断深入、体育服务产业范围的扩大和国外普遍使用"健身休闲"概念的现实状况，国内在理论和实践上越来越普遍使用"健身休闲"一词。在我国各类政策文件中，"健身休闲"的使用也在增加。健身休闲业不仅包括健身娱乐业，还包括很多其他以运动休闲为目的的户外体育项目。也有很多国内学者认为，在体育服务产业中，二者指同一类体育服务产业。健身休闲业包括的项目种类繁多，经营方式也复杂多样，从政策制定成本和政策执行的角度看，也难以制定一部专门发展健身休闲业的政策文件，因此健身休闲业的政策内容一般体现在体育产业政策、群众体育政策、文化产业政策和服务业政策中。1993年的《体委改革意见》附件五中提出："大力开拓体育健身娱乐市场，积极引导和鼓励社会各行各业兴办各类健身娱乐俱乐部，适当发展高档次俱乐部，为群众开展体育活动提供场地、设施和技术辅导等各种优质服务，以满足消费者对体育健身娱乐不同层次的需求"。①《全民健身计划纲要》(国务院，1995)提出："在20世纪末，初步建立适应社会主义市场经济体制的全民健身管理体制，建立起社会化、科学化、产业化和法制化的全民健身体系的基本框架"。《全民健身条例》(2009)规定："县级以上地方人民政府应当将全民

---

① 《国家体委关于深化体育改革的意见》，http://www.china.com.cn/chinese/zhuanti/tyzcfg/885948.htm。

健身事业纳入本级国民经济和社会发展规划，支持、鼓励、推动与人民群众生活水平相适应的体育消费以及体育产业的发展，并鼓励各种群众性体育组织开展全民健身活动。"从中可以看出我国健身娱乐业或健身休闲业政策分公共性和非公共性两大类型，这与国外发达国家的健身休闲政策越来越接近，也可以看出我国健身休闲业政策不断发展和提高的事实。《全民健身条例》还规定"经营高危险性体育项目的，应当符合具体的标准条件，并向县级以上人民政府体育主管部门提出申请"，其中虽然没有规定具体的审批办法，但是在一定程度上弥补了2003年《行政许可法》颁布以来，高危险经营项目政策的空白。[1] 国家"十二五"期间更加重视社会事业发展、完善公共服务体系的战略部署，为体育事业发展提供了重要的机遇和广阔的空间。[2] 目前广大人民群众日益增长的体育需求和社会体育资源相对不足，仍然是我国体育事业发展中的主要矛盾。特别是在群众体育领域，政府提供的公共体育服务明显不足，公共服务产业化运作和扶持健身休闲业是解决当前人们体育需求矛盾的重要途径。《体育产业"十二五"规划》（2011）提出："以发展体育健身休闲业为先导，要加大扶持力度，完善产业政策体系，实现可持续发展。"从以上政策内容可以看出我国要对健身休闲业加大扶持的趋势，地方政策需要对健身休闲业做出更具体的规定。

在我国很多政策文件中都规定了要为群众提供参加体育活动的各种便利条件，加强体育参与的宣传、大力普及体育知识、吸引广大群众积极参加体育锻炼等各种公共体育政策，如《全民健身计划纲要》《全民健身条例》《体育事业五年计划》等。这些政策不直接对体育健身休闲业产生影响作用，但是对促进体育消费具有较大的推动作用，从而促进体育服务产业的发展。在现实中，体育健身休闲业需要这些政策的长期推行，英美等发达国家的成功经验也表明群众体育政策对健身休闲业的影响作用非常大。但是目前我国这些政策的落实程度不尽理想，地区间差异程度也较大。我国许多健身会所的一些经营

---

[1] 吴香芝：《我国高危经营项目政策研究》，第三届体育产业会议论文，2008年。
[2] 《体育事业发展"十二五"规划》，《中国体育报》2011年4月1日。

者都非常希望群众体育政策能有效落实，以提高人们的健身意识，培养更多的体育消费群体到健身会所健身。

健身休闲业具体的税费优惠政策是促进健身休闲业的关键政策，如非营利性组织的经营政策、服务业和文化产业所规定的税收优惠政策，都是体育服务产业可以享受优惠的依据。从目前地方体育服务产业政策情况看，也有一些财政补贴政策，如北京和江苏的体育产业引导资金政策，个别企业获得了引导资金，获得了扩大规模和提高品牌的机遇。但是这些政策遭到了更多健身休闲企业主的反对，他们认为这些政策让他们生存更加困难；也有人反映获得这些补贴的成本投入太大，因此放弃申请。该政策如何延续，需要后续政策的调整和跟进，也需要进一步的探讨和研究。

在我国各类体育健身休闲项目中，由于具体体育项目和经营内容的差异，也会有不同的发展政策。从目前政策状况看，我国健身休闲业可以分成偏健身性类型和偏娱乐性类型，而且这两类业态发展政策具有明显的区别，在税收政策方面体现得尤为明显。我国 2008 年的《中华人民共和国营业税暂行条例》明确规定体育文化业的营业税收是 3%，娱乐业的营业税是 5%—20%，服务业的营业税是 5%。我国一些偏重体育健身的健身娱乐业营业税，如健身会所的营业税就为 3%，而一些偏娱乐性的其他体育健身娱乐业则由于地区政策的差异而在 5%—20%。随着我国产业结构调整的需求和服务业政策扶植力度的不断加大，我国偏重娱乐性的体育健身娱乐业越来越趋向于服务业税率。我国早期体育娱乐业营业税主要按较高的娱乐业税率，如在财政部、国家税务总局《关于调整部分娱乐业营业税税率的通知》（2001）中规定射击、狩猎、跑马、游戏、高尔夫球、保龄球、台球等娱乐行为的营业税统一按 20% 的税率执行。随着经济机构调整的需求，体育娱乐业处于降税趋势，如 2004 年《财政部、国家税务总局关于调减台球保龄球营业税税率的通知》对台球、保龄球按 5% 的税率征收营业税。

随着我国区域经济发展政策的推进，地方政府对地方经济发展的自主权不断增强，如 2008 年《中华人民共和国营业税暂行条例》将娱乐业营业税率权下放到了地方政府，规定纳税人经营娱乐业具体适用的税率由省、自治区、直辖市人民政府在本条例规定的幅度内决定，税率范围为5%—20%。从此我国绝大多数偏娱乐性的体育服务产业在不同地区有了各自不同的营业税。高尔夫球发展政策代表了我国强娱乐性的健身休闲业，由于地方政策的差异，不同地区间的高尔夫球产业政策也有较大差异。2009年8月，湖南省地方税务局下发文件：从2009年1月1日起，高尔夫球产业（高尔夫球练习场除外）营业税的适用税率暂时按10%执行；2009年12月江苏省的地方税务局也下发文件：从2010年1月1日起，高尔夫球产业适用10%税率[1]；而上海在2012年1月才将20%高尔夫球的营业税降低到10%。由于高尔夫产业球场占地资源大，容易造成国有资产流失，相关土地政策与之息息相关。1997年中共中央、国务院下发《关于加强土地管理切实保护耕地的通知》，明令暂停新的高尔夫球场建设审批；1999年国土资源部出台的土地用地目录，高尔夫球场被列为限制用地；2002年国土资源部《关于报国务院批准的土地开发用地审查报批工作有关问题的通知》规定停止审批高尔夫球场建设项目；2004年国务院《关于深化改革严格土地管理的决定》继续停止审批高尔夫球场，对各地高尔夫球场项目进行清查；《2007年全国土地利用计划》禁止高尔夫球场项目用地；2009年9月国土资源部《关于严格建设用地管理、促进批而未用土地利用的通知》要求地方政府必须采取强力措施，严肃查处违反土地管理法律法规的高尔夫球场项目用地；2009年12月国务院《关于加快发展旅游业的意见》提出："积极发展休闲度假旅游，引导城市周边休闲度假带建设，有序推进国家旅游度假区发展，规范发展高尔夫球场、大型主题公园等"[2]，对高尔夫球场采取了放开性政策。[3]

（三）体育中介业政策

统计意义上的体育中介服务是为实现体育服务的交易而充当媒介

---

[1] 黄志勇：《中国公众高尔夫球场发展的驱动机制与开发模式研究》，博士学位论文，北京林业大学，2011年。

[2] http://golfreader.com/operate/citi-forward-white-book-5.html.

[3] 石培华：《〈国务院关于加快发展旅游业的意见〉的重要突破和里程碑意义》，《中国旅游报》2010年2月24日。

的、独立核算的服务业企业法人单位进行的各种中介活动。这些组织包括主营或兼营体育中介业务的体育经纪公司、体育咨询公司、票务公司、体育广告公司等。体育中介业是体育服务产业的重要构成部分，但是体育中介业对其他体育服务产业的依赖程度非常强，特别是对体育赛事或者大型体育活动的依赖。与体育中介业密切联系的市场现象就是附着在体育赛事和大型体育活动上的体育广告、体育赞助、运动员转会、体育无形资产的开发行为等。由于体育赛事在体育服务产业的实际表现形态上具有很大的代表性，尽管从统计意义上没有独立统计，但是在分析体育服务产业政策类型时，有必要把体育赛事政策单独列为一个类型进行分析和研究。

1995年我国制定了《经纪人管理办法》（国家工商总局），规定了经纪人进行经济活动的权利和义务、经纪组织的成立资格和开展活动的范围。2004年颁布了新的《经纪人管理办法》。不少省市制定了地方性经纪人政策，对体育经纪人起到了一定的规范作用。国家体育总局也试图制定体育经纪人政策来推动体育中介的发展，但是到目前为止还没有出台全国范围内的体育经纪人政策。一些综合性政策中对体育经纪人进行了若干规定，个别省市制定了地方性体育经纪人政策。

体育中介政策内容贯穿于各种体育改革政策、体育发展政策和体育产业政策中，是我国体育服务产业政策的重要内容。从我国体育中介政策内容可以看出，我国体育中介业政策先经历了鼓励发展阶段，然后进入限制或规范发展阶段，接着经历了逐步放开阶段，目前已经进入主要以社会主义市场经济政策为主的大力倡导阶段。如1993年国家体委《关于深化体育改革的意见》指出，"体育竞赛组织管理代理业作为重点发展，明确体育竞赛组织管理代理业是指具有丰富经验的竞赛组织管理人员提供技术咨询、组织编排以及场地器材等方式的劳务输出的服务行业[①]，提出要大力发展体育技术中介服务和信息咨询业，逐步建立各种体育竞赛服务经济实体和体育经纪人制度"；

---

① 《国家体委关于深化体育改革的意见》，华奥星空，http://encyc.sports.cn/policy/others/2005-03-10/505220.html，2011年7月28日访问。

1995年《体育产业发展纲要》提出,"逐步建立各种体育竞赛中介服务机构和体育竞赛经纪人制度;大力发展体育技术中介服务和信息咨询业",体现出对体育中介业的鼓励性。1996年《关于加强在役运动员从事广告等经营活动的通知》提出,"从事各类活动须由各单项体育协会或在役运动员所在训练单位(法人)负责组织办理,并由其自有合法的中介机构代理;没有自设合法中介机构的单位,可由体育基金筹集中心或中体广告公司代理",体现出对体育中介的规范和限制。《2001—2010年体育改革与发展纲要》提出,"要健全市场中介组织,加快建立体育社会中介组织,由其承担不应由国家直接管理的体育事务",体现了体育中介业的开放性。再如,2002年中共中央国务院《关于进一步加强和改进新时期体育工作的意见》提出,"要明确政府和社会的事权划分,实行管办分离,把不应由政府行使的职能转移给事业单位、社会团体和中介组织";《体育事业"十一五"规划》(2006)提出,"推动市场分工,发展体育中介组织,培养一支高素质的体育经纪人队伍,充分发挥体育经纪人在人才流动、赛事推广等方面的作用;体育行政部门将事务性工作逐步交给事业单位、社会团体和中介组织"等都体现出越来越强的开放性和社会性。目前我国体育中介业政策体现出大力倡导的内容,如2010年《国务院办公厅关于加快体育企业的指导意见》提出,"积极培育体育中介市场,鼓励发展体育中介组织,大力开展信息咨询、体育保险等中介服务。加强行业自律,培养高素质的体育经纪人群体,充分发挥体育经纪人在赛事推广和人才流动等方面的作用"。[①]《体育事业"十二五"规划》提出,"重点发展体育健身休闲、体育竞赛表演、体育中介等体育服务业";"以体育健身休闲业、体育竞赛表演业为先导,带动体育用品业、体育中介业等业态的联动发展;鼓励发展体育中介业,大力开展体育技术、信息咨询、体育保险等中介服务"。

(四)体育培训业政策

从统计的角度看,体育培训业的范畴为传授体育运动技能的非学

---

① 《国务院办公厅关于加快发展体育产业的指导意见》,《环球体育市场》2010年4月15日。

历教育范畴的独立核算的组织或机构。主要包括武校、网球学校、足球学校等，不包括健身俱乐部等体育健身休闲机构开展的各种运动项目的培训活动。但是从体育培训政策的内容上看，并不限于此范围，体育培训政策所指的培训范围要比这大得多，如健身娱乐性的培训、获得高水平运动技能的培训、教育性培训、获得职业资格的培训等。虽然我国没有专门的体育培训政策文件，但是关于体育培训的政策内容非常多，一般分布在体育事业改革发展政策、体育民办非企业单位政策、体育社团政策、竞技体育政策、群众体育政策等各类文件中。《体育类民办非企业单位登记审查与管理暂行办法》（2000）、《少年儿童体育学校管理办法》（1999）、《关于加强管理社会力量办各类体校的通知》（1999）、《关于加强各类武术学校及习武场所管理的通知》（2000）是我国几个关键的教育性培训政策。其中详细规定了获得培训资格的条件、开展体育培训的内容和范围、承担的各种责任和获得的权利等。其他非教育性的培训政策内容多分布在各种综合性政策中。《体委改革意见》（1993）规定："竞技运动员输送单位可根据运动员的水平和培训年限等条件，收取培训费；在运动项目发展中可以通过培训项目发展资金；在发展群众体育时社会体育指导员在取得当地体育行政部门颁发的许可证后方可开展培训和传授技能，并可以实行有偿服务，提出扩大业余训练网络，拓宽业余训练发展路子"。1994年《关于加强体育市场管理的通知》和1996年《关于进一步加强体育经营活动管理的通知》都规定了"社会组织要开展体育培训活动必须符合一定的标准，必须获得体育部门的审查和批准"。1995年《体育产业发展纲要》把体育培训经营列为体育主体产业，提出"扩大各级体育运动学校的自主权，试行体育后备人才有偿培训制度，培育和开拓体育后备人才市场"。1996年国家体委《关于深化改革加快发展县级体育事业的意见》强调，"把体育培训等主体产业作为重点发展的产业。同时指出县级业余训练工作要从当地的实际出发，举办形式多样、内容丰富、长短期结合的培训班，积极探索业余训练社会化的新路子，力争在联合办校、有偿训练、有偿培训等方面有所突破"。《2001—2010年体育改革与发展纲要》提出鼓励和支持社会以及个人资助、兴办业余训练。《"十一五"体育事业发展规划》

(2006)提出,"要加强对社会体育指导员的培训、要突出重点,做好各类体育人才的教育培训工作"。2010年国务院办公厅《关于加快发展体育产业的指导意见》指出,"大力促进体育服务贸易,其中以技术培训、体育劳务等内容为重点"。《体育产业"十二五"规划》提出,"推动体育服务贸易发展,技术培训依然是贸易发展的重点"。从我国体育培训政策的发展过程看,呈现出逐渐减少的趋势,其中的原因可能首先是体育培训政策已经相对比较稳定,原有的政策能够有效调整和规范体育培训业的发展;其次是目前的市场制度发展水平已经足以调节体育培训活动,不需要过多政策的干预;最后是目前我国体育培训活动开展良好,具有一定的行业自律能力,不需要设计太多体育培训政策。

(五)体育赛事产业政策

体育赛事作为体育服务产业的类型现象是体育赛事社会化和职业化发展。我国1993年国家体委《关于深化体育改革的意见》中就提出"足球、网球、围棋等有条件的项目可向职业化过渡,逐步与国际惯例接轨;对于向职业化转变的项目要采取特殊政策,其训练体系和国家队组建形式可根据项目特点自行确定,拓宽训练渠道"。[1] 从体育产业统计意义上讲,一些半职业性和业余性的民间体育赛事也属于体育服务产业的范畴。该意见还规定:"鼓励和扶持社会各行业、企业、高校、社会团体办优秀运动队或高水平体育俱乐部。[2] 单项比赛由各运动项目协会负责,逐步放开其他类型的比赛。"同时提出要按照"谁举办、谁出钱、谁受益"的原则,拓宽竞赛渠道、扩大商业性比赛,建立和完善运动会申办制度和竞赛招标制度。[3] 由此可以看出,我国体育赛事产业早期政策已经体现了我国体育赛事产业发展的美好前景。今天看来,也确实是非常科学和理想的政策内容,依然是目前我国体育赛事产业发展的目标。但是这个目标的实现并不是一朝一夕之事,通过我国历年来频频出台体育赛事相关政策可以看出我国体育

---

[1] http://www.china.com.cn/chinese/zhuanti/tyzcfg/885948.htm.
[2] 同上。
[3] 同上。

赛事产业发展的艰难性和缓慢性。1994 年《关于加强体育市场管理的通知》和 1996 年《关于进一步加强体育经营活动管理的通知》都规定"举办经营性的体育赛事必须应当事先经过相应的地方各级体育行政部门同意，这在一定程度上确实可以避免一些粗制滥造的体育竞赛表演活动，但同时也限制了体育赛事的发展，滋生了体育行政机关的腐败行为"。2000 年《全国体育竞赛管理办法（试行）》，虽然规定了"支持企事业单位兴办面向社会的体育服务经营实体；有商业价值和市场需求的运动项目，积极探索职业化道路，有计划、有步骤地按国际通行做法进行规范的职业化运作"。但是依然对体育赛事进行了较强的限制性规定，如规定"国际或国内各级、各类综合性运动会、单项体育竞赛和体育表演活动的举办必须通过体育行政部门的审批，把所有的体育竞赛表演活动都列为审批的范围"；在全民健身政策中规定"要因地制宜地开展各种小型多样的体育比赛活动"，而在现实中却出现该审查的不审查，不该审查的乱审查的现象，在一定程度上限制了我国体育赛事的发展。《体育产业发展纲要》提出"要大力发展体育竞赛表演市场。应结合奥运争光计划的实施，立足体育竞赛体制的改革，要积极吸取国外先进的经验"。由此可以看出，我国体育赛事产业与国家体育竞技水平目标上有一定的冲突性，体育赛事产业在一定程度上受到国家奥运争光计划的制约和体育竞赛体制的制约，同时也看出我国举办商业赛事的经验不足，需要吸取国外的经验。

体育俱乐部是体育赛事产业的细胞，为了加快体育俱乐部的发展和加强体育俱乐部的管理，国家体育总局出台了《关于加快体育俱乐部发展和加强体育俱乐部管理的意见》（1999）提出，"我国职业体育俱乐部、半职业体育俱乐部和其他体育俱乐部的发展规划、组建方式，相关部门应提供的各种优惠和便利，以及对其的管理和监督方式"，因为职业和半职业体育俱乐部对我国体育赛事产业具有重要影响作用。该政策还提出"职业体育俱乐部风险大，要谨慎组建"。后来很多事实都证明了职业体育俱乐部存在风险，如球员工资拖欠和教练工资缩水，在一定程度上影响了我国职业体育的发展。

2007 年国务院出台《大型群众性活动安全管理条例》，为了保证大型群众性体育活动的安全，明确规定了大型群众性体育活动承办者的责任、大型群众性体育活动场所管理者在场所安全保障方面的具体责任、公安机关应当履行的职责,并且把体育竞赛表演列为大型群众活动的范围。2008年出台《关于构建合理演出市场供应体系 促进演出市场繁荣发展的若干意见的通知》,其发布机关是国家发展改革委、文化部、国家体育总局等九个部门,这是一项文化产业政策,体育竞赛表演作为演出市场的一种类型而被纳入,而很多文化演出活动又是在体育场馆中进行的,充分体现了体育服务产业与文化产业的融合趋势。整个政策内容体现了丰富人们精神生活、增加文化演出的目的,体现了政府扶持性、公益性、规范性、充分开发和利用国有演出场地资源等特点,符合我国体育赛事和体育场馆经营管理的要求。这两项政策体现了对体育竞赛表演业的安全性、宽松性和扶持性规定,对促进我国体育赛事产业的发展具有较好的促进作用。直到2009年《全民健身条例》规定对于依法举办的群众体育比赛等全民健身活动,任何组织或者个人不得非法设置审批和收取审批费用,群众性体育比赛才获得了法定的宽松环境,在未来会对我国体育赛事产业的发展起到较好的推动作用。

2010年国务院办公厅《关于加快发展体育产业的指导意见》提出,"努力开发体育竞赛和体育表演市场;借鉴吸收国内外体育赛事组织运作的有益经验,探索完善全国综合性运动会和单项赛事的市场开发和运作模式[①],并明确提出给予各种政策优惠保障"。而这些内容在1993年国家体委《关于深化体育改革的意见》中已经被规定,在2010年被纳入为国务院办公厅文件,因此引起了各界的关注,也推动了地方相关政策的出台。《体育事业"十二五"规划》用大量篇幅介绍了对我国竞赛体制进行改革,试图放开对体育竞赛表演业的垄断性,并提出广泛开展群众体育健身活动和体育竞赛,充分发挥赛事的多元功能和综合影响,体现了体育赛事产业发展的宽松空间。同时还提出要让体育竞赛表演业成为调整我国体育产业结构的重要发展内容,成为我国体育赛事产业发展的最佳机遇。《体育产业"十二五"

---

① 国务院办公厅:《关于加快发展体育产业的指导意见》,《中国体育报》2010年3月26日。

规划》规定,"要以健身娱乐业和体育竞赛表演业为先导,带动整个体育产业的发展",还提出"以体育赛事活动资源带动体育旅游业的发展"。由此可以看出体育赛事产业越来越重要的发展地位,但是如何落实这些政策还需要一些配套政策或者地方政策协助执行。

我国一些地方省市也制定了关于体育竞赛表演方面的政策,地方体育竞赛政策体现出较大的差异性,如在国家体育竞赛政策出台前,北京市就制定了《北京市体育竞赛管理办法》(1996),并在2006年对内容进行了较大的修改和调整并重新颁布;上海市1999年制定了《上海市体育竞赛管理办法》,2010年对其进行了修改,但是只修改了一条,基本保持了原有内容;而浙江省2007年才制定了《浙江省体育竞赛管理办法》;江苏省到目前为止还没有制定专门的体育竞赛政策;广东省也没有出台体育竞赛政策;广州市出台了《广州市体育竞赛表演市场管理办法》(2005)。从《北京市体育竞赛管理办法》看,1996年的政策保守性多、开放性少,延续了当时国家相关竞赛政策内容;而2006年修改后的政策体现了较大的开放性,体现了放开体育竞赛的思想。《上海市体育竞赛管理办法》具有较强的创新性、前瞻性和稳定性,在当时提出的体育赛事承办的保证金措施、商业开发方面的规定,至今仍有较强的适用性,这也是上海市体育赛事产业蓬勃发展的原因之一。

从我国体育赛事产业政策整体情况看,政策文件数量多,但是政策内容的限制性强、开放性不够。对国有赛事资源依然采取垄断措施,对社会赛事资源也采取限制性措施。除北京和上海之外,地方体育赛事政策依然体现出较大的部门自利性、限制性,因此需要进一步完善。

(六)体育彩票业政策

体育彩票产业是指从事体育彩票发行、销售等组织和机构行为的总称。体育彩票政策则是规范这些行为的总称,体育彩票政策主要规范体育彩票的审批、发行和销售等行为,以稳定彩票的社会秩序;通过设计彩票奖金和公益金方案,达到发展体育事业的目的。我国体育彩票严格受各级政府的管制和社会各种力量的监督,体育彩票的管制性和规范性都非常强。我国最早的彩票政策是国务院《关于加强彩票市场管理的通知》(1991)(以下简称《通知》),该政策出台的背景是彩票市场秩序混乱，不仅给正常的彩票发行带来困难，也侵害了人民群众的利益，破坏了政府的形象。《通知》主要规定了发行体育彩票必须通过人民银行的审查和国务院批准；发行彩票只限于省、自治区、直辖市、计划单列市人民政府及国务院有关部门举办的体育活动。1994年是我国体育彩票发展的转折点，当年成立了国家体育总局体育彩票管理中心，各省市也纷纷成立了分中心，建立了全国公开发行的销售网络。自此，中国体育彩票业开始走上了统一发行、统一印制、统一分配和集中管理的规范化道路。同年国家体委出台的《1994—1995年度体育彩票审计工作规定》（以下简称《审计工作规定》）和《1994—1995年度体育彩票发行管理办法》（以下简称《办法》）起到了重要作用。《审计工作规定》主要规定了对体育彩票发行和销售等各种行为的严格监督。《办法》的目的是加快我国体育事业的发展，保护公民参与体育彩票活动的合法权益等，顺应了《通知》的政策精神。《办法》规定了当年年度内体育彩票的发行总额；规定了体育彩票的发行费、奖金、公益金等比例；彩票的面额、彩票的印刷方式、权利获得方式等。对当时我国体育彩票工作的有序开展起到了关键的作用。

1998年9月1日国家体育总局、财政部、中国人民银行联合发布了《体育彩票公益金管理暂行办法》（以下简称《暂行办法》），《暂行办法》具体规定了体育彩票公益金的管理和使用办法，如规定采取财政专户的形式管理公益金，国家体育总局收取并集中的公益金，实行中央财政专户管理。地方体育行政部门收取并集中的公益金，实行地方财政专户管理；从体育彩票销售总额中提取不低于30%的体育公益金；用于落实《全民健身计划纲要》的资金为年度公益金总额的60%；用于落实《奥运争光计划纲要》的资金为40%。《暂行办法》对当时我国体育彩票公益金的数量保证、科学管理和合理使用起到了重要作用，对促进我国体育事业的发展也起到了非常重要的作用。2001年《中国足球彩票发行与销售管理办法》是针对发行我国足球彩票而专门制定的具有体育特点的体育彩票政策规范，因为在前期体育彩票政策制定方面已经总结了一定的经验和教训，在此又规定了足球彩票发行和销售方面具体的行为准则，以及足球彩票的竞赛方案，对足球彩票的发展起到了较好的规范作用，但是以国外足球比赛为竞猜对象，对我国足球事业并没有起到推动作用。

《彩票管理条例》（国务院，2009）（以下简称《条例》）是在我国以上各种彩票政策特别是体育彩票政策的基础上制定的政策，是一部目前最具权威性的彩票政策或彩票法规。该政策体现了以往政策所不具备的特点，如灵活性、科学性和适应性等，在整体上更适应了当前体育彩票发展的需求，如规定："彩票资金的各项比例，由国务院财政部门确定；彩票发行费的提取比例，应当按照发行量增加发行费递减的原则确定"，相比原来规定的"返奖比例不得低于50%，发行费用不得高于15%，公益金比例不得低于35%"，显示了很大程度上的灵活性。《条例》还规定，"彩票发行机构、销售机构应按国务院财政部门的规定，及时上缴彩票公益金和彩票发行业务费，不得截留或挪作他用"。这在很大程度上可以限制我国体育彩票发行费用于他用的行为。《条例》还规定"保证开奖结果的公开、公正，违反规则和操作规程的开奖活动和开奖结果无效"，这对保护彩民的权利方面起到了重要作用。

从我国体育彩票政策内容的变化历程看，我国体育彩票政策最初是以解决混乱的体育彩票经营活动产生的。我国体育彩票政策内容在经营、销售和公益金的分配上一直坚持了限制性和垄断性的原则。也在这些政策的规范下，我国在20世纪末实现了政府对体育彩票经营的垄断权。近几年彩票政策上升到法规性层面，体现了彩票政策的稳定性和长期性，也体现了一些灵活性，对我国以后体育彩票业的发展具有积极作用。但是我国体育彩票政策依然是单一的集资性政策，需要有与体育赛事具有互动性的彩票政策。

表3-5　　　　我国体育服务产业具体产业类别政策一览

具体性政策文件	发布年份
《关于加强各类武术学校及习武场所管理的通知》	2000
《上海市体育场地管理办法》	1985
《河南省武术学校、习武场所管理办法》	2000

续表

具体性政策文件	发布年份
《江苏省体育设施管理办法》	1997
《少年儿童体育学校管理办法》	1999
《体育类民办非企业单位登记审查与管理暂行办法》	2000
《全国体育竞赛管理办法（试行）》	2000
《北京市体育竞赛管理办法》	1996
《关于调减台球保龄球营业税税率的通知》	2004
《广州市体育竞赛表演市场管理办法》	2005
《浙江省体育竞赛管理办法》	2007
《关于加强彩票市场管理的通知》	1991
《中国足球彩票发行与销售管理办法》	2001
综合性政策文件	
《关于进一步发展体育运动的通知》	1984
《关于培育体育市场，加快体育服务产业化进程的意见》	1993
《关于加强体育市场管理的通知》	1994
《体育产业发展纲要》	1995
《关于进一步加强体育经营活动管理的通知》	1996
《2001—2010年体育改革与发展纲要》	2001
《关于进一步加强和改进新时期体育工作的意见》	2002
《体育服务认证管理办法》	2005
《关于构建合理演出市场供应体系 促进演出市场繁荣发展的若干意见的通知》	2008
《中华人民共和国营业税暂行条例》	2008
《关于加快发展体育产业的指导意见》	2010

从我国不同产业类别的体育服务产业政策内容可以看出，有些由体育服务产业具体业态的政策规定，有些由一些综合性政策规定，主要为体育产业政策、体育政策和财税政策文件（见表3-5）。由此也可以看出，我国体育服务产业的发展需要各级各类行政机关的重视。我国体育服务产业相关行政机构应相互协调，共同制定和执行体育服务产业政策。从这些具体类别的体育服务产业政策也可以看出，地方政策同样重要，地方政策不仅可以选择需要重点发展的体育产业类

型,还可以直接规定体育服务产业政策的税率,如上海的体育场馆政策和各地的高尔夫不同营业税的规定。因此,在目前全国性体育服务产业政策确定的情况下,地方性体育服务产业的制定和执行对促进我国体育服务产业的发展具有重要意义。

三 我国地方性体育服务产业政策

地方性体育服务产业政策对我国体育服务产业政策的有效发挥具有关键作用,表3-6列出了我国省市级若干体育服务产业政策典型文件,这些政策的具体内容、发布机关和发布时间,较大程度上反映了当地体育服务产业政策的发展水平。一些地方性体育服务产业政策直接规定了若干行为规范,可以直接落实某些国家政策,如《江苏省体育经营活动监督管理规定》(2003)规定了开展体育服务产业经营活动所必需的基本条件和经营体育服务产业必须遵守的各项规则;《北京市体育产业发展引导资金管理办法(试行)》(2010)规定了申请引导资金的具体方案。

通过我国若干地方性体育服务产业政策可以看出,有些地方性体育服务产业相关政策的规定相对比较具体,对体育服务产业的促进作用也比较明显,如江苏省政府《关于加快发展现代服务业的若干政策》(2005)规定了社区体育健身服务可以免征一年到三年企业所得税。《上海市体育场地(所)管理办法》(1985,1994)规定了如何开放和经营体育场地资源,获得的收入如何使用和分配等具体办法。我国地方性体育服务产业政策不仅体现在省级政策文件中,在一些地市级甚至区县级政策中也涉及体育服务产业政策,如苏州市《关于促进服务业跨越发展的决定》(2004)规定了给予经营服务业企业的各项税收优惠和财政补贴政策;《怀柔区促进生产性服务业和文化创意产业发展若干政策(试行)》(2007)规定了对符合体育休闲娱乐业的企业给予各项财政补贴和税收优惠。

通过对我国各个省市体育服务产业政策的分析后发现,我国体育服务产业政策在市场经济初期以管制和规范为主,虽然一些综合性政策规定要给予各种补贴和优惠政策,但是仅限于国有企业,而且也没有形成正式的政策。但是从近几年的政策可以看出体育服务产业的扶持性开始出现在中央和地方体育服务产业政策中。这与我国调整国家产业结构和国家大力推进服务业发展的政策背景有直接关系。但是通过对我国不同地区体育服务产业政策的比较可以看出，还有很多省市的体育服务产业政策并不具体，依然以宏观性政策为主，很难直接操作，需要其他政策配套或跟进。也有不少省市依然把体育服务产业列为娱乐业范畴，使体育服务产业享受不到服务业政策和文化产业政策的优惠，如上海市的服务产业政策就不包括体育服务产业。

表 3-6   我国省市级体育服务产业政策一览

专门政策	发布机关	发布时间（年）
《关于加快发展体育产业的实施意见》	江苏省政府	2010
《江苏省体育产业发展引导资金使用管理暂行办法》	江苏省政府	2011
《关于促进体育产业发展的若干意见》	北京市政府	2007
《北京市体育产业发展引导资金管理办法（试行）》	北京市体育产业部门联合会议	2010
《浙江省关于加快发展体育产业的实施意见》	浙江省政府办公厅	2010
《山西省关于加快发展体育产业的实施意见》	山西省政府办公厅	2011
《江苏省体育经营活动监督管理规定》	江苏省政府	2003
《内蒙古自治区体育市场管理条例》	内蒙古自治区政府	1999
《天津市体育经营活动管理办法》	天津市政府	2004
《广东省高危险性体育项目经营活动管理规定》	广东省人大常委会	2007
相关政策		
《上海市体育场所管理办法》	上海市政府	1994
《江苏省体育设施管理办法》	江苏省政府	1997
《陕西省体育场馆管理条例》	陕西省人大常委会	1997
《关于加快发展现代服务业的若干政策》	江苏省政府	2005
《关于进一步加快发展服务业的若干政策意见》	浙江省政府	2011
《北京市体育竞赛管理办法》	北京市政府	2006
《浙江省体育竞赛管理办法》	浙江省政府	2007
《河南省武术学校、习武场所管理办法》	河南省政府	2000
《北京市关于学校体育设施向社会开放的指导意见》	北京市政府	2007

从我国整体地方性体育服务产业政策内容可以看出，我国不同省市之间存在较大差异，到目前为止只有少数省市体育服务产业能够得到地方政府扶持和税收优惠。相关性政策对体育服务产业的扶持力度差距很大，对执行《加快发展体育服务产业的指导意见》的态度不同，有些省市把体育服务产业列为服务业范畴，而有些省市并不把体育服务业列为服务业范畴。但是从我国整个服务业税收降低趋势、地方性调整税权的增加和地方性文化、旅游和娱乐业普遍降税的现象看，我国地方性体育服务产业的优惠政策是我国体育服务产业将来发展的重要内容。

第四节 我国体育服务产业政策基本特征

我国体育服务产业政策特征是指我国体育服务产业政策在较长的一段历史时期内形成的，具有稳定性和长期性且区别于其他政策或产业政策的性质。主要体现为客观必然性、迫切性、低效性、依附性、松散性和目标对象的复杂性。随着时间的变迁，这些特点可能会有所减弱或消失，也可能体现为其他新的特点。

一 客观必然性

体育服务产业是我国市场经济发展的产物，本应该依靠市场机制来协调各种关系，但是我国体育服务产业依然是幼小产业，还没有形成良好的体育服务市场环境。在我国体育经济活动领域，"市场失灵"非常普遍，最典型的是体育服务产业中很多体育经济活动外部性非常强，如体育赛事、高尔夫和体育场馆的经营和管理。经济活动的外部性是指该经济活动会对不相干的第三人产生获利或者增加成本的现象，即外部正效应和外部负效应，体育赛事体现出较强的正外部性，高尔夫则体现出较强的负外部性。如我国目前的高尔夫球场的运营，投资者虽然能够通过运营获得较好的经济效益，但这是以牺牲更大的土地成本和优质管理成本为代价的。这些体育服务产业市场活动中的"市场失灵"现象对体育服务产业政策具有必然需求性。

新兴产业保护理论的观点是：经济发展落后国家的新兴产业发

初期，由于还达不到经济规模并缺乏经验，需要采取必要的政策对其进行扶持，使其尽快成长，然后与发达国家进行竞争。相对于发展中国家来说，我国体育服务产业是新兴产业，需要一定的政策支持，使其不断强大，然后与发达国家进行竞争。在目前全球化背景下，发达国家体育中介市场具有很强的国际垄断性，具有一定规模的中介公司已经占据了大部分国际市场。由于我国资本市场发展不足，自发投资水平低，无法通过市场机制筹措足够的资金，需要政府政策引导和扶持甚至需要国家直接投资，为体育中介业发展提供足够的资金。通过这一系列的政策有重点、有步骤地配置体育服务产业资源，做到有所为、有所不为，实现非均衡性增长，从而实现我国体育中介业的快速发展，缩短追赶先进国家所需的时间。

在产业发展理论中，某一产业的高速增长往往伴随着产业结构的剧烈变化过程，产业结构的快速转变会导致该产业出现生产能力过剩、退出障碍或长期低迷问题，甚至会引发社会问题。在具体产业中，则表现为某类产业的过剩或者急剧衰退，需要产业政策进行早期防御和适当引导。比如，在我国20世纪90年代初期到21世纪初的20年时间里，保龄球馆的经营曾一度急剧增长，然后快速饱和与衰退。由于当时数量增加迅速，分布过于集中，竞争异常激烈，催生了惨烈的价格大战，最终导致我国资金大量外流和保龄球馆的大量倒闭，以及目前保龄球行业的长期低迷。

我国竞技体育政策大大促进了竞技体育的发展，汽车产业政策、文化产业政策和旅游产业政策等也都对本产业的促进和发展起到了非常重要的作用。通过政策干预体育服务产业也应该是我国体育服务产业快速发展的必要途径。

二　迫切性

体育服务产业是我国服务业的重要组成部分，是优化我国产业结构和吸纳就业人口的重要途径之一。体育服务产业也是加快我国体育事业发展和建设体育强国的重要途径。对体育服务产业发展进行政策干预是体育服务产业快速发展的有效途径，目前我国体育服务产业市场，尤其是职业体育市场和体育中介市场有国外资本的激烈竞争，必须通过政策手段快速提高我国体育服务产业的国际竞争力。

在产业发展过程中，市场价格机制只能短期调节供给和需求，调节产业长远发展的功效非常小，价格在开拓体育服务产业的某一新领域方面（如体育赛事产业和体育中介业），投资者会非常被动、小心和谨慎，政府必须帮助企业解决在体育服务产业成长阶段所面临的困难。通过访谈和调查发现，我国体育赛事产业和体育中介产业是体育事业和体育产业迫切需要加快发展的产业类型。另外，在某一新领域一旦出现明显的高利润，也容易形成该产业的过度膨胀和受到意外成本增加的威胁。目前我国健身会所的过度膨胀和受房租成本增加的威胁已经难以通过价格来调整。健身会所的倒闭和新开健身会所并存的现象急需政策调整，以保持健身会所的可持续发展。再如目前我国高尔夫球和台球也急需政策调整。通过对高尔夫球周刊公布我国每年增加的高尔夫球场数量看，从2000年开始，我国高尔夫球场数量每年增长20%—30%，对膨胀的高尔夫球市场，必须采取限制性政策，以防止高尔夫球市场的剧变带来的负面作用。通过对上海市高尔夫球市场和台球市场的调查发现，在2010—2011年已经出现了由于供给过多造成的高尔夫球场地经营危机现象和大量台球馆倒闭的现象。

我国现有政策已经体现了加快发展我国体育服务产业和提高体育服务产业竞争力的内容，如《关于加快发展体育产业的指导意见》《体育事业"十二五"规划》《体育产业"十二五"规划》突出了增加体育服务产业规模和加快体育服务产业发展速度的内容。其中特别提出了保障措施，提出给予若干体育服务产业经营主体水电、融资、税收等方面的优惠。但是这些政策内容急需相关职能部门的配套政策和地方政府出台具体执行方案，使这些优惠内容能够真正落实。

三　低效性

我国体育服务产业政策对体育服务产业的发展起到了一定的引导、规范和鼓励作用。但是通过对全国若干政界、学界和业界专家进行问卷调查后发现我国体育服务产业政策的作用并没有充分发挥，或者对我国体育服务产业发展的推动力不足，体现出一定的低效性。我国体育服务产业政策的低效性表现为体育服务产业政策内容没有完全在现实中兑现，或者没有达到体育服务产业发展的预期目标。对45位国内专家调查显示：66.7%的人认为，我国体育服务产业政策对整个体育服务产业仅仅起到了一般促进作用，且有8.9%的人认为起到的作用较小。我国体育服务产业政策的低效性还表现为在多数地区执行效果较差，在少数沿海地区执行效果较好。

造成我国体育服务产业政策低效性的原因是多方面的，首先是政策本身，如体育服务产业政策内容过于宏观、缺少配套政策，政策手段多为号召性的信息传达方式，这些都是导致体育服务产业政策执行效果不高的原因。[1] 体育服务产业政策的有效实施必须依靠各级政府出台配套政策或者可操作性的地方实施政策。但是很多地方并没有出台相应的操作规范，或者地方政策依然宏观而没有可操作性。从目前的情况来看，政策的落实程度依然较小，需要地方出台可执行的落实政策或执行方案。其次是体育服务产业政策的制定和实施多受到体育行政部门的重视，但是并没有受到其他行政部门和地方政府的足够重视。而体育服务产业政策的执行是涉及多部门的产业，如财政、税务、土地等。体育行政部门既没有太多的行政执法权，又没有足够的沟通能力与其他职能部门协调，是导致体育服务产业政策低效的重要原因。

我国体育服务产业经营主体或企业本身素质也是导致体育服务产业政策低效的原因。日本产业结构转换成功的基础在于优良的产业素质，从而避免由此而产生的"腐败、低效及不负责任"之类的弊病。[2] 产业政策的执行效果不仅限于政府的行为和能力，还会受到企业状况影响。[3] 我国体育服务产业发展水平低、涉及面广、种类繁多、交叉性强等很多特点导致了体育服务产业经营主体难以对政策作出较好的反应。我国绝大多数体育服务产业经营主体的法律政策意识很低，通过对江、浙、沪地区的体育服务产业经营主体进行调查后发现，一半以上的中小民营企业从来没有关注过体育服务产业政策；同时也存在少数投机性体育服务产业经营主体，通过合法而非合理手段

---

[1] 丁煌：《政策执行阻滞机制及其防治对策——一项基于行为和制度的分析》，人民出版社2002年版。

[2] [日]饭田经夫等：《现代日本经济史》，中国展望出版社1987年版，第512页。

[3] 周建华：《产业政策的经济理论系统分析》，中国人民大学出版社1998年版，第11—12页。

获得利益。

四 依附性

首先是体育服务产业属于我国第三产业范畴和服务业范畴，体育服务产业政策在体育服务产业政策目标的设置上，依附于我国第三产业和服务业发展政策。体育服务产业政策在一定程度上也是将体育服务产业作为调整和优化我国产业结构的手段而制定的。其次是体育服务业政策内容多分布在其他政策中，如我国第三产业政策、服务业发展政策、文化产业政策和旅游产业政策都将体育服务业列为其发展的范畴或者将体育视为本产业的发展素材。一些地方政策已经将体育服务产业列为现代服务业发展范畴并享受服务业相关优惠政策，也有一些省市直接制定包括体育在内的休闲旅游政策。最后是体育服务产业政策的有效实施依赖于其他政策所使用的政策手段。体育服务产业税费优惠政策常常依附于服务业的税费手段，也由于体育服务产业属于大文化范畴而依附于文化产业政策手段，北京体育服务产业引导资金就依附于北京文化产业政策手段。一些特殊的体育服务产业类型还体现出对其他政策更强的依附性，如高尔夫球产业政策对我国体育土地使用政策、房地产政策和旅游政策的强依附性，我国高尔夫球产业的整个发展历程也是受这些政策的引导、规范和约束。

首先，我国体育服务产业政策对其他产业政策的依附性是由体育服务产业本身发展水平、政策发展规律和体育部门的工作重点所决定的。体育服务产业对国家 GDP 具有一定的贡献率，但是由于受我国体育发展体制和人们体育消费习惯的影响，体育服务产业对 GDP 的贡献率非常小，对国家经济结构优化和调整的影响力较弱。体育服务产业对经济的影响作用还仅限于作为服务业成分、文化产业成分或旅游产业成分而产生的影响作用，因此体育服务产业政策也只能依附于其他产业政策来落实。其次，政策的制定和执行遵循协调性原则，体育服务产业政策的制定和执行必须与相关政策相协调，以节省政策成本。最后，发展体育服务产业并不是目前我国体育行政部门的工作重点，很多体育行政部门依然是重竞技体育的工作模式。与文化行政部门和旅游行政部门相比，体现出体育服务产业政策诉求动力和能力的严重不足，而必须依附于其他产业政策。

五 松散性

我国体育服务产业政策的松散性，一方面体现在政策具体内容的松散性，另一方面体现在体育服务产业政策过程的松散性。在内容方面，关于体育服务产业的政策规定散布在体育政策、体育产业政策、第三产业政策、服务业政策、文化产业政策甚至是旅游产业政策中，这也是我国体育服务产业政策对其他政策具有依附性的原因所在。体育服务产业政策的松散性，要求体育服务产业政策必须与其他政策相协调，以提高体育服务产业政策的执行力。但是又由于现实中并没有充分得到其他行政机关的支持或者重视，难以实现政策的协调执行，从而导致执行过程的松散性。

我国体育服务产业政策过程的松散性，首先体现在我国体育服务产业政策内容的设定过程，在内容设定时，缺少体育服务产业经营主体、社会公众和社会团体意见表达机制。其次是在我国体育服务产业政策执行过程中常常缺少具体的执行方案，不能将政策责任归属到具体的部门和具体的负责人；由于不需要承担政策执行不作为的责任，即使国家规定了应给予体育服务产业政策一定的优惠，但是也常常得不到地方税务和财政的执行。最后是我国体育服务产业政策的信息传递处于松散状态，一方面缺少体育服务产业政策的宣传；另一方面体育服务产业经营者的政策意识不强，不能积极主动索求政策信息。

六 目标对象的复杂性

我国体育服务产业是我国二元经济发展模式的产物，产生了我国体育服务产业系统外和系统内两大类经营方式。系统内外具体的经营模式也比较复杂，系统内体育场馆的经营就有事业单位模式、承包模式、公司化模式。民营企业经营方式有公司经营模式、个体经营模式，以及外资企业经营模式和国外分公司经营模式等。

体育项目的多样性和差异性，是体育服务产业经营内容复杂多样的客观因素。如具有很强的经济外部性的体育赛事产业、占地面积庞大的高尔夫球产业、以强身健体为主的健身会所产业等。再如有传统性非常强的民间体育产业和现代性比较强的现代体育项目产业。在某一类体育服务产业经营中，同样具有多样性和复杂性，如体育赛事中的职业体育赛事、竞技体育赛事、民营商业体育赛事、非营利性体育赛事等。

体育服务产业政策目标群体的复杂性为体育服务产业政策的制定和执行增加了难度，基于国家政策资源的有限性和政策制定的可行性，全国性体育服务产业政策内容难以具体化或者细化，这就需要地方政府发挥政策制定和实施的能动性，根据本地区体育服务产业发展的需要，制定适合本区域体育服务产业发展的地方政策或者地方执行方案。

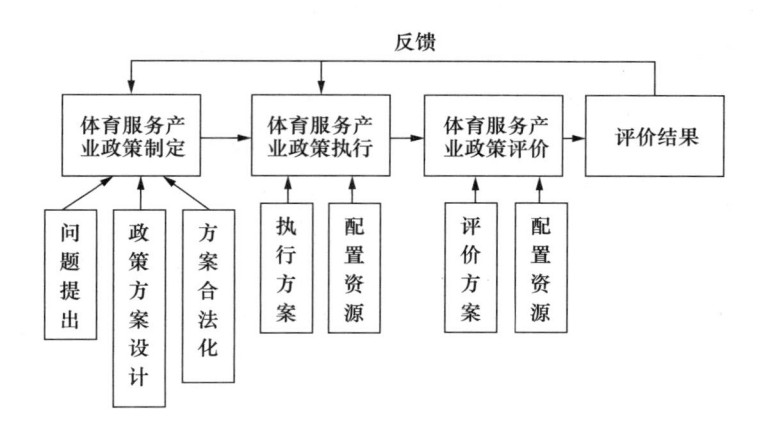

第四章 我国体育服务产业政策运行过程

我国体育服务产业政策的运行过程是指我国体育服务产业政策制定、执行和评价等一系列的动态过程。我国体育服务产业政策的运行过程的每一个环节都对政策最终能否发挥作用起到重要的影响。分析和研究我国体育服务产业政策运行过程，审视和评价我国体育服务产业政策运行过程中的若干问题，并找出背后的原因，是完善我国体育服务产业政策和优化我国体育服务产业发展的重要环节。如图4-1所示，体育服务产业政策制定机关首先分析和确定体育服务产业问题，针对体育服务产业发展问题设计解决问题的方案，即确定政策内容，然后将政策方案合法化，即相关行政机构发布政策文件。政策文件发布后，进入政策执行程序，执行机关要首先设计体育服务产业政策执行的具体的实施方案，即落实体育服务产业政策的各项任务分配，主

图4-1 体育服务产业政策运行过程

要为一些实施办法、实施细则等；同时要配置必要的资源，因为很多执行活动需要相关的人来完成，需要必要的人力、物力和财力资源投入。然后是对体育服务产业政策的评价，通过对体育服务产业政策实际发挥的作用进行评价，以判断哪些政策已经失效需要废除，哪些政策需要调整并反馈到政策制定环节，哪些政策需要调整执行方式反馈到政策执行环节。

第一节 我国体育服务产业政策的制定

一 发现问题和设计政策方案

政策的制定是一个以政府为主的决策过程，这一过程应当集思广益，以解决政府面临的社会问题为目的。这一过程要尽量防止决策者的主观随意性和对问题分析的片面性，确保政策的客观性、全面性和科学性。[1] 体育服务产业政策的制定必须通过各种渠道收集各种信息，以满足国家经济发展的需求、体育发展的需求和体育服务产业发展的需求为目的，解决体育服务产业发展中存在的各种问题或防止将来可能发生的问题。在我国社会主义市场经济制度还没真正确立时，体育发展模式简单，比较容易发现体育事业中存在的问题，如体育事业发展经费不足，场馆开放率低和开放成本高，体育彩票发行混乱。在当时的历史条件下，设计解决这些问题的政策方案也比较准确，如1984年中共中央《关于进一步发展体育运动的通知》规定对场地有偿开放；1991年国务院《关于加强彩票市场管理的通知》对发行彩票资格审批和清理发行私彩进行规定。而在社会主义市场经济制度确立初期，也是我国体育服务产业问题的多发时期，国家必须对当时的问题及时解决，对政策方案作出快速决定，很多政策没有足够的时间征求各界意见；在当时的历史条件下，社会对体育服务产业发展问题的认识水平相对较低，也难以提出非常科学的政策方案。1994年《关于

---

[1] ［美］保罗·A. 萨巴蒂尔（Paul A. Sabatier）编：《政策过程理论——公共政策经典译丛》，彭宗超、钟开斌等译，生活·读书·新知三联书店2004年版，第276页。

加强体育市场管理的通知》和1996年《关于进一步加强体育经营活动管理的通知》对我国体育市场活动作出的严格限制性规定就体现了对当时体育服务产业发展状况估计过于消极的结果。这也是这两项政策在整个有效期内，对体育服务产业的总体促进作用较小的原因所在。随着社会的不断发展，我国体育服务产业问题越来越多，也越来越复杂。到目前为止，我国政府机关已经难以独立判断哪些体育服务产业问题需要通过政策来解决和应该如何设计体育服务产业政策方案来应对体育服务产业发展问题。目前，各类媒体、科研组织和经营者在提出体育服务产业发展问题方面和提出政策方案设计方面都比较积极，我国体育服务产业政策制定者也会通过这些渠道积极收集信息以设计科学的体育服务产业政策方案。但是目前我国政策制定机关采纳经营者的建议较少，较多倾向于采纳科研组织或科研专家的建议。如最新发布的《体育事业"十二五"规划》和《体育产业"十二五"规划》中关于体育服务产业内容的设计，参与献计献策的人员多是高校或科研组织机构的专家和学者，几乎没有经营者的参与。在以后的体育服务产业政策方案设计中，应该在一定程度上考虑经营者的诉求以提高政策内容的科学性。

二 政策方案的确定

体育服务产业政策内容的确定必然会受国家制度的影响，当然体育服务产业政策也会在一定程度上调整制度，但是干预力度很小。我国体育服务产业政策的制定是以服务我国市场经济制度为主的，如1993年《关于深化体育改革的意见》和国家体委《关于培育体育市场，加快体育产业化进程的意见》就是在1992年国务院《关于加快发展第三产业的决定》的政策背景下制定的。2010年国务院办公厅《关于加快发展体育产业的指导意见》中若干体育服务业发展扶持政策规定也是在2007年国务院《关于加快发展服务业的若干意见》和2008年《中华人民共和国营业税暂行条例》的前提下才得以出台的。地方性体育服务产业政策的制定不仅受国家经济制度的影响，还会受当地社会发展制度的影响。在江苏省大量的政策文件中关于体育服务产业政策方案的设计与江苏省加快产业结构调整和加快服务业发展的制度环境是有必然联系的。江苏省政府早在2005年就出台了《关于加快发展现代服务业的若干政策》，并明确列出了可以享受各种优惠政策的服务业名录和具体的优惠税率。而邻近的上海市和浙江省在产业结构调整和加快发展服务业方面就没有跨越式的政策规范，体育服务产业政策方案的设计处于被忽略和走形式的状态。

政策的制定过程是对前期政策内容不断审视，在原来政策内容的基础上不断完善的过程。由于政策本身具有时效性和人们认识事物有限理性的存在，已经制定好的政策在经过一定时间后，可能会与社会需求产生偏差。[①] 因此在制定新的体育服务产业政策时，必须分析原有的所有体育服务产业政策内容，对可以继续适用的政策给予保留，对不符合体育服务产业发展需求和偏离市场经济制度的政策给予调整，对背离市场经济制度的内容给予终结，以防止体育服务产业政策内容的冲突。通过分析我国体育服务产业政策体系发现，多数体育服务产业政策确定时，对已有政策内容的分析比较全面，如全国性常规性的五年"体育事业发展规划"、"体育产业发展规划"和一些以中央或国家名义出台的政策文件都体现了较强的继承性和创新性。但确实也存在一些体育服务产业政策的制定并没有充分分析已有相关政策的规定，如一些省市制定的地方性"关于加快体育产业发展的实施意见"对体育服务产业政策的设计没有充分分析中央和地方的体育服务产业政策和最新的税费政策，导致政策内容仍然比较宏观，对体育服务产业的促进作用受到限制。而江苏和浙江制定的《关于加快体育产业发展的实施意见》就较充分地分析了相关政策，江苏规定体育服务产业税率使用一切服务业的优惠政策，浙江确定了高尔夫球营业税适用10%税率，其他列入娱乐业征税的体育项目营业税适用5%税率。

政策的制定过程是一个利益诉求过程和政治过程。通常情况下，各种利益集团、不同层级或不同类别的行政机构、科研机构和新闻媒体等众多行动者会参与政策过程的某一环节或多个环节。每一个行动者对政策的认识、对政策的价值偏好、政策对自身利益的影响等都有

[①] 张颖：《中国大众体育政策制定情况与执行者现状研究》，硕士学位论文，北京体育大学，2006年。

所不同，这会导致政策的产生比较复杂和漫长。① 到目前为止，上海和北京依然没有出台"加快体育产业发展的实施意见"，是税务、财政、规划、文化等若干部门的意见未能达成统一的原因，也是这些部门对体育服务产业发展的价值取向和利益权衡没有统一的结果。体育服务产业经营主体特别是民营主体在我国体育服务产业方案的设计中表达意见的机会非常少，即使有表达的机会也难以受到重视，在正式确定体育服务产业发展方案时，主要以科研智囊团和政策制定者的价值取向为主的精英决策模式来确定我国体育服务产业的政策内容。我国体育服务产业政策的确定也因此减少了政策制定的复杂性、节省了一定的政策制定成本。在一定的历史条件下，通过这种方式来确定体育服务产业政策是可取的，但并不是一劳永逸的，除非政策制定者能在政策制定时充分考虑经营者的利益需求，实现经营者的利益诉求，使政府利益和经营者之间的利益始终处于均衡博弈状态。

政府或其决策机构在制定政策的过程中，要从政策执行的角度审视政策的科学性，预测政策执行过程的实际功效。体育服务产业政策方案的设计受限于某事某地的社会环境，预计各相关利益主体对政策内容的接受程度，各利益主体对政策的反应等。② 体育服务产业政策的制定必须考虑相关执行主体是否会执行政策内容和体育服务产业经营主体是否会理解政策内容，否则制定出的政策文件可能会成为纸上谈兵，无法发挥实际功效。在我国体育服务产业政策内容的制定中，曾经出现过忽略执行环节的案例，如1996年《关于加强在役运动员从事广告等经营活动的通知》，对运动员进行广告活动的严格限制，使很多运动员不满，导致一系列的事件发生，最终该政策被迫失效；再如2005年《体育服务认证管理办法》，是对体育服务质量认证工作和认证资格的规定，但进行认证的企业数量非常有限。一些地方政策制定机构也常常为了制定政策而制定政策，甚至以政策的数量来判断

---

① [美]查尔斯·E. 林布隆：《政策制定过程》，朱国斌译，华夏出版社1987年版，第57—63页。
② 王满船：《公共政策手段的类型及其比较分析》，《国家行政学院学报》2004年第5期。

政策制定部门的工作成绩，而忽视政策执行效果，导致体育服务产业政策发挥的作用较小。这些忽视执行环节的政策制定不仅浪费政策制定资源，还对政策的公信力产生一定的负面影响。

三 政策手段的选择

政策手段的选择是确定政策方案中的重要环节。在设计政策方案时，必须确定达到政策目的的方法和措施。如宏观引导、行政审批、规范和约束、调控税费、财政补贴等都是常用的政策手段，也往往被称为政策工具。[①] 宏观引导性政策多以纲要、规划、意见等文件体现，多以号召和规劝的形式引导和调整政策执行者和政策目标群体的行为，如《关于培育体育市场，加快体育产业化进程的意见》（1993）、《体育事业"十一五"规划》（2006）等。体育服务产业政策使用的手段多为宏观引导性手段，这些政策的执行往往是自愿的，对政策执行机关没有强制性要求，可以直接鼓励体育服务产业经营者投资体育服务产业或者对体育服务产业经营增加信心。

行政审批是一种典型的强制性政策手段，直接规定某些行为必须通过行政机关的批准，否则是严格禁止的。在我国社会主义市场经济制度初期使用较多，几乎所有的经营活动都需要行业主管部门的许可才有资格获取市场经营权，如经营体育健身娱乐业或者举办体育比赛必须通过体育行政部门的许可。随着我国 2003 年《行政许可法》的颁布和大批行政许可事项被清理，除健身气功、登山等几项特殊的许可事项保留审批权外，其他所有的体育经营许可事项都已经取消。随着我国整体市场经济制度和法律制度的完善，行政审批已不是我国体育服务产业政策使用的主要手段。

规范或约束性政策手段是一种自愿性和强制性相混合的政策手段。在社会主义市场经济制度不完善时，主要对体育服务产业从业者的资格和行为进行规范和约束。在目前社会主义市场经济制度比较完善的情况下，规范性政策的功能已经由市场法律规范所取代。但是垄断性的体育彩票政策比较特殊，依然以规范和约束的政策手段调整体

[①] 王满船：《公共政策手段的类型及其比较分析》，《国家行政学院学报》2004 年第 5 期。

育彩票的发行、销售、彩票基金的分配。

目前体育服务产业政策的主要目的是采取扶持性政策以加快体育服务产业的发展，而这些扶持性政策必须依赖税费和财政手段实现，而这些财政税费手段与规范性手段相结合才能达到目的，因此财税政策和规范性政策手段是相互融合的。在我国很多宏观性的体育产业或者体育政策文件中，多次提出给予税费减免、财政补贴等，但是如果没有规范性政策手段落实的话，则很难实现政策目的。2008年颁布的《中华人民共和国营业税暂行条例》明确规定了彻底降低体育服务产业的营业税，并且规定地方政府可以根据税率上下限确定地区税率。地方性体育服务产业财税政策依然需要靠规范性政策来落实，如《北京市体育产业发展引导资金贷款贴息管理办法（试行）》（2010）和《江苏省体育产业发展引导资金使用管理暂行办法》（2011）都是使用了规范性政策手段。

各种税费和财政手段是体育服务产业扶持政策的核心手段，而税费和财政调整直接涉及政府利益和相关部门利益，税费优惠和财政补贴直接减少政府的财政收入和增加财政部门的压力，这也是采取规范性手段保证财税得以落实的原因所在。政府的财政能力是有限的，在体育服务产业方面进行投入，必然会减少其他领域的财政投入。因此只有国家将体育服务产业与其他产业权衡比较后，认为体育服务产业确实需要扶持，对整个国家实力的快速发展具有必要性时，才会对体育服务产业政策降税或给予财政补贴。在我国多次对文化、娱乐、服务业税费的政策调整中体现了体育服务产业在我国经济发展中越来越重要的位置，体育服务产业政策方案也才得以真正使用财税政策手段。地方政府也会因为体育服务产业的发展对本地区综合实力具有重要作用，在地方行政权限内给予各种税费优惠和财政补贴。

四 政策方案的合法化

政策方案的合法化是指政策方案通过政策制定机关正式发布，并公之于众，从而获得对社会的约束力的过程。政策文件的正式颁布标志着政策制定程序的完成。[①] 全国人民代表大会、中共中央、国务院、

---

① 张金马：《公共政策：学科定位和概念分析》，《北京行政学院学报》2000年第1期。

国务院办公厅、各部委和直属机构,以及地方省市人大、政府、政府办公厅、政府若干部门等主体都有发布政策文件的权力,并且不同的主体发布的文件具有不同的表现形式,政策的效力范围和执行力也因此有所不同。一般情况下政策发布机关的权威级别越高,政策的执行力越强。[①] 全国人大、中共中央、国务院和国务院办公厅等发布的政策文件级别最高、效力范围最大,部委和直属机构发布的政策文件效力只限于本系统内。地方政府发布的政策执行力强,政府办公厅次之,地方职能部门发布的政策效力最小。在社会各项事业的发展过程中,我国行政管理条块分割不断弱化,多部门联合发布政策文件的现象越来越普遍,多部门联合发布的政策执行力也大于单部门发布的政策执行力。

到目前为止,我国还没有以"体育服务产业政策"为名的政策文件颁布,我国体育服务产业政策方案的合法化是指包含体育服务产业政策的文件正式颁布。在我国社会主义市场经济初期,体育服务产业政策主要由体育行政机关制定,并以部门规章或规范性文件的形式颁布,如1993年国家体委制定的《关于深化体育改革的意见》以及其中的附件五:《关于培育体育市场,加快体育产业化进程的意见》。因此该政策的执行效力也比较有限,主要以开发体育系统内的体育资源为目的,以加快发展我国国有企业形式的体育服务产业的发展为目标。政策文件中所指的体育产业是狭义的体育产业,也是目前所谓的体育服务产业。在市场经济制度建立初期,体育行政部门发布的体育服务产业政策,能够在一定程度上得到执行;但是随着市场化程度的不断提高,体育服务产业与服务业、文化产业、旅游产业的融合性越来越强,体育部门发布的体育服务产业政策效力越来越小。近几年,体育部门几乎不再单独发布体育服务产业政策。除我国常规性体育事业发展规划和体育产业发展规划外,一般都与其他机关联合发布,如《游泳场所卫生规范》(卫生部、国家体育总局,2007)、《关于加强各类武术学校及习武场所管理的通知》(公安部、教育部、国家体育

[①] 王书彦、周登嵩:《学校体育政策执行力的评价指标体系》,《体育学刊》2010年第6期。

总局，2000)、《关于构建合理演出市场供应体系，促进演出市场繁荣发展的若干意见的通知》（国家发展改革委、文化部、公安部、监察部、财政部、税务总局、广电总局、国家体育总局、工商总局，2008)。甚至很多非体育行政机构，因为其较强的管理权而独立合法化某些体育产业政策方案，如税务部门对体育服务产业税收的规定，土地部门对高尔夫土地使用的规定。

通过部门联合合法化体育服务产业政策方案是提高体育服务产业政策执行效果的重要环节，高级别行政机构合法化体育服务产业政策方案也可以提高体育服务产业政策的执行效果，如国务院《关于加快发展服务业的若干意见》(2007)和国务院办公厅《关于加快发展体育产业的指导意见》(2010)都会因为发布机关级别高而引起地方政府对体育服务产业政策的积极执行。地方性体育服务产业政策方案的合法化机构的级别也会影响地方体育服务产业政策的执行效果。

通过以上体育服务产业政策内容的合法化机关可以看出，政策发布机关的联合程度、发布机关的职权范围和发布机关的级别是保证体育服务产业政策有效执行的重要环节。但是要实现这些条件有时候是比较艰难的，特别是目前以扶持体育服务产业发展为主的趋势下，需要不同部门舍弃部门利益而让利于体育服务产业经营者，有些相关部门并不乐意给予支持。随着我国体育服务产业各项扶持政策和配套政策的不断完善，以及个别地方体育服务产业扶持政策显现一定成效时，各相关部门可能会趋向于支持体育服务产业政策的颁布和实施。

五　地方体育服务产业政策制定

从我国体育服务产业政策制定过程各个环节看，地方性体育服务产业政策的制定是我国体育服务产业政策制定工作中非常重要的环节，与全国性体育服务产业政策的制定也有许多共同之处。但地方性体育服务产业政策的制定与全国性体育服务产业政策的制定相比有很多不同之处，地区间体育服务产业政策的制定也存在较大差别。

地方性政策的制定是地方政府的重要行政职能之一，地方政府不仅有制定政策的职权，同时也承担着全国性政策执行的义务，因此多数地方性政策的制定过程也是全国性政策的执行过程。① 地方性体育服务产业政策的制定主要是以全国性体育服务产业政策为依据来确定地方性体育服务产业政策方案，如江苏省政府《关于加快发展体育产业的实施意见》（2000）就是以实施国务院办公厅《关于加快发展体育产业的指导意见》（2000）为主而制定的。我国省级部门机构和市级政府也有制定体育服务产业政策的权力，而这些市级政策的制定，同时也是以全国性和省级体育服务产业政策为依据，如江苏省发改委《关于加快现代服务业集聚区建设的若干意见》（2007）就是根据全国性和江苏省服务业政策为依据制定的；《无锡市体育经营活动管理条例》（2008）也是根据《江苏省体育经营活动监督管理规定》为主要依据制定的。这些地方性体育服务产业政策制定系统与全国性体育服务产业政策制定的有机结合是我国体育服务产业政策有效发挥作用的保障。

由于一些全国性体育服务产业政策比较宏观，地方性体育服务产业政策在依据国家政策制定地区政策时，往往具有较大的自主空间。国家政策也很少强制要求地方政府必须制定地方性体育服务产业政策，地方政府制定地方性体育服务产业政策只是为了执行国家级政策和实现对地方体育服务产业的有效管理。如果体育服务产业发展良好，或者目前的管理方式能够较好地促进体育服务产业的发展，制定地方性体育服务产业政策并不是必需的。因此在某一时间段内有些地区没有体育服务产业政策的制定，有些地区制定的体育服务产业政策比较宏观，也有一些地区制定的政策比较详细和具体。比如在20世纪80年代，上海首先制定《上海市体育场地管理办法》（1985），具体规定了公共体育场地如何经营、所得经济收益如何使用以及如何确保体育公共服务质量等，并且在1994年进行了修改，重新以《上海市体育场所管理办法》发布，而在当时其他地区还没有专门的体育场馆的经营管理政策。江苏省1997年制定了《江苏省体育设施管理办法》，其中也只规定需要消耗水、电、气或者器材有损耗的，可以适

---

① 胡象明：《论地方政策的决策模式》，《武汉大学学报》（哲学社会科学版）1997年第2期。

当收费，并没有关于如何实现和提高经济价值的规定；河南省2000年制定了《河南省武术学校、习武场所管理办法》，由此也可以看出上海市体育场馆政策具有较大的超前性和时代性。

从近几年我国地方性体育服务产业政策的制定情况看，江苏省和北京市是我国体育服务产业政策制定投入较多，政策内容比较具体和规范，执行效果也相对较好的地区。甚至北京市一些区政府和江苏省的一些县级市政府也制定了一些体育服务产业发展政策，并在很大程度上得到落实，如《江阴市关于加快发展体育产业的实施意见》。浙江、湖南、湖北和河南对体育服务产业政策的制定也比较积极，近两三年的时间里，从省级层面发布了若干项与体育服务产业发展有关的政策文件。但是有专家反映，这些省的体育服务产业政策执行效果都弱于江苏省。

地方性体育服务产业政策制定的内容、文件发布的数量和发布形式与本地区的经济、政治、法律和文化等因素有密切关系。政策制定者往往会分析和权衡这些因素，决定制定或者不制定体育服务产业政策、制定什么政策内容、以何种形式的文件发布等。因此不能简单地以政策的数量和内容判断任何一个地区体育服务产业政策制定情况的好坏，必须结合本地区的体育服务产业政策环境，从体育服务产业政策对本地区体育服务产业的综合促进作用来判断政策制定的质量。

第二节 我国体育服务产业政策的执行

一项政策方案合法化之后，接着便是政策执行过程的开始。这一过程的侧重点是从政策制定机构到政策执行机构的转化。政府的各个分支执行机构（如各个部、各个司局等）被赋予的职责和任务就是执行政策。整个过程需要拟订执行细则，确定专职机构，配置必要的资源，以适当的管理方法，采取必要的对应行动使政策方案付诸实施，如发布命令、订立契约、传递信息、委派人员、创设机构等。① 因此政策的执行方案要确保机构、人员、经费、执行手段的到位。政策的执行也是一种组织行为，政策执行人员要按照明确的组织结构与组织原则，依据一定的权利和职责分配关系，遵循政策运行系统程序和运行方式。

一 我国体育服务产业政策执行过程模式

到目前为止，具有代表性的政策执行模型很多，如史密斯的政策执行过程模型、霍恩和米特的政策执行系统模型、麦克拉夫林的相互调适模型、巴达奇的博弈模型、雷恩和拉比诺维茨的政策执行循环模型、萨巴蒂尔和马兹曼尼安的政策执行综合模型、施能杰的政策执行力的理论模型等。这些政策执行理论都是体育服务产业政策执行的依据，且每一种理论模型由于其选择的视角不同，都有其可取之处，但也有不足之处。我国台湾和大陆学者多按照政策执行的各个步骤分析和研究政策的执行过程，本书将采取以体育服务产业政策的执行流程为主线，在不同的环节借鉴以上各种理论模型来分析和研究体育服务产业政策的执行。

台湾学者林水波则建立了影响政策执行的理论，认为政策内容本身的设计、执行主体（包括执行组织与执行人员）和政策目标群体是影响政策执行的三个主体部分。他认为政策的有效执行必须建立在行政机关的政策设计能力、行政机关良好的咨询系统管理能力、执行机关之间的沟通协调能力、目标群体较好的政策顺从动机基础上，同时要提供合理的执行资源，还要建立各种政策执行力的指标，追踪和评价政策的执行情况。② 台湾学者施能杰根据前人的政策执行理论设计了政策执行模型（见图4-2）③，该模型不仅方便研究政策的执行过程，针对政策的评估也比较方便和简单，对有限资源下的执行与评估研究更具有实用价值。政策执行效果是政策在各相关执行机关间相互

---

① 贺恒信：《政策科学原理》（第二版），苏州大学出版社2010年版，第168—192页。
② 林水波：《强化政策执行能力之理论建构》，台湾行政事务主管部门研究发展考核委员会，1997年。
③ 黄立贤：《政策执行成效与影响因素之研究》，高雄师范大学教育研究所，2005年，第35—46页。

协调共同对服务对象干预,产生干预效果。最终执行产生效果的好坏促使政策执行行为和政策内容的调整,实现政策执行过程更加科学,同时也促使制定新的政策或者修改旧的政策。

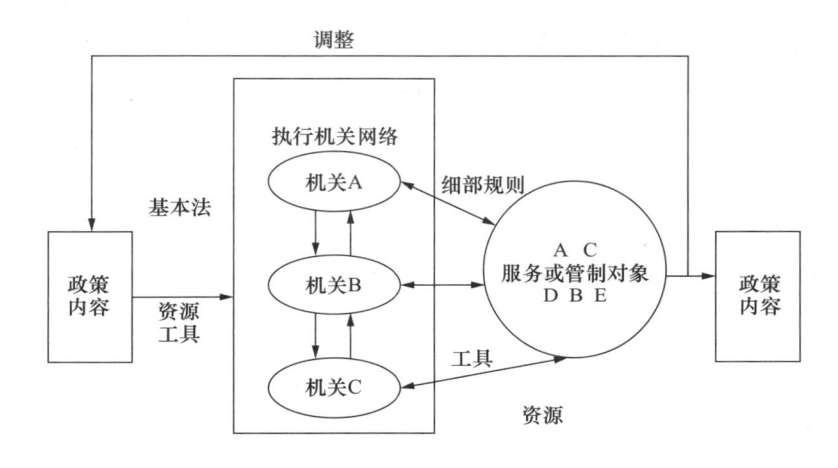

图4-2 施能杰政策执行模型

体育服务产业政策的执行则是对正式发布的体育服务产业政策拟定细则、确定专职机构,配置必要的资源,以适当的管理方法,采取必要的对应行动,使政策方案付诸实施,以达成预定体育服务产业政策目标的所有相关活动的动态过程。本书主要借鉴施能杰的政策执行理论模型,并在此基础上进行改造和细化,构建出我国体育服务产业政策执行过程(见图4-3),其基本流程为各种政策文件出台后传递给相关执行机关,执行机关通过设定执行方案将政策执行任务进行责任分工、确定执行行为细则、确定政策执行所需的财力、选择合适的管理方式,通过这些方案对体育服务产业活动中的各种行为进行干预,使政策方案对体育组织管理活动、体育场馆管理活动、体育健身休闲活动等产生积极影响,最终实现政策效果。最终的政策效果反馈到政策执行机构,执行机构对执行方案进行调整继续产生新的执行效果。政策执行效果也会反馈到政策制定环节,如果引起政策不能有效发挥作用的原因是政策本身不科学,则需通过政策制定环节完善政策内容。政策信息传递也是政策执行的一个关键环节,在特定的环境下，甚至可以独立形成政策执行过程。在一些宏观性政策的执行过程中，只要政策信息传递给政策目标群体，这些政策可能会直接影响他们的经营行为或者投资行为，则可能完成政策执行过程。在各类信息媒体广泛使用的时代，政策信息不只通过行政机关逐级传递给政策目标群体，体育服务产业政策信息还可能会通过网络、报纸、电视等多种途径传递给体育服务产业经营者或投资者。

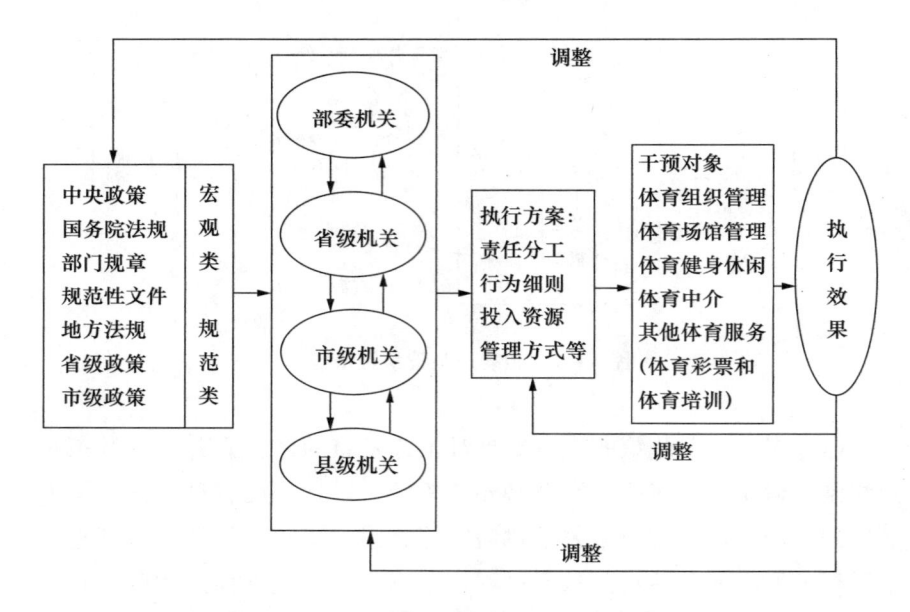

图 4-3 我国体育服务产业政策执行过程

我国体育服务产业政策执行系统是一个多重执行过程，以最高级别体育服务产业政策为核心，结合其他级别或者地方政策的执行形成一种体育服务产业政策执行过程；以地方体育服务产业政策为核心，结合其他配套政策形成一种地方体育服务产业政策执行过程；以某一体育产业类别的政策执行形成一种体育服务产业政策执行过程，如体育彩票执行过程、体育竞赛表演业政策执行过程；每一项具体政策文件的执行都是一种政策执行过程。

我国体育服务产业政策的权威性直接决定了参与执行主体的数量和级别，因此也产生了不同的执行过程。参与体育服务产业政策执行主体会采取不同的执行方案，如不同的责任分工、实施细则、投入资源和管理方式等，也会因此产生不同的执行效果。我国国家级体育服务产业政策，其执行主体不仅包括省及以下的各级政府和相关职能部门（体育局、财政厅、教育厅等），还包括国家级相关职能部门，如国家体育总局、人民银行、财政部、民政部等。但是不同形式的国家级政策的执行力是不同的，中央政策文件和国务院法规性政策文件的执行力较强，部门规章和规范性文件的执行力较弱，如国务院办公厅《关于加快发展体育产业的指导意见》（2010）和《彩票管理条例》（国务院，2009）都有较强的执行力，《关于加强在役运动员从事广告等经营活动的通知》（国家体委，1996）的执行力就较弱。省级体育服务产业政策的执行主体则由省级各职能机构以及市县级政府和相关职能机构执行。一般情况下政策级别越高，涉及的执行部门越多、政策执行的手段相对也较多，如可以制定地方性更具体的政策、可以直接将任务分配给已有行政部门、可以直接发布政策信息等。

体育服务产业政策的具体程度对体育服务产业政策的执行也会产生较大影响。对于宏观的体育服务产业政策，执行机关没有直接操作的依据，必须通过制定具体执行方案来执行。如果不受其他条件约束，执行机关会因为执行需要投入成本或者对本部门无利可图而怠于执行；执行机关也会在自由裁量的范围内采取对本部门或局部群体有利的执行方案。由于宏观性体育服务产业政策多采取倡导、鼓励和信息传递的手段，因此有些宏观政策传递到经营主体，就已经在一定程度上实现了政策的执行过程。而具体性体育服务产业政策或规范性内容一般规定了执行方案，可以直接按照政策内容执行，只需要具体的部门和人员实施行动。我国宏观性体育服务产业政策较多，早期的具体性政策随着市场制度的完善，很多已经失效，目前我国依然有效的体育服务产业政策主要是宏观性政策，需要新的具体性或规范性政策。

政策执行的手段或工具、政策信息的传递、政策执行主体的执行能力及各执行主体间及执行主体与政策目标群体之间的博弈、政策执行主体的工作方式、政策目标群体的政策意识等很多因素都会影响到体育服务产业政策执行的各个环节。但是长期以来，很多因素并没有受到充分重视，这也是导致我国体育服务产业政策执行不力的原因所在。我国体育服务产业政策执行效果的提高，也需要从这些环节入手。

我国体育服务产业政策可以分为体育服务产业专门政策和体育服务产业相关政策，它们的执行过程也存在较大差别。体育服务产业专门政策都是紧扣发展体育服务产业作出的规定，在执行过程中，需要必要的政策资源和明确的执行机构。很多体育服务产业相关政策在规定发展整体体育事业、某一类体育事业或者服务产业时，对体育服务产业有或多或少的涉及，不需要额外的政策资源和执行机构。在体育服务产业政策的执行系统中，体育服务产业相关政策可以在所在的政策文件执行系统中被执行，是伴随着所在政策文件的执行过程而被执行的。执行效果也由所在政策文件的级别、内容具体程度和规范性程度、政策执行机关的态度等因素决定。

二 我国体育服务产业政策执行行为

政策执行行为是体育服务产业政策执行过程中的核心环节，但是在政策的执行过程中，常常会出现执行机关积极行为、消极行为、执行不当和执行不作为等不同的现象。[①] 在我国体育服务产业政策执行中，执行机关在体育服务产业政策执行中会抽取符合自己意见的执行方式。如我国2007年制定的《关于加快发展服务业的若干意见》，建议地方各级政府加快服务业的发展，并给予优惠政策。全国各地在推进加快发展服务业政策时，有些地区体育服务产业被纳入服务业的范畴而享受服务业的各项优惠政策，而有些地区就没有把体育服务产业列为服务业的范畴而享受不到服务业发展的优惠政策。对于一些可以获得税费或者补贴的经营主体资格的判断，往往是和政策执行机关关系较好的主体能够得到优惠或者补贴。这些现象导致我国很多民营体育服务产业经营者并不喜欢政府补贴政策，他们认为仅仅惠及少数投机经营者的政策反而会影响公平竞争，使他们的生存更加困难。

我国体育服务产业政策涉及体育赛事产业、健身休闲业、体育彩

---

① ［美］菲利克斯·A. 尼格罗、［美］劳埃德·G. 尼格罗：《公共行政学简明教程》，郭晓来等译，中共中央党校出版社1997年版。

票业、体育场馆的经营与管理等多种产业类型。在现实生活中，体育行为的性质和类型很难清晰地进行定性和归类，如一些体育活动到底是竞技性的还是群众性的，是营利性的还是非营利性的，是公益活动还是非公益活动难以进行清晰的判断。我国体育竞赛管理办法规定体育竞赛和体育表演活动必须到相关体育行政部门审批，而一些群众性的体育比赛活动，在有商业赞助或者宣传活动时，也可能会因此受到限制或者处罚。这些不合理的行为主要是由于我国体育服务产业政策执行机关的自利性和政策规范的不具体性造成的，政策执行机关往往按照于自身有利的方式来贯彻体育服务产业政策。地方政府在执行体育服务产业政策时也会选择对本地区体育服务产业发展和经济发展更有利的执行方式。政策执行成本的投入能力也是体育服务产业政策执行行为积极、消极或者不作为的原因。任何政策的执行都需要人力、物力和财力的投入，如果这些基本的执行条件得不到保障的话，执行机关是难以有执行行动的。这正是我国经济发展水平较高地区政策执行效果较好，经济欠发达地区体育服务产业政策执行效果较差的原因所在。

三 全国性体育服务产业专门政策执行过程

目前我国最高级别体育服务产业专门政策是《关于加快发展体育产业的指导意见》（2010）（以下简称《国办意见》），是目前最能代表我国体育服务产业发展思路、发展目标和发展任务的权威性政策。该政策的执行机构是所有相关行政机关，即各省、自治区、直辖市人民政府，国务院各部委、直属机构（国家体育总局），以及其他市县级政府和各级体育局。作为各级政策执行机关，有些省级政府积极接受政策信息，制定地方性政策执行方案，并将政策执行责任分配到税收、财政和土地等部门，如江苏省《关于加快发展体育产业的实施意见》（2010）。各地政策执行过程各有特点。江苏省在省级各相关行政部门落实了政策内容，最典型的是江苏省体育服务产业省级引导资金已经连续两年落实，以每年6000万元的引导资金扶持体育产业，主要以扩大体育服务产业的规模、增强体育服务产业的竞争力为目的，对体育用品业也有所涉及。江苏省采取了由企业主动向县市级体育局申请，再上报到江苏省体育产业中心，通过审查符合条件的给予资助的方式。体育服务产业经营主体获得了资金，调整自己的经营行为以提高企业品牌、形成规模经济效应，最终达到政策目标。服务业优惠范围大幅度扩大到多种体育服务业类型。苏州市体育局和无锡市体育局正努力与市政府沟通，有望设立市级体育服务产业引导资金。而浙江省成立了体育产业联合会，由体育局牵头会同企业主体、政界人士和学界人士共同组成，联合会下设两个专业委员会，即体育用品业联合会和体育服务业联合会，或许通过联合会这个平台会促使体育服务产业若干政策得到落实。而且湖州市也成立了体育产业联合会，通过湖州市体育联合会举办的年度会议可以看出，通过传递政策信息和解读政策内容等活动增加了很多体育服务产业经营者的信心和继续投资体育服务产业的决定。在杭州、宁波、温州等市级政府和市级体育局也都有要积极执行《浙江省关于加快发展体育产业的实施意见》（2010）的行动，它们在省级相关机构难以落实政策的情况下，试图在市级政府确定具体负责部门和具体的执行投入，以推动对本地区体育服务产业的发展。

在河南、安徽、山西等一些省份也出台了以执行国务院办公厅《关于加快发展体育产业的指导意见》（2010）为主的地方实施意见，但是并没有像江苏一样形成可操作性的政策执行方案或细则。其中存在的原因是多方面的。首先，国务院办公厅《关于加快发展体育产业的指导意见》（2010）的核心内容和地方性实施意见主要是确定给予体育服务产业经营主体何种税费优惠。而给予体育服务产业经营主体优惠就必然要牺牲当地政府的财政收入或者缩减对其他事业的财政投入。由于财政能力的限制，政府不愿意失去自身利益或牺牲其他事业发展而怠于执行政策。尽管当地体育机关热情很高，但是其政策执行能力有限，难以与其他机构形成政策执行的统一意见。这也是在政策制定时没有与相关部门有效沟通的结果。其次，当地政府认为在当地经济发展状况下，体育服务产业并不是目前应该重点发展的产业，体育服务产业对本地区经济的带动力有限，因此体育服务产业难以进入政府扶植产业名录。最后，当地政府也可能认为，体育服务产业的发展还没有达到一定的水平，即使给予政策扶持也难以起到大力推动体育服务产业发展的作用，或达不到调整本地区产业结构的目的。

《关于培育体育市场，加快体育产业化进程的意见》（1993）的政策权威性较弱，仅是体委的规范性文件，又多使用规范性政策工具，主要是建议和鼓励体育市场行为。其执行机关是各级体育行政管理部门，由于各级体育行政管理部门的行政权很小，该政策并没有真正启动体育系统内执行机关的行为，几乎没有政策执行的人力和物力的投入。但是由于当时我国整体市场制度刚刚建立，只有少数体育服务产业经营主体具有较灵敏的嗅觉，在当时的历史条件下能够积极主动了解这项政策，目前一些规模较大的民营体育健身会所很多都是在当时开始创业的。而1996年出台的《关于进一步加强体育经营活动管理的通知》（已失效）虽然仅仅是一项体委规范性文件，但是内容具体，主要使用了管制性、规范性工具。各级体育行政机关积极响应，认真学习和宣传政策，甚至地方政府还参照该政策制定了相关政策。在政策出台早期，执行的各个环节都比较通畅，随着我国市场开放程度的不断加深，最后由于不适应我国体育市场经营状况而失效。又如，《中国足球彩票发行与销售办法》（2001）是国家体育总局的部门规章，其专门性强、规范性强、含有具体的行为规范，体育行政管理部门被赋予了较强的执行权，各级体育行政机关积极宣传政策信息、主动贯彻政策内容，各级彩票中心严格按照政策规定发行或者销售彩票，其执行过程非常顺利。

我国全国范围内现行有效的其他体育服务产业专门政策还有《体育服务认证管理办法》（国家认证认可监督管理委员会、国家体育总局，2006）、《关于开展全国体育及相关产业专项调查的通知》（国家统计局、国家体育总局，2008）、每隔五年出台的"体育产业发展规划"等。从体育服务产业政策整个执行过程看，这些政策可以认为是我国当时整个体育服务产业政策执行系统的子系统，也可以认为是一个独立的政策执行过程，其过程同样由政策信息传递、设计方案和采取行动等若干环节构成。由于政策内容的具体程度、权威级别、政策执行、利益博弈等因素的影响，具体过程会有一定差别，执行效果也会不同。

四　地方性体育服务产业政策执行过程（以江苏省为例）

地方性体育服务产业政策的执行，不仅是地方性体育服务产业政策系统的执行,也是全国性体育服务产业政策执行的一部分。地方性政策的有效执行是我国体育服务产业政策最终能够落实的重要环节。地方性体育服务产业政策相对更具体,对促进地方体育服务产业的发展具有重要意义。江苏省体育服务产业政策数量相对较多,政策执行投入相对较多,到目前为止也产生了较好的执行效果。

(一)江苏省体育服务产业政策执行系统

地方性体育服务产业内容也有各种不同的表现形式,在确定政策执行主体和政策执行方案时也同样存在较大差别,也会因此产生不同的效果。以江苏省体育服务产业政策执行系统为例,江苏省不仅有省级范围的体育服务产业政策,还有市级乃至县级市的体育服务产业政策,这些不同级别政策的执行不仅属于江苏省体育服务产业政策执行系统,自身也形成了一个独立的体育服务产业政策系统。从图4-4可以看出江苏省体育服务产业政策的执行是一个多重执行系统。

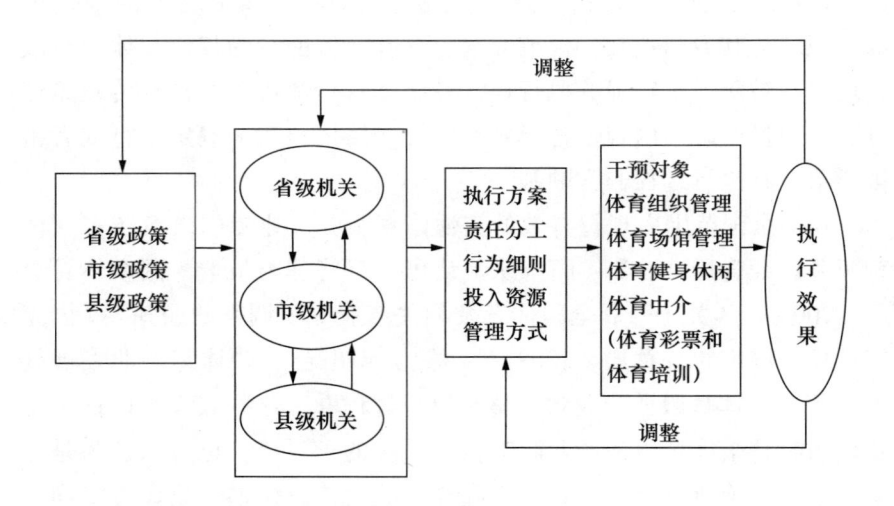

图4-4 江苏省体育服务产业政策执行系统

(二)江苏省体育服务产业政策执行过程

政策本身的表现形式或者其颁布的政府机关决定了政策本身固有的执行力,政策颁布机构的级别越高,政策的执行力越强;参与颁布政策的部门越多，政策执行力越强。从江苏省体育服务产业政策文件看，政策的发布机关多为省政府文件，是政策权威性和执行性的有力保证。江苏省体育产业引导资金就是依据政府直接出台的《江苏省省级财政专项资金管理办法》和《关于加快发展体育产业的实施意见》而得以设立的。再如《江苏省体育经营活动监督管理规定》也是由江苏省政府颁布，这对有效规范江苏省体育经营活动和充分利用体育设施具有重要意义。而《江苏省运动员聘用暂行办法》采取了江苏省体育局、江苏省机构编制委员会办公室、江苏省教育厅、江苏省公安厅、江苏省财政厅、江苏省人事厅、江苏省劳动和社会保障厅联合发布的方式，也是有效实施政策的重要保证。

体育服务产业政策所使用的政策手段也是影响体育服务产业能否有效执行的因素，有些政策具有很强的规范性和强制性，其政策本身执行效果相对比较好，如《江苏省体育经营活动监督管理规定》的规范性就比较强，政策本身已设计好了政策执行方案，具有很强的可操作性，执行效果相对较好。该政策在当时的历史条件下对江苏省体育服务业的发展起到了较好的规范作用。江苏省体育行政部门制定的体育服务产业政策在内容上也充分体现了要与其他机构携手落实对体育服务产业的扶持精神，如《扬州市体育事业发展"十一五"规划》的体育产业部分规定"要积极争取政策支持，促进有关体育产业发展的金融、税收、土地、管理等方面的扶持政策出台"，比较客观地规定了体育行政机构的职责范围，在一定程度上可以优化体育服务产业政策的有效执行。

政策执行方案是否将政策执行任务归责到具体的部门，所需的资金是否能到位，是决定政策能否执行到位的关键因素。江苏省在实施《关于加快发展体育产业的实施意见》时采取了具体的引导资金的方案。首先，设立引导资金使用管理协调小组，由省政府分管领导任组长，省财政厅会同省体育局负责引导资金使用、管理工作，并赋予各项职责。其次，设定了体育产业经营主体的申报程序、资助方式和资助范围，以及如何审核和批准。最后，规定了资金来源由体育彩票公益金和财政厅拨款共同组成引导资金。整个执行方案确保了体育产业引导资金的有序到位，在首批体育产业引导资金的实施中，有89个项目获得资助，总额为6000万元，其中包括了较多的体育服务产业项目。

　　政策方案需要人力、物力和财力等资源的投入。江苏省经济、政治和法制发展水平较高，政府机关的人力、物力和财政能力较强，在政策执行方面具有优势。江苏省体育行政人员的执法素质较高，既能领悟体育服务产业政策的精神，又具有较强的业务能力，以及体育行政领导和政府相关领导的体育服务产业政策素质和觉悟都是潜在而关键的政策执行资源。江苏省政府的财政能力是体育服务产业政策执行的显性资源，体育服务产业政策的宣传、体育服务产业状况的考察、政策执行方案的设计和讨论、税收的减免和扶持资金的注入，都依赖于当地政府的财政能力。

　　在江苏省体育服务产业政策执行过程中，体育服务产业经营者对政策的接受相对比较主动，大多数企业会主动了解相关政策内容，以调整经营行为。江苏省政策宣传力度较大，体育服务产业政策内容不仅公布在省级政府和省级体育局的网站上，在绝大多数地级市，甚至是县级市政府或者当地体育局的网站上都会有政策文件的公布。这些经营主体，不仅关注体育产业政策，还积极关注服务业政策和文化产业政策，以便在体育服务产业经营活动中享受相关优惠政策。

　　江苏省各级政府有较好的政策法规执行传统，长期以来，江苏省在劳动、医疗和体育等领域的政策执行表现出较高的水平，在体育服务产业政策的执行方面也同样具有较好的政策执行意识和较积极的执行行为。发展体育服务产业是目前拉动江苏省第三产业和调整江苏省产业结构的有效途径，因此政府对体育服务产业政策的执行态度很积极，主动从政府层面推动体育服务产业政策的执行。江苏省体育局对体育服务产业重视程度是不可忽视的因素，江苏省体育局与政府部门和其他相关职能部门的有效沟通和协调也是启动体育执行程序的重要力量。

第三节　我国体育服务产业政策的评估和监控

一　体育服务产业政策评估

体育服务产业政策评估是整个政策运行过程中不可或缺的环节。政策评估是根据一定的标准和程序，对政策的实施方案、执行过程、实施效果等各方面，进行评价和判断的行为。[1] 一般分为事前评估、执行评估和事后评估。[2] 体育服务产业政策事前评估主要是预测体育服务产业政策的可行性和体育服务产业政策对体育服务产业的影响效果。体育服务产业政策的执行评估主要指对体育行政部门、财政部门、税务部门和地方政府的行为态度、体育服务产业政策执行方案的设计、成本的投入等进行评价和判断。体育服务产业政策事后评估是体育服务产业政策执行后对政策效果的评估，旨在对体育服务产业政策解决体育服务产业发展问题的程度或者是对体育服务产业发展的促进程度。体育服务产业政策评估的结果可以直接决定体育政策是继续执行还是调整，或者是终结。体育服务产业政策评估不仅仅是评价政策发挥的作用如何，而且还要评价哪些因素对政策效果的发挥有影响作用，影响机制如何，是调整体育服务产业政策执行过程的重要依据。

目前，国内外多数研究将产业政策的评估认为是狭义的"产业政策评估"，即指事后评估。[3][4] 作为事后评估也有两种理解，一种认为是狭义上的产业政策评估，主要目的在于了解产业政策执行的效果，以确认产业政策执行对于产业的影响程度。另一种认为是对政策全过

---

[1] 李瑛、康德颜、齐二石：《政策评估理论与实践研究综述》，《公共管理评论》2006年第1期。

[2] Frank Fischer. Beyond Empiricism, "Policy Inquiry in Post Positivist Perspective", *Policy Studies Journal*, Vol. 26, No. 1, 1998, pp. 1–6.

[3] 肖泽磊、韩顺法：《高技术产业政策实施效果评估——以江苏省高技术产业政策群为例》，《科技进步与对策》2011年第24期。

[4] 韩小威：《有效产业政策的具体准则构架》，《东北师范大学学报》2006年第3期。

程的评估，既包括对政策制定的评估，也包括对政策执行和政策结果的评估。在我国政策理论和实践研究中，多以狭义的事后评估为主，本书所指的体育服务产业政策的评估也采取狭义的事后评估方式。

体育服务产业政策评估是指运用各种不同方法，以搜索有效的、可靠的资料和信息，判断体育服务产业政策的执行效果，以及影响政策执行效果的各个环节和影响因素。目前关于政策的评估方法主要为实验评估、量化评估和定性评估。量化评估和实验评估会耗费大量的评估成本，且评估效果也不尽理想。目前对政策的评估更倾向于定性评估，或者定性和定量相结合的评估。该方法被认为是一种能够大量节省评估成本和更能综合反映政策执行效果的政策评估方法。体育服务产业政策也适合采取定性评估的方法进行评估，但是定性评估必须做到资料来源的充足性和多元性，如深度访谈与行为观察、官方文献与会议记录，甚至是田野调查。

二 我国体育服务产业政策评估

对我国体育服务产业政策评估是一项比较困难的工作。首先，体育服务产业政策对体育服务产业的影响作用与其他各种社会条件一起对体育服务产业产生影响作用，难以剥离出体育服务产业政策对体育服务产业作用的纯效果。比如市场环境的改善、体育服务产业经营人员水平的提高、人们体育消费意识的增强等各种社会因素都会促进体育产业繁荣和发展。其次，体育服务产业政策可以选择的政策评价方案很多，基于各种评价资源和评价成本的限制选择的评价方案可能不是最优方案而是次优方案或者一般方案。再次，我国体育服务产业的统计工作才刚刚起步，体育服务产业政策执行结果的量化数据资料比较欠缺。最后，体育服务产业政策的评估还可能会受到体育服务产业政策制定机关和执行机关的干预，政策制定者往往力图证明他们的政策比较成功，并不愿意看到自己推行的政策遭受质疑。一些宏观引导性体育服务产业政策，并没有使体育服务产业主体因该项政策而获得实际利益，只让他们感受到是在关心或鼓励他们。

我国关于政策的评估多以事后评估的方式评估政策的执行效果，目前的评价主要集中在单体产业政策，如水利产业政策执行效果、汽车产业政策执行效果、农业产业政策执行效果的评估，还没有关于体育服务产业政策执行效果的正式评价或评估。在一些研究论文中，会有对体育服务产业政策执行效果的非正式估计，其参考价值非常有限。从我国目前体育服务产业政策的评价中可以看出，零星的官方行政性非正式评估常常体现出政策较好的结果，而在一些科研文献中对体育服务产业政策的非正式评价或者判断中，则体现出较差的结果。由此也可以看出我国体育服务产业政策制定者不愿意看到自己制定的政策评价不好，同时也体现出体育服务产业政策评价的困难所在。

在一些单体产业政策执行效果评估的研究中，并没有把产业政策的制定和执行过程割裂，它们是政策效果的影响因子。[①②] 政策的评价大致可分为正式评价和非正式评价。正式评价指事先制定完整的评价方案，严格按规定的程序和内容执行，并由确定的评价者进行的评价。非正式评价指对评价者、评价形式、评价内容没有严格规定，对评价的最后结论也不作严格要求，人们根据自己掌握的情况对公共政策作出评价。[③④]

我国体育服务产业政策的评估环节非常薄弱，只是一种无意识评估状态，一种粗略性的简单估计。本书将尝试通过设计较合理的评价方案，采取半正式评价的方式对我国体育服务产业政策的执行效果进行评价。我国体育服务产业政策是由其他多种政策所涉及的政策体系，因此对于我国体育服务产业政策评价来说，更加复杂和困难。不同政策所涉及的体育服务产业政策由于其表现形式、政策的规范性程度和政策权威级别高低，可能会选择不同的评价方法来评估，评价的困难程度也比较高。很多宏观的体育服务产业政策就很难评价，诸如"建立充满活力的自我发展机制""加速体育产业化进程，逐步走向市场""推动体育事业全面、快速的发展"等内容就难以评价其执行效果。

政策的评估需要投入大量的人力、财力、物力，评估风险投入政

[①] 贠杰、杨诚虎：《公共政策评估理论与方法》，中国社会科学出版社2006年版。

[②] 和经纬：《中国公共政策评估研究的方法论取向：走向实证主义》，《中国行政管理》2008年第9期。

[③] 李允杰、丘昌泰：《政策执行与评估》，北京大学出版社2008年版，第13—17页。

[④] 袁明鹏：《可持续发展环境政策及其评价研究》，博士学位论文，武汉理工大学，2003年。

策评估的成本过大和歪曲的评估对政策的发展都有一定的危害性。基于我国经济发展水平的限制，短期内政府在政策评估上的大量投入的可能性比较小，但是随着服务政府的不断推进、社会公民参与意识的不断提高和科研工作者的不断参与，各种政策评估行为会在有限的条件下开展得越来越普遍。体育服务产业政策的评估也会不断增多，评估的内容会增加，评估方法的科学性和合理性也会增强。

三 我国体育服务产业政策监控

行政机关和官僚本身是具有独立利益诉求、价值取向和情感的主体，它们在行使政策活动中的自由裁量权时，往往倾向于根据自身的利益、价值观和情感诉求来判断行政事务，因此会不可避免地带来不合理的利己性行为，甚至产生腐败行为。而由于有限理性、信息不充分和意外事件的发生等原因，即使政策行为主体努力做到科学合理，可能也难以达到政策行为完美。在政策的制定、执行、评估等环节中，仍可能会使政策方案误解、曲解或执行不力，直接影响政策本身的质量和执行结果。因此在政策行为过程中，需要政策监控。[1][2] 政策监控主体对政策过程的各个环节加以监督和控制，以保证尽可能制定出完善的政策，能及时发现偏差并对之纠正，以提高政策执行效果。体育服务产业政策的运行同样需要监督和控制。而体育服务产业政策的监控在很大程度上依赖于一个国家或地区的整个政策监控系统的监控能力。

我国体育服务产业政策的监控依赖于我国整个法律政策监控系统的监控能力和监控水平。我国法律监控能力已经发展到一定水平，有法必依、执法必严、违法必究的法制体系已经形成，但是政策的监控水平还处于较低的水平。由于政策的自由裁量权较大，监控的成本和困难也相对较大，政府部门难以支付大量的政策监控资源。媒体、公众、利益集团等是非行政监控的重要角色，但是我国的这些监控主体的监控能力还未上升到一定高度，还不足以保证我国体育服务产业政

---

[1] 李小勇：《完善我国公共政策监控机制的思考》，《中共四川省委省级机关党校学报》2009年第12期。

[2] 陈振明：《政策科学》，中国人民大学出版社1998年版，第371页。

策的科学制定、有效实施和及时评价。我国社会非行政监控力度一般在利益偏差大、不公平现象明显、社会矛盾激化程度较高的领域才体现出监控效果。在我国某些体育服务产业政策活动中已经体现出媒体监控的效果，如职业体育的政策违规现象和滥用权力现象受到的惩罚，但是在多数体育服务产业政策行为体现为弱监控性。目前，我国体育服务产业政策行为是一种高度的精英行为现象，是政府主动推动性的政策行为，社会非行政监督主体对体育服务产业政策信息的了解程度和理解能力是体育服务产业政策监督薄弱的根源。

由于我国体育服务产业政策的种类比较多，不同体育服务产业政策的监控机制具有一定区别，如体育彩票政策和奥林匹克标志政策，具有很强的法规性，这些政策的制定和执行程序性都很强，都在法制监控机制范围内，监控力比较强，最终产生的执行效果也比较好。但是很多内容宏观性、效力等级较低的政策不受法制系统的监控，行政监控系统对这些政策的监控非常弱。

第五章 我国体育服务产业政策执行效果

政策执行效果是检验政策本身和政策执行是否科学的重要依据，政策执行效果的评价已经越来越受到国家或政府的重视。[①] 一项政策的实施效果离目标越近，说明效益越好。政策执行过程需要投入一定的政策资源，如人力、物力、财力、时间、风险等。在假定一项政策效益不变的情况下，投入越小，说明该项政策越成功。[②] 政策执行效果主要以较低的政策执行成本，对政策对象具有较积极的影响作用和目标实现的程度为标准。我国体育服务产业政策有力地促进了我国体育服务产业的发展，并产生了良好的经济效益和社会效益，但是政策效用发挥的优劣和多少，需要通过科学的评价来获知。目前国内外有十余种比较成熟的政策评估模式，根据我国体育服务产业政策执行的实际状况，本书借鉴米歇尔·斯克里文设计的无目标效果评估模式，设计以专家问卷和访谈相结合的半正式评估方式对我国体育服务产业政策的执行进行评估。这种评估模式主要依赖于决策者、执行者、政策目标群体和专家的判断来评价，虽然这种模式会带有一定的主观性和模糊性，但是易于操作，节省成本。[③] 对体育服务产业政策执行的评价侧重于政策对体育服务产业所起的推动作用，对发展体育服务产业具有一定的指导意义。

[①] 贺恒信：《政策科学原理》，苏州大学出版社2010年版，第194—195页。
[②] 徐晨编：《公共政策》，对外经济贸易大学出版社2008年版，第131—139页。
[③] 陈振明：《政策科学——公共政策分析导论》，中国人民大学出版社2003年版，第468—469页。

第一节　我国体育服务产业政策执行效果判断

这里所指的体育服务产业政策的执行效果是指某一体育服务产业政策在其生效的整个期限内对体育服务产业发展所起的促进作用。主要对体育服务产业政策的执行效果作两个维度的判断，一是体育服务产业政策对每一体育服务产业类型发展的促进程度，二是每项体育服务产业政策对体育服务产业的促进作用。本书采取实地考察、专家问卷和专家访谈对体育服务产业政策执行效果进行评价，主要判断体育服务产业政策对体育服务产业规模的扩大、服务品质的提高、缓解就业压力、需求等各方面的综合作用程度。

通过对专家的访谈和若干地区的实地考察，了解到我国体育服务产业政策对我国体育服务产业的发展起到了一定作用，但是效果并不理想。根据研究需求在全国范围内选取近100名政界、业界和学界专家进行访谈调查，从中选取60位政界和学界专家进行问卷调查（其中，4人认为自己对政策了解不足而放弃填写，11人的问卷经检验无效而被排除）（见表5-1）。通过45份专家问卷看，多数人都认为我国体育服务产业政策对体育服务产业起到一般促进作用（见表5-1），且对不同业态的体育服务产业的影响程度具有较大差别，每一项体育服务产业政策所发挥的作用也存在较大差异（见表5-2）。

一　我国体育服务产业政策体系对我国若干体育服务产业的促进作用

由表5-1可以看出，有66.7%的人认为我国体育服务产业政策对促进整体体育服务产业的发展只起到了一般作用，有24.4%的人认为对其发挥了较小作用。政策发挥作用比较大的产业类型首先为体育彩票，一半以上的人认为政策对其起到了较大促进作用，13.3%的人认为发挥了较小作用。这与我国长期以来对体育彩票发展的重视有一定关系，在体育彩票发行以来不仅制定了规范性较强的法规性政策，还制定了一系列彩票管理、发行、销售、基金的管理和使用方面的行政性政策。很多体育服务产业政策对体育彩票问题的针对性比较强。有专家认为，由于体育彩票政策的执行会给执行机关带来经济利益，因此执行机关对彩票政策的执行比较积极。如彩票发行收入是一项可观的财政收入渠道，彩票公益金是保证各项体育活动开展的重要资源等。政策对其促进作用较大的体育服务类型还有体育培训业和体育健身休闲业，大部分专家认为体育服务产业政策对体育培训业和体育健身休闲业起到了一般作用或较大作用，只有极少数专家认为具有较小作用。有高达40.0%的专家认为政策对体育培训业起到了较大作用，很多专家认为这是我国民办教育政策、民办非企业政策、竞技体育改革政策、群众体育的发展政策，以及社团发展等众多政策作用的结果。37.8%的人认为体育服务产业政策对我国体育健身休闲业的促进作用较大，高达44.4%的人认为起了一般作用。目前我国健身休闲业主要以民营为主，而且少数企业已经达到了国际水平。不少专家认为体育服务产业政策对我国健身休闲业的促进作用比较明显的原因，是我国服务业政策、文化产业政策等相关优惠政策作用的结果。

　　从表5-1可以看出，我国体育服务产业政策对体育场馆经营和体育赛事产业的促进作用存在争议，有24.4%的人认为政策对体育场馆的经营与管理起到了较大作用，但是同时也有20.0%的人认为只是起到较小作用。很多专家反映我国体育场馆发展政策并不完善，尽管有些体育场馆经营状况良好，但是很多场馆经营并不乐观，特别是经济欠发达地区和地理位置偏僻的体育场馆有很大闲置浪费。专家对体育赛事政策的态度分散程度更大，认为对体育赛事产业起到较小作用的人有28.9%、认为起一般作用的人有37.8%、认为起到较大作用的人有33.3%。从我国各类体育赛事政策的内容看，有鼓励性内容，也有限制性较强的管制性内容，这些政策对赛事的促进作用主要取决于政策执行者对赛事类型的判断和政策选择的倾向性。如果将体育赛事认定为群众性和非营利性，则会采取宽松型政策执行；如果将体育赛事认定为竞技性或营利性，则会采取偏限制性的政策内容执行。从体育服务产业政策对我国体育旅游业的促进作用看，比较接近体育赛事产业，专家意见主要认为起一般作用和较大作用，分别为48.9%和31.1%，但是也有20%的人认为起较小作用。由此也可以看出我国体育服务产业政策对体育旅游业具有一定促进作用，但是效果并不明显。

我国体育服务产业政策对体育中介业的促进作用最小（见表5－1），有60.0%的人认为起到较小作用，28.9%的人认为起一般作用，只有11.1%的人认为起到较大作用。从全国性体育中介业政策看，出现的频率是比较高的，几乎每次体育产业发展政策都提到加快发展体育中介业或体育经纪业，但是体育中介业的发展对其他体育服务产业的依赖性决定了政策所能起到的效果非常有限。即使是我国一些地方政策制定机构出台的专门性体育经纪政策也未能对当地体育中介业起到很大的促进作用。

表5－1 我国体育服务产业政策体系对我国若干体育服务产业类型促进作用（N=45）

项目 \ 作用类别	较小作用 n	较小作用 %	一般作用 n	一般作用 %	较大作用 n	较大作用 %
整体体育服务产业	11	24.4	30	66.7	4	8.9
体育场馆经营与管理	9	20.0	25	55.6	11	24.4
体育中介业	27	60.0	13	28.9	5	11.1
体育健身休闲业	8	17.8	20	44.4	17	37.8
体育培训业	2	4.4	25	55.6	18	40.0
体育彩票业	6	13.3	14	31.1	25	55.6
体育赛事产业	13	28.9	17	37.8	15	33.3
体育旅游业	9	20.0	22	48.9	14	31.1

二 我国若干体育服务产业政策对体育服务产业所发挥的作用

某一产业类别政策体系的执行过程可以形成一个执行系统，并对该类产业起到一定促进作用，往往涉及多种政策。从某一项政策所规定的内容对体育服务产业的发展所发挥的作用看，对调整体育服务产业政策内容和执行方式也有重要意义。从表5－2可以看出我国若干体育服务产业政策对体育服务产业的促进作用程度。通过专家判断可以看出，《中国足球彩票发行与销售办法》（国家体育总局，2001）

发挥作用最大，专家态度集中分布在一般作用和较大作用中，且认为发挥较大作用的人达到71.1%，这是由该政策的规范性和程序性决定的。《彩票管理条例》（以下简称《条例》）（国务院令第554号，2009）对体育彩票的促进作用相对弱一些，专家态度分布相对分散，只有35.6%的人认为发挥了较大作用，有20.0%的人认为发挥了较小作用，虽然该《条例》的规范性也很强，但由于不是体育彩票的专门政策，其作用效果不容易确定。但是因为该政策是一项高权威性的法规性政策，其效用的发挥依然强于其他很多政策。

作为综合性和宏观性的国务院办公厅《关于加快发展体育产业的指导意见》（2010）发挥作用比较理想，有一半以上（57.8%）的专家认为其发挥了较大作用，其他42.2%的人也都认为起到了一般作用、较小作用，这与该政策的权威级别、颁布后的宣传和各地区的重视有一定关系。国务院《关于加快发展服务业的若干意见》（2007）对体育服务产业的促进作用也比较明显，53.3%的人认为发挥了较大作用，37.8%的人认为发挥了一般作用，只有8.9%的人认为发挥了较小作用。体育服务产业是现代服务业的构成内容，由此可以看出体育服务产业对服务业政策的依赖性，对国家经济发展政策的依赖性，体育服务产业政策必须与服务业政策相协调，共同促进体育服务产业的发展。

对体育服务产业促进作用不太理想的是《体育服务认证管理办法》（2005），没有一个人认为其发挥了较大作用，64.4%的人认为其发挥了较小作用，其他人认为发挥了一般作用，其中的主要原因为，一方面，我国整体体育服务产业发展水平偏低，缺少服务认证意识；另一方面，一些发展水平很高的体育服务企业一般得到权威性较高的国际体育服务组织机构认证。专家反映该政策的制定并没有充分考虑我国体育服务产业的发展状况和人们的品牌认知意识，绝大多数经营主体不愿意支出一笔认证费用，获得一个价值不大的标识。而且目前国际认证机构充足，我国一些高档健身会所和瑜伽会馆常常通过国际认证机构获得一些认证标识。也有一些专家认为该政策的宣传工作不到位也是该政策没有有效发挥作用的原因。《关于深化体育改革的意见》（1993）的执行效果也很不理想，95.5%的人认为起到较小作用和一般作用，其中4.4%的人认为发挥了较大作用。从该政策的内容看比较适合当时体育服务产业的发展，当时的体育行政部门具有较多的管理职权，对公共体育资源的社会化和市场化运作起到一定作用。但是随着市场经济制度的完善和民营企业的不断增多，该政策的适用性越来越小，因此专家对该政策的执行效果判断比较消极。对《体育产业发展纲要》（1995）的作用专家的观点存在较大分歧，虽然有28.9%的人认为发挥了较小作用，但是有37.8%的人认为发挥了较大作用，其他33.3%的人认为发挥了一般作用，综合判断只能说起到了一般作用。这可能与该政策的内容特点有关系，其中较多规定了发展方向和目标，而且规划的时间比较长远，体现出更多的期望和设想。但是由于当时市场经济制度建立不久，该政策对引导和鼓励我国体育服务产业的发展还是起到了一定作用。《关于加快体育俱乐部发展和加强体育俱乐部管理的意见》（1996）对体育服务产业的促进作用相对于《关于开展全国体育及相关产业专项调查的通知》（2008）执行效果要好一些，但是发挥的作用并不明显，很多专家认

表5-2 我国若干体育服务产业政策对体育服务产业的促进作用（N=45）

作用类别 政策文件名称	较小作用 n	较小作用 %	一般作用 n	一般作用 %	较大作用 n	较大作用 %
《关于深化体育改革的意见》（1993）	20	44.4	23	51.1	2	4.4
《体育产业发展纲要》（1995）	13	28.9	15	33.30	17	37.8
《关于加快体育俱乐部发展和加强体育俱乐部管理的意见》（1996）	10	22.2	26	57.8	9	20.0
《中国足球彩票发行与销售办法》（2001）	—	—	13	28.9	32	71.1
《体育服务认证管理办法》（2005）	29	64.4	16	35.6	—	—
《关于加快发展服务业的若干意见》（2007）	4	8.9	17	37.8	24	53.3
《关于开展全国体育及相关产业专项调查的通知》（2008）	12	26.7	20	44.4	13	28.9
《彩票管理条例》（2009）	9	20.0	20	44.4	16	35.6
《关于加快发展体育产业的指导意见》（2010）	—	—	19	42.2	26	57.8

注：表中数据经过四舍五入，合计数可能不等于100%。

为在当时的历史条件下,一定程度上促进了我国体育职业化,而从目前我国职业化水平状况看并不理想,认为该政策只是发挥了一般作用,有高达57.8%的人认为其发挥了一般作用。《关于开展全国体育及相关产业专项调查的通知》(2008)是一项具有较强可操作性的政策,该政策执行,最终得出了我国全国性体育服务产业的相关统计数据。而且该政策还建议各地区实行地方体育产业统计,目前不少省市对体育产业的统计工作都比较积极,甚至有些省市专门对体育服务产业进行统计。但是通过专家对其执行效果的判断,有26.7%的人认为发挥了较小作用,44.4%的人认为发挥了一般作用,28.9%的人认为发挥了较大作用。也有些专家认为该政策执行的时间还比较短,在若干年之后才能综合判断其效果如何。

三 经营主体对体育服务产业政策的熟悉程度

经营主体对体育服务产业政策的熟悉程度虽然不能完全反映体育服务产业政策的执行效果,但却是影响体育服务产业政策发挥作用的重要环节。在2011年4月到2011年7月的四个月时间里,对江、浙、沪三个地区的20位民营体育经营者和10位国有企业管理者进行访谈和记录,结果发现,他们对体育产业政策的熟悉程度比较低,熟悉政策具体内容的人非常少,还有相当一部分人不知道体育服务产业政策的存在,且主要集中在民营企业领域。具体行业的经营者一般对本行业具体政策了解较多,对其他体育服务产业政策关注较少,如高尔夫经营者对高尔夫土地和税收政策很熟悉,但是对体育场馆政策就不熟悉,因此这里主要判断他们对综合性体育服务产业政策的熟悉程度,在一定程度上可以反映我国综合性体育服务产业政策的执行效果。由表5-3可以看出,经营者首先是对国务院办公厅《关于加快发展体育产业的指导意见》(2010)的熟悉程度最高,该政策颁布一年,被调查者都知道该政策的存在,且有20.0%的人熟悉该政策内容,由此可以看出经营者对该政策的关注程度非常高。其次是对国务院《关于加快发展服务业的若干意见》(2007)的关注程度也非常高,其中86.7%的被调查者知道该政策的存在但不熟悉政策内容,有13.3%的人不仅知道该政策,还熟悉政策的内容。经营者对这些政策较高的关注程度暗示着他们在关注体育服务产业发展的趋势,以调整自己的经营策略，也期望从这些政策中得到某些政策优惠。经营者们对《体育服务认证管理办法》（2005）的熟悉程度非常小，90%的人都不知道该政策的存在，其他10%的人也仅仅知道有这项政策，而不熟悉政策的内容。由此可以推测该政策的执行效果可能很不理想。

经营者对《关于培育体育市场，加快体育产业化进程的意见》（1993）和《体育产业发展纲要》（1995）都不太熟悉。尽管这两项政策的公布网站很多，保持的时间也很久，但是通过对经营者的访谈发现，他们很少主动通过网络了解这些文件，他们对文件的了解途径主要是通过新闻媒体和与他人的交往中获知的。因此他们对一些近期公布的文件比较熟悉，因为这些文件受媒体关注较高，偶尔有新闻报道，相关报纸也有所涉及。由表5-3可以看出经营者对《体育产业发展纲要》（1995）的熟悉程度相对更小，高达46.7%的人不知道该政策，同时有46.7%的人知道该政策但不熟悉政策内容，通过访谈发现这与2010年该政策有效期截止有一定关系。

表5-3　　体育服务产业经营者政策熟悉程度一览（N=30）

政策文件名称 \ 程度	熟悉内容 n	熟悉内容 %	知道该政策但不熟悉内容 n	知道该政策但不熟悉内容 %	不知道有该政策 n	不知道有该政策 %
《关于培育体育市场，加快体育产业化进程的意见》（1993）	5	16.7	21	70.0	4	13.3
《体育产业发展纲要》（1995）	2	6.7	14	46.7	14	46.7
《体育服务认证管理办法》（2005）			3	10.0	27	90.0
《关于加快发展服务业的若干意见》（2007）	4	13.3	26	86.7		
《关于加快发展体育产业的指导意见》（2010）	6	20.0	24	80.0		

注：表中数据经过四舍五入，合计数可能不等于100%。

通过分析和比较发现，对政策内容比较熟悉的人主要集中在国有企业和企业经营管理较好的民营企业中。越是经营管理水平不高、企业规模不大的企业对体育服务产业政策的熟悉程度越小，甚至有个别中小民营企业对体育服务产业政策内容持不信任的态度。他们认为以往的政策都是管他们的，不可能有扶助他们的内容。通过电话访谈其他各省体育服务产业经营者发现，其他地区体育服务产业经营者对政策的了解程度也非常少，甚至比江、浙、沪地区的经营主体的了解程度更差，但是依然集中在民营企业，特别是经营水平较低的民营企业。由此也可以看出，我国体育服务产业经营者较低的政策法规意识和我国体育服务产业政策信息传递的不足。

四 地方性体育服务产业政策执行效果

从表 5-1、表 5-2 可以看出全国不同地区共 45 位专家对我国全国性体育服务产业政策执行效果的判断结果。而通过对江苏、浙江、上海和陕西四个地区的走访，以及对其他省市的电话访谈发现，每个地区的体育服务产业政策的具体执行方式和执行效果是不同的。近几年来，江苏和北京对体育服务产业政策的执行投入较多，在税费优惠和财政补贴方面进行了多方面落实，江苏很多体育服务产业经营主体通过财政厅和体育局获得了引导资金，北京市联合银行担保和贴息贷款为经营者提供了发展资金。浙江省通过体育产业联合会提高体育服务产业经营者的政策意识、鼓励体育服务产业经营者大胆投资和积极扩大体育服务产业规模。在天津市、湖南省、西安市和武汉市等很多省或市成立国有体育产业集团，以提高体育服务产业规模。但是上海市、广东省，以及欠发达的新疆、西藏等地区没有实质性的执行行动，这与当地政府对发展体育服务产业的态度和本地区对体育服务产业政策的需求有很大关系。

基于我国各地区体育服务产业政策执行效果的差异性，在江苏省体育产业中心、江苏省体育政策法规处和市级主管体育产业的工作人员中选取从业年限为五年以上的 30 位人员进行问卷调查，同时通过深入访谈和电话访谈全面判断江苏省体育服务产业政策执行效果和若干影响因素。在浙江省体育局体育产业处、浙江省体育政策法规处和市级主管体育产业的工作人员，选取从业年限为五年以上的 30 位人员进行问卷调查，同时通过深入访谈和电话访谈全面了解浙江省体育服务产业政策执行效果和影响效果发挥作用的主要因素。调查结果见表 5-4。

表 5-4　江、浙两省体育服务产业政策体系对江、浙两省体育服务产业的促进作用（N=30）

体育服务产业类别	省份	较小作用 n	较小作用 %	一般作用 n	一般作用 %	较大作用 n	较大作用 %
整体体育服务产业	江苏	6	20.0	9	30.0	16	53.3
	浙江	15	50.0	8	26.7	7	23.3
体育场馆经营	江苏	1	3.3	12	40.0	17	56.7
	浙江	19	63.3	6	20.0	5	16.7
体育中介业	江苏	6	20.0	15	50.0	9	30.0
	浙江	26	86.7	4	13.3		
体育健身休闲业	江苏	3	10.0	8	26.7	19	63.3
	浙江	5	16.7	7	23.3	18	60.0
体育培训业	江苏	6	20.0	17	56.7	7	23.3
	浙江	3	40.0	19	63.3	8	26.7
体育彩票业	江苏			4	13.3	26	86.7
	浙江	2	6.7	11	36.7	17	56.7
体育赛事产业	江苏	3	10	3	10.0	24	80.0
	浙江	18	60.0	7	23.3	5	16.7
体育旅游业	江苏	16	53.3	12	40.0	2	6.7
	浙江	6	20.0	15	50.0	9	30.0

注：表中数据经过四舍五入，合计数可能不等于100%。

（一）江、浙两省体育服务产业政策体系对体育服务产业的促进作用

从表 5-4 可以看出江苏省体育服务产业政策体系对江苏省各类体育服务产业的促进作用普遍较大，只有对体育旅游业作用表现较小，有一半以上的人认为对其起到了较小作用。江苏省体育服务产业政策对体育彩票业、体育赛事产业、体育健身休闲业的促进作用比较突出，分别有 86.7%、80.0% 和 63.3% 的专家认为对这三种体育服

务产业发挥了比较大的促进作用。而对江苏省体育场馆经营也有近60%的专家认为起到了较大作用。专家普遍认为江苏省体育服务产业政策对体育中介业和体育培训业的促进作用一般，分别有50%和56.7%的人认为起到了一般作用，且认为起较小作用和较大作用的人都比较少。但是江苏省专家普遍反映江苏省体育服务产业政策体系对江苏省体育服务产业的整体促进作用比较理想，问卷也显示高达53.3%的人认为发挥较大作用，而浙江只有23.3%的人认为本省体育服务产业政策对整体体育服务产业起到较大作用。专家们认为，江苏省体育服务产业政策对体育服务产业有较大的促进作用与江苏省政策文件的权威性、规范程度、体育服务产业政策与服务业政策执行的融合程度、各级政府的重视程度、执行成本的投入程度、政策宣传程度，以及江苏省整个体育服务产业政策环境有直接关系。

浙江省体育服务产业政策体系对体育健身休闲业和体育彩票业的促进作用比较大，分别有60.0%和56.7%的专家认为对这两种体育服务产业发挥了比较大的促进作用。而对浙江省体育场馆经营、体育中介业和体育赛事产业的促进作用比较小，分别有63.3%、86.7%、60.0%的专家认为对这些体育服务产业发挥了较小作用。浙江省不少专家表示，浙江省体育服务产业发展的主要推动力量是市场。一些体育服务产业政策内容的设计对政策的执行环节考虑不足，导致政策得不到财政、税务等相关职能部门的支持，浙江省市级政府对体育服务产业的重视程度也不够。

（二）江、浙两省若干体育服务产业政策对各自体育服务产业的促进作用

表5-5列出了江、浙两省体育服务产业政策发布以来，具有代表性的若干体育服务产业政策和两地专家对本省执行效果的判断结果。从江苏省专家判断结果看，表中所列政策对江苏省体育服务产业的促进作用普遍较大，而且随着时间的推移，出台的体育服务产业政策的执行效果呈提高趋势。只有《江苏省体育设施管理办法》（1997）发挥作用一般，认为其发挥作用较大的专家较少，为23.3%。认为《江苏省体育经营活动监督管理规定》（2003）对江苏省体育服务产业有较大促进作用的专家占到53.3%，认为《关于加

快发展现代服务业的若干政策》（2005）和《关于创建省级社区体育健身俱乐部的通知》（2009）起较大促进作用的都占到56.7%，认为《关于加快发展体育产业的实施意见》（2010）起较大促进作用的占到60.0%。从判断的结果也可以看出江苏省体育服务产业相关政策对本省体育服务产业的促进作用较大，并不低于体育服务产业专门政策。专家认为这与江苏省体育服务产业相关政策对体育服务产业内容较具体的规定和相关税费政策的具体设定有直接关系。如《关于加快发展现代服务业的若干政策》（2005）和《关于创建省级社区体育健身俱乐部的通知》（2009）都分别明确列出了可以享受税费优惠的健身型体育服务产业类型。在2008年江苏省现代服务业目录中包括了近十项体育服务产业类型，大大提升了《关于加快发展现代服务业的若干政策》（2005）对体育服务产业的促进作用。江苏省体育服务产业专门政策的有效发挥与江苏省服务产业政策与体育服务产业政策的融合也有较大关系，如颁布只有一年的《关于加快发展体育产业的实施意见》（2010）就有高达60.0%的人认为其发挥了较大作用，而且没有一个人认为其发挥的作用较小，这与其中"体育产业可以适用所有服务业政策"的规定有直接关系。

从浙江省体育服务产业政策执行效果看，《浙江省经营性体育场所管理办法》（1998）曾经发挥了较好的作用，高达56.7%的专家认为其对体育服务产业的发展发挥了较大作用。从政策早期看，浙江省体育服务产业化时间比江苏省早，该政策内容相对比较具体，比江苏省的《江苏省体育设施管理办法》（1997）对体育服务产业的促进作用也大。但是2000年之后，浙江省体育服务产业政策对体育服务产业的促进作用越来越不明显。在出台的与江苏省比较类似的若干政策上，专家认为它们对浙江省体育服务产业的促进作用并不理想，执行效果差，且执行效果呈下降趋势。认为《浙江省实施〈中华人民共和国体育法〉办法》（2002，2004年修改）对体育服务产业促进作用较大的专家只有20.0%，其中对体育服务产业内容的规定已经体现出重制定轻执行的现象。认为《关于进一步加快发展服务业的实施意见》（2008）对体育服务产业起较大促进作用的专家只有10.0%，主要原因是该政策中没有任何对一项体育服务产业的直接规定，"体育"一词没有出现过一次。

直到 2011 年再次发布《关于进一步加快发展服务业的若干政策意见》中才提到"体育",而且分量很少。直到《浙江省关于加快发展体育产业的实施意见》(2010) 生效一年后,浙江省体育服务产业政策执行效果才有所好转,有 30.0% 的专家认为该政策对浙江省体育服务产业的发展起到较大的促进作用,但实际执行效果依然有较大差距。专家反映主要原因为该政策内容依然比较宏观,没有与服务业政策有效融合和对接。浙江省还发布了两项政策,即《浙江省体育经纪人管理办法(试行)》(2001) 和《浙江省体育竞赛管理办法》(2007)。通过专家的判断,这两项政策对浙江省体育中介业和体育赛事产业的促进作用都不太理想。90% 的专家认为前者对体育服务产业的促进作用很小,66.7% 的专家认为后者对体育服务产业只是起到了一般作用。专家反映《浙江省体育经纪人管理办法(试行)》(2001) 的制定投入的成本较小,政策信息收集不充分、政策参与主体不全面、意见听取不充分等,造成最终的执行效果不理想,也有专家反映该政策并不是浙江体育经纪人发展所必需的政策。一些专家认为,《浙江省体育竞赛管理办法》(2007) 在当时市场经济较为成熟的条件下,增加若干体育竞赛管理和审批的规定是不科学的。但是通过 2011 年 7 月浙江省政府出台的《浙江省文化服务业"十二五"发展规划》的规定可以看出,浙江省已经开始重视体育服务产业的发展,其中规定"文化服务业是指以文化、体育、娱乐等资源为基础,以服务为手段的新兴行业,是现代服务业的重要组成部分"。在未来几年里,该政策和以上与之相关的其他服务产业政策可能会发挥较好的效果。

由于政策的落实不仅仅靠省级政府推动,还要依靠市级和县级政府的重视和落实,通过调查发现,《关于进一步加快发展服务业的实施意见》(2008) 和《浙江省关于加快发展体育产业的实施意见》(2010) 这两项政策在县市级政府落实效果较好。目前宁波、温州和隶属于杭州的富阳市等几个市政府对体育产业的重视程度很高,它们将运动和休闲相融合,已经在若干方面有效落实了体育服务产业政

表 5-5　江、浙两省若干体育服务产业政策文件对江、浙两省体育服务产业的促进作用（N=30）

政策名称	较小作用 n	较小作用 %	一般作用 n	一般作用 %	较大作用 n	较大作用 %
《江苏省体育设施管理办法》（1997）	7	23.3	16	53.3	7	23.3
《浙江省经营性体育场所管理办法》（1998年颁布，2004年失效）	8	26.7	5	16.7	17	56.7
《浙江省体育经纪人管理办法（试行）》（2001）	27	90.0	3	10.0		
《江苏省体育经营活动监督管理规定》（2003）	6	20.0	8	26.7	16	53.3
《浙江省实施〈中华人民共和国体育法〉办法》（2002，2004年修改）	11	36.7	13	43.3	6	20.0
江苏省《关于加快发展现代服务业的若干政策》（2005）	5	16.7	8	26.7	17	56.7
《浙江省体育竞赛管理办法》（2007）	9	30.0	20	66.7	1	3.3
《关于进一步加快发展服务业的实施意见》（2008）	15	50.0	12	40.0	3	10.0
江苏省体育局《关于创建省级社区体育健身俱乐部的通知》（2009）	2	6.7	11	36.7	17	56.7
江苏省《关于加快发展体育产业的实施意见》（2010）		0.0	12	40.0	18	60.0
《浙江省关于加快发展体育产业的实施意见》（2010）	2	6.7	19	63.3	9	30.0

注：表中数据经过四舍五入，合计数可能不等于100%。

策，并且还有若干体育、休闲与旅游相融合的财政补贴政策正在落实中。

第二节 影响我国体育服务产业政策执行效果的因素

一 我国体育服务产业政策执行效果影响因素调查

通过文献资料、专家访谈和实地考察，筛选出影响我国体育服务产业政策执行效果的20个因素。经过专家检验后确定导致我国体育服务产业政策执行效果不理想的因素有14个，主要为内容太宏观、与需求有偏差、配套政策不完善、地方政府重视程度低、国家体育总局重视程度低、地方体育局重视程度低、执行机关财政能力差、政策执行责任分配不明确、经济发展水平低、法制环境差、政治环境差、系统内和系统外体育服务产业经营者的差异大、经营主体法律政策意识弱、经营主体接受政策信息程度低，并请专家对这些影响因素进行非常同意至非常不同意七个等级程度的判断。由于我国不同地区间差异性的存在，因此在对体育服务产业政策全国性执行效果影响因素判断的同时，对地方省市也进行了调查，作为研究的参考数据。

二 我国体育服务产业政策执行效果影响因素分析

从我国体育服务产业政策实际产生的效果看，我国整个体育服务产业政策执行效果并不理想。影响我国体育服务产业政策的因素很多，而且比较复杂。不同主体对影响我国体育服务产业政策执行效果因素的判断也有一定的差别。统计问卷数据后，通过 SPSS 分析按照自动提取主成分的方法，最终提取出四个主要影响因子。

由图5-1的碎石图可以看出，影响体育服务产业政策执行效果有四个主成分。由旋转成分矩阵（见表5-6）和巴特莱特检验后可以得出导致体育服务产业政策执行效果不好的因子数量是13个，最终聚类成四个主成分。第一个主成分由内容太宏观、与需求有偏差、配套政策不完善、政策执行责任分配不明确聚类而成，将其命名为体育服务产业政策本身。第二个主成分由地方政府重视程度低、国家体育总局重视程度低、地方体育局重视程度低聚类而成，将其命名为体育服务产业政策执行主体。第三个主成分由经济发展水平低、法制制

图 5-1　因子分析碎石示意

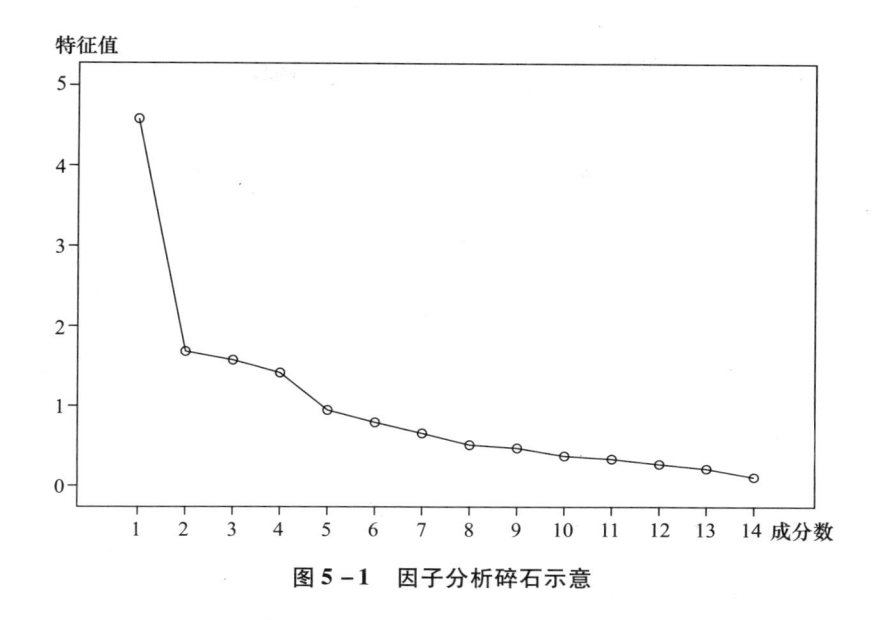

度环境差、政治文化环境差聚类而成，将其命名为体育服务产业政策环境。第四个主成分由系统内和系统外体育服务产业经营者的差异大、经营主体法律政策意识弱、经营主体接受政策信息程度低聚类而成，将其命名为体育服务产业经营主体。由此可以看出影响我国体育服务产业政策执行效果不佳的四个主要原因，即表中主成分：政策环境、政策对象、政策本身、执行主体。

通过主成分分析和总方差分析可以看出，体育服务产业政策环境的影响程度最大，然后是政策对象、政策本身和执行主体，它们对我国体育服务产业政策执行效果影响的权重分别是 0.495、0.182、0.170、0.153（见表 5-7）。而我国体育服务产业政策环境是在长期的历史发展中形成的，短期内改变的难度很大。由此可以看出提高我国体育服务产业政策执行效果任务的艰巨性，同时也验证了在我国经济发展水平较高、法律环境和政治环境比较好的地区，体育服务产业政策执行效果较好的事实。体育服务产业政策环境主要由经济环境、法律制度环境和政治文化环境形成，从表 5-8 可以看出其中政治文化环境的影响程度最大，对政策环境影响程度权重为 0.423，经济环境和法律制度环境分别为 0.342 和 0.359。

表 5-6　　　　　　　　　　旋转成分矩阵

	政策环境	政策对象	政策本身	执行主体
VAR00001	0.041	0.241	0.815	0.175
VAR00002	0.116	-0.003	0.825	0.051
VAR00003	0.126	0.455	0.492	0.275
VAR00004	0.067	0.185	0.175	0.785
VAR00005	0.138	-0.026	0.238	0.548
VAR00006	0.057	0.102	-0.048	0.875
VAR00007	0.486	0.335	0.374	-0.133
VAR00008	0.178	0.110	0.552	0.454
VAR00009	0.710	0.172	-0.192	0.240
VAR00010	0.832	0.162	0.283	0.131
VAR00011	0.892	-0.014	0.177	0.077
VAR00012	0.124	0.771	0.190	-0.003
VAR00013	0.296	0.748	0.030	0.091
VAR00014	-0.050	0.868	0.075	0.177

　　我国体育服务产业政策对象、体育服务产业政策本身和体育服务产业执行主体造成我国体育服务产业政策执行效果不佳的影响程度几乎相当，影响的权重分别在 0.15 和 0.19 之间（见表 5-7）。虽然它们的权重比较小，但是这些因素的可干预性比较强。因此，在改善我国体育服务产业政策执行效果时，需要在这些影响因素方面做工作，同时要考虑所需要的成本和能够实现的可能性。

表 5-7　　影响我国体育服务产业政策执行效果的因素

初始特征值	合计	方差的%	累积%	权重
政策环境	4.583	32.738	32.738	0.495
政策对象	1.687	12.048	44.786	0.182
政策本身	1.578	11.274	56.06	0.170
执行主体	1.419	10.136	66.196	0.153

从表 5-8 可以看出，在政策对象方面导致我国体育服务产业政策执行效果不佳的原因是系统内和系统外体育服务产业经营者的差异大、经营主体法律政策意识弱、经营主体接受政策信息程度低，在政策影响对象中的权重分别为 0.366、0.349、0.434。由此可以看出经营主体接受政策信息程度低是其中比较主要的原因，在干预成本相当的条件下，应该优先考虑干预这一因素。由于政策本身不完善造成我国体育服务产业政策执行效果不佳的原因是内容太宏观、与需求有偏差、配套政策不完善，它们在政策本身中的影响权重分别为 0.400、0.446、0.168。由此可以看出内容太宏观和与需求有偏差两个方面对体育服务产业政策执行效果的影响程度比较大。在执行主体方面影响政策执行效果不佳的三个原因是地方政府重视程度低、国家体育总局重视程度低、地方体育局重视程度低，它们在政策执行主体中的权重分别是 0.398、0.270、0.485。由此可以看出影响较大的两个原因是地方政府重视程度和地方体育局重视程度。

表 5-8　　　　　影响因子在各自主成分中的权重一览

	政策环境	政策对象	政策本身	执行主体
VAR00001	-0.107	0.000	内容太宏观 0.400	-0.031
VAR00002	-0.037	-0.127	与需求有偏差 0.446	-0.086
VAR00003	-0.058	0.136	配套政策不完善 0.168	0.042
VAR00004	-0.060	-0.003	-0.035	地方政府重视程度低 0.398
VAR00005	0.007	-0.108	0.052	国家体育总局重视程度低 0.270
VAR00006	-0.038	-0.024	-0.160	地方体育局重视程度低 0.485
VAR00007	0.176	0.088	0.130	-0.187
VAR00008	-0.015	-0.074	政策执行责任分配不明确 0.218	0.162
VAR00009	经济发展水平低 0.342	0.021	-0.240	0.095

续表

	政策环境	政策对象	政策本身	执行主体
VAR00010	法律制度环境差 0.359	-0.050	0.029	-0.036
VAR00011	政治文化环境差 0.423	-0.129	-0.007	-0.041
VAR00012	-0.038	系统内和系统外体育服务产业经营者的差异大 0.366	-0.008	-0.103
VAR00013	0.061	经营主体法律政策意识弱 0.349	-0.127	-0.039
VAR00014	-0.136	经营主体接受政策信息程度低 0.434	-0.089	0.017

第三节 提高我国体育服务产业政策执行效果的建议

从专家反映的我国体育服务产业政策效果以及影响因素看，可以通过解决影响我国体育服务产业政策执行效果的各种问题来提高我国体育服务产业政策执行效果。从理想状态上可以通过干预影响我国体育服务产业政策的各个因子来提高我国体育服务产业政策的执行效果。但是这些因素有些是人为可干预的、有些是人为不可干预的，对于可干预因素的干预成本也不同，投入成本过大而收益偏小的方案是不可取的。因此，本书在问卷的数据和专家访谈信息的基础上，结合相关理论，提出改善我国体育服务产业政策环境、优化政策对象、完善政策本身和改进政策执行主体的科学方案，以提高我国体育服务产业政策执行效果。

影响我国体育服务产业政策执行效果的政策环境因素是最难改变的因素，而其他三个因素的可干预性较强。因此重点从体育服务产业政策对象、政策本身、执行主体三个方面入手来改善我国体育服务产业政策执行效果更具有现实意义。尽管政策对象、政策本身和执行主体相对于体育服务产业政策环境对体育服务产业政策执行效果不佳的影响程度相对较小，但是这些因素都具有较强的可变性，干预空间较大，在实践中也正是通过改变这些因素来提高体育服务产业政策执行效果的。通过表5-7可以看出这三个因素对体育服务产业政策的影响权重比较接近，分别为政策对象（0.182）、政策本身（0.170）和执行主体（0.153）。

一　政策环境

政策环境对体育服务产业政策执行效果的影响程度最大，从理论上讲可以通过改善政策环境来提高我国体育服务产业政策的执行效果。由于政策环境主要由经济发展水平、法律制度环境和政治文化环境构成，要改善政策环境必须通过改善这三个要素来实现，但是这三个要素的改变是一个漫长的过程，很难在短时间内发生改变。很多专家认为体育服务产业政策的执行效果对体育服务产业政策环境是依赖和顺从关系，应该是在现有的政策环境下，制定适合政策环境的政策内容和采取合适的政策执行方式来提高体育服务产业政策执行效果。

尽管体育服务产业所处的经济发展水平、法律制度环境和政治文化环境都是比较难以改变的因素，但是并不能说这些因素是完全不可改变的。国家经济发展环境、法律制度环境和政治文化环境是处于一个动态的发展过程中的，可以在一定程度上采取低成本的干预方式干预政策环境，尽管短期内难以收到良好的效果，但是从长远看对改善政策环境具有积极作用。通过表5-8可以看出，对造成我国体育服务产业政策环境比较差的主要原因是政治文化环境，对体育服务产业政策环境的影响程度是0.423，大于其他两个因素。相对于前两个因素来讲干预的成本也相对较小，因此可以重点通过改善政治文化环境在一定程度上提高我国体育服务产业政策的执行效果，如可以通过宣传和教育提高政治文化水平，可以通过公务员考试来招聘较专业的行政管理人员等。

二 政策对象

政策对象主要指各类体育服务产业经营者。体育服务产业政策最终能否发挥作用,与政策对象能否有效接收政策信息和顺应政策内容有直接关系。从表5-7可以看出,除政策环境外,政策对象影响我国体育服务产业政策执行效果的影响程度最大,为0.182。因此通过干预体育服务产业政策对象改善体育服务产业政策执行效果具有重要意义。从表5-8可以看出,体育服务产业政策对象造成我国体育服务产业政策执行效果的主要原因是系统内和系统外体育服务产业经营者的差异大、经营主体法律政策意识弱、经营主体接受政策信息程度低。在我国体育服务产业发展过程中,一直强调要确立国有企业和民营企业的同等市场地位,但是通过调查发现我国国有企业与民营企业服务产业依然存在很大差别,应该继续调整和强化系统内外体育服务产业经营者的平等地位。经营主体法律意识弱也是影响体育服务产业政策执行效果的因素,这是相对较难干预的一个因素,需要我国长期法制水平的提高和长期的法规政策宣传来达到改善的目的。经营主体接受信息程度低是影响我国体育服务产业政策发挥作用的重要因素,它在体育服务产业对象中的权重最大,为0.434。可以通过各种渠道宣传、发布和传递信息,使体育服务产业经营者充分接收政策信息。在现实中,加强信息传递工作相对比较容易,采取各种措施投入的成本也相对较小。因此应加强政策执行机关的政策下达程度和宣传力度,以增强经营主体的政策信息接收程度。经营主体的法律政策意识的提高是一个长期的过程,政策法律意识水平的权重也较小,为0.349,在实际操作中可以通过法律政策宣传的途径尽量提高体育服务产业经营者的法律政策意识。

三 政策本身

政策本身是否科学是体育服务产业政策执行效果的基础环节,从表5-7可以看出,由于我国体育服务产业政策本身不完善造成体育服务产业政策执行效果不佳的权重是0.170,小于政策对象大于政策执行主体。在政策本身方面内容太宏观、与需求有偏差两个因素影响权重较大,分别是0.400和0.446(见表5-8)。而且在体育服务产业政策的制定和政策内容的设计过程中,也比较容易调整。因此应该将体育服务产业政策的内容具体化和迎合体育服务产业的政策需求为工作重点来提高体育服务产业政策本身的质量。作为配套政策,一方面它对政策执行效果的影响权重较小,另一方面体育服务产业政策的配套政策干预成本很大,因为我国很多税收、融资、财政等配套政策往往不是专门为体育服务产业政策服务的,而是服务我国整个经济发展的需求的。因此在体育服务产业政策本身的优化方面,重点应放在制定体育服务产业政策时,将政策内容具体化、充分考虑体育服务产业发展的政策需求,顺应国家配套政策。但是在我国行政管理权不断下放到地方政府的过程中,地方配套政策将起到越来越重要的作用。

四 政策执行主体

从体育服务产业政策执行主体看,影响体育服务产业政策执行效果不佳的因素为,地方政府对体育服务产业政策不够重视、地方体育局对体育服务产业政策不够重视,它们的权重分别为 0.398 和 0.485(见表 5-8),因此提高地方政府和地方体育局对体育服务产业的重视程度是提高体育服务产业政策执行效果的关键环节。根据两者之间的权重比较可以看出,政府重视对体育服务产业政策执行效果的影响更大一些。因此,积极说服地方政府对体育服务产业政策的重视来提高体育服务产业政策执行效果是比较关键的环节。

第六章 我国体育服务产业政策需求

从分析我国体育服务产业政策执行效果的过程中可以看出，影响我国体育服务产业政策执行效果的主要因素之一是政策本身不够科学，而影响政策不够科学程度最大的是政策内容与我国体育服务产业政策需求之间有偏差。因此分析我国体育服务产业对政策的真正需求，不仅对设定科学的体育服务产业政策具有重要作用，对体育服务产业政策的执行效果也有重要意义。从政策实践看，我国每年都有全国性或地方性的新政策制定工作，往往会涉及对体育服务产业政策内容的规范，特别是在第三产业政策、服务业政策、体育政策、文化产业政策、旅游产业政策，以及与之相关的财政、税收、融资、水电等政策。由此也可以看出根据体育服务产业发展的需求，及时调整政策内容是比较可行的。

体育服务产业对其产业政策的需求，其本质为我国体育服务产业发展中需要政策解决的若干问题。从综合问题上看有体育服务产业与我国体育事业发展不平衡、与国家经济发展不协调、体育服务产业附加值低等。从具体的体育服务产业类型上讲有高尔夫球场土地资源浪费和人们需求之间的严重矛盾、体育场馆经营效率低、体育赛事产业低迷、健身会所经营困难、体育彩票单调等。

第一节 我国整体体育服务产业政策需求

尽管目前我国体育服务产业已经取得了较好的成果，但是依然存在很多问题需要解决。这些问题恰恰是体育服务产业政策需要修正或者完善的依据,而体育服务产业政策制定和执行的最终目的也正是为了解决这些问题。我国体育服务产业的发展过程是不断出现各种问题和解决各种问题的过程,也是体育服务产业政策对体育服务产业干预的过程。

一 体育服务产业结构不合理

截至 2008 年,我国体育服务产业占整个体育产业的比重只有 17.70%,2007 年的比例是 16.73%;而 2002 年美国仅大众健身休闲业就占本国体育产业的 32%、体育观赏业占本国体育产业的 25%;2008 年英国体育服务产业达到 61.5%,包括体育参与、体育博彩、体育观赏、体育旅游等。体育产业发达程度越高,体育服务产业所占比重越大,目前美国、日本、澳大利亚、英国等发达国家体育服务产业的产值已达到甚至超过体育产业总值的 50%—60%,均超过了体育用品业。从图 6-1 中可以看出,我国体育产业的主要成分还是体育用品业,体育服务业的占比偏少、产值相对偏低。

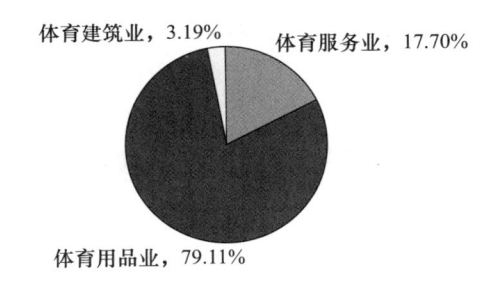

图 6-1　2008 年我国体育产业构成

从我国体育服务产业内部各种经济活动结构看(见图 6-2、图 6-3),我国体育服务产业主要集中在体育组织管理活动、体育彩票活动和体育健身休闲活动方面,我国的体育中介活动、体育培训活动和体育场馆管理活动都比较少。体育中介活动是体现职业体育、体育广告、体育传媒等众多体育服务产业形态发展水平的产业,而我国体育中介活动增加值比例只有 1.20%。我国体育彩票活动产生的产值虽然较多,但是与其他各种体育产业的关联性非常小,尽管与体育比赛的精彩有关系,但是竞猜的对象是国外比赛,推动的是国外体育赛事的发展,而不是中国体育赛事产业的发展。

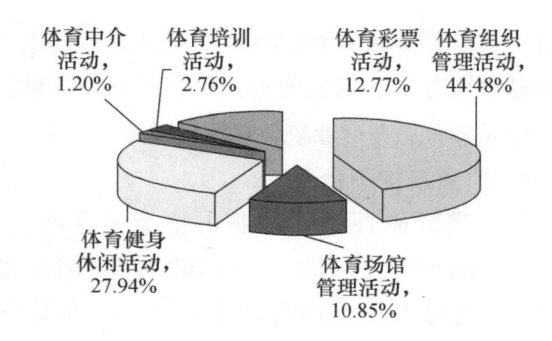

图 6-2 2006 年全国体育服务业增加值构成

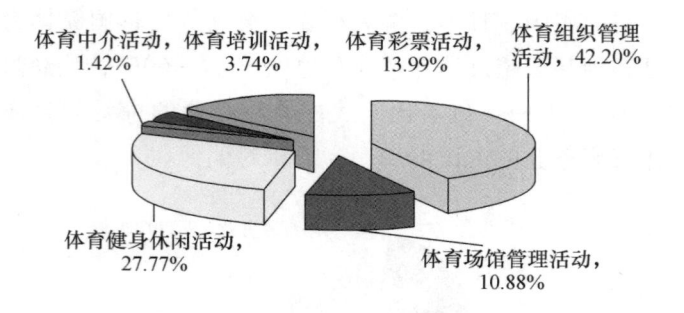

图 6-3 2007 年全国体育服务业增加值构成

二 我国体育服务产业附加值低

我国体育服务产业的附加值非常低，2007 年我国体育服务产业就业人口的人均创造增加值只有 4.13 万元，2006 年只有 3.58 万元。我国体育服务产业最初以补充体育发展资金不足和更好地满足人们的体育需求为主要目的，逐渐过渡到把体育服务产业作为满足我国不同体育消费群体的需求、促进国家经济增长和调整我国产业结构的重要手段。目前虽然逐渐将其作为我国现代服务业的组成部分来重点发展，也享受到了一些服务业的优惠政策，但体育服务产业的整体附加值还没有达到一定的高度。整体上还处于低水平、低利润的状况，特别是我国职业体育发展水平还比较低，其产生的商业附加值非常有限，一些大型体育赛事甚至出现亏损现象。

三 我国居民体育服务产业总体消费水平低

体育服务产业的消费是促进体育服务产业发展的直接动力，但是我国居民体育服务产业消费能力很低。我国总体分配率低与发达国家有很大差距。分配率是指劳动者的工资总额占 GDP 的比重，是衡量国民消费能力的重要指标。市场经济成熟的国家，分配率普遍都在 54%—65%，如日本 1999 年分配率为 54.18%，美国 2000 年为 58.31%，德国 2000 年为 53.84%，英国 2000 年为 55.27%。而我国平均在 12%—16%，如果再加上工资额 30% 的福利，则在 15%—20%。① 一个国家人均 GDP 超过 2000 美元，消费将进入快速增长期，2007 年，中国的人均 GDP 已达到 2456 美元。② 但是中国的贫富差距也比较大，随着物价、房价和教育支出的增加，持续加大体育服务消费的任务比较艰巨。③

2001 年，我国城镇居民恩格尔系数从 1993 年的 50.13% 下降到了 37.9%。2002 年至 2009 年七年间，下降幅度开始减少，2008 年为 37.11%，基本维持在 37% 左右。美国自 1980 年以来的恩格尔系数平均为 16.45%，日本 1990 年以来平均为 24.12%。进入 2010 年，中国的恩格尔系数达到 39.76%。有关专家预测，2012 年中国恩格尔系数可能突破 40%，由此可以看出在体育文化娱乐上的消费群体的增长也会受到一定限制。④ 从我国居民整体体育消费看，影响体育消费的主要原因是收入比较低、闲暇时间少、消费能力低、体育消费需求不稳定。⑤ 随着我国居民收入总体水平的不断提高，人们对体育服务消费的需求趋于增加，但同时也体现出体育消费的不平衡性，以休闲娱乐为主的高档体育消费与以健身为主的中低档体育消费之间存在较大差别，存在高端消费群体的体育消费产品缺乏的现象。因此为金领阶层提供附加值高的体育服务产品，应该是增加体育服务产业产值和吸纳就业的有效手段。

四 我国体育服务产业组织水平低

从 2008 年的体育及相关产业专项调查结果可以看出，体育健身

---

① 《中国统计年鉴 2004》。
② 雷敏：《扩大消费拉动经济增长》，《民营经济报》2008 年 10 月 7 日。
③ 《中国统计年鉴 2007》。
④ 柏慧敏：《上海休闲体育文化解析》，《上海体育学院学报》2010 年第 1 期。
⑤ 张林、黄海燕、王岩：《改革开放 30 年我国体育产业发展回顾》，《上海体育学院学报》2008 年第 7 期。

休闲活动、体育中介活动、体育培训已形成社会兴办、多元投资的格局。但依然有很多优质体育资源控制在体育部门中,如体育场馆资源和高水平运动员资源。一些运动项目管理中心、项目协会等准行政单位分割和垄断体育项目市场的现象普遍存在,社会力量进入项目市场的隐形壁垒依然存在。一些可以由服务外包来实现的体育公共服务依然通过体育事业单位的形式来运作,社会力量缺乏参与经营体育服务产业的平台和渠道。我国整个体育服务产业组织水平仍处在较低的水平,职业联赛的经营权和开发权不独立,竞技体育的经济价值依然没有充分体现和发挥。目前我国体育服务业企业组织化、集约化程度不高,仍以中小企业为主,资产总量偏低,以分散经营为主,发展相对滞后,没有形成规模经济效应。①

五 与文化、旅游产业发展差距大

我国体育服务产业与文化产业、旅游产业具有许多共同之处,主要以丰富人们的生活和满足人们的休闲娱乐需求为主。但是现实中体育服务产业的发展水平与它们具有很大差距。在我国小康社会的建设和体育大国的建设过程中,体育服务产业发展水平必须缩小与文化产业和旅游产业之间的差距。我国文化产业和旅游产业每年的增加值和就业人口都远远大于体育服务产业。2010年我国文化产业增加值约为8400亿元,"十二五"期间将形成10家具有重大影响的国家级文化产业示范园区②,《文化部"十二五"时期文化产业倍增计划》提出了"十二五"期间文化部门管理的文化产业增加值年平均增长速度高于20%的目标。③ 文化产业和旅游产业在结构升级、集约化发展、规模效应等方面已经取得了很多成绩,有不少省市还把文化产业或旅游产业作为本地区的支柱产业或主导产业发展。④ 而我国体育服务产业的集约化才刚刚起步,在经营模式和规模效应方面还处于较低的

---

① 张林、陈锡尧:《我国体育产业未来五年发展构想与展望》,《体育科学》2006年第7期。
② 王健生:《文化产业增速超GDP成地方转型突破口》,《中国改革报》2010年11月25日。
③ 杨浩鹏:《推动文化产业高质量增长》,《中国文化报》2012年3月2日第6版。
④ 冯卫红:《旅游产业集群形成和演进研究》,博士学位论文,河南大学,2008年。

水平。

第二节　我国若干具体体育服务产业的政策需求

我国《体育及相关产业分类（试行）》（2008），将体育产业分为体育服务业、体育用品业和体育建筑业，体育服务产业又分为八大类。但是在实践中可观察到的体育服务产业现象是各种不同的、具体的体育产业形态或者体育服务产业客体，如体育健身会所、体育场馆、体育赛事、体育彩票、高尔夫、保龄球等。这些产业形态各自相互独立又存在交叉关系，在一定程度上互相依存、共同发展。体育服务产业政策最终落到实处是通过发展这些具体的体育服务业企业为目的，也是通过发展这些产业项目或者产业类型达到优化体育服务产业组织和产业结构的目的，最终达到科学发展体育服务产业的目的。

一　体育场馆经营与管理

体育场馆的经营与管理是我国最早形成的体育服务产业形态，在计划经济体制下，体育场馆建成之后依然需要国家给予服务性的投入，对国家来说是一个非常沉重的负担。我国体育场馆的开放与经营首先作为解决体育场馆管理资金不足的问题被提出来，因此，在1984年提出改善体育场馆管理和使用的政策，强调在场馆的使用中，要讲究经济效益，积极创造条件实行多种经营，逐步转变为企业、半企业性质的单位。1992年提出"以体为主，多种经营模式"。但是长期以来，体育场馆的转企模式并不顺利，怎样以体为主，怎样多种经营，利润怎样均衡与分配，亏损怎样弥补等都是非常棘手的问题。[①] 体育场馆资源浪费的现象一直比较严重，直到现在依然有一些大型体育场馆由于开放成本太大，无法对外开放。虽然有若干靠市场化运作比较成功的体育场馆，如南京的五台山体育馆、广东的天河体育馆、上海

---

① 陈元欣：《我国职业体育俱乐部融资结构、方式及其制约因素研究》，硕士学位论文，华中师范大学，2005年。

的东亚体育场，以及武汉的奥林匹克中心等，但是这些场馆也同样受到争议。因为作为公共性的体育场馆，以追求经济利益为目的的经营与管理把普通老百姓拒之门外是不能被广大市民所接受的。另外，体育场馆管理者会倾向于经济效益较好的非体育经营项目，如个人演唱会、门面房出租、商业会展等，使体育场馆的体育功能缺失，使一些体育无形资产开发受阻。在国家对场馆的管理投入不断减少，甚至停止资金投入的情况下，如何有效提高体育场馆的经济价值，如何提高体育场馆的利用率，以及如何让闲置的场馆恢复使用，同时还要让老百姓能够欣然接受，是目前亟待解决的重要问题。① 目前事业性的体育场馆是否要以牺牲为群众体育服务而继续进行企业化改制，甚至现有的事业单位是否继续按照企业化管理方式进行经营，都需要政策给予比较明确的规定。

随着我国学校教育事业服务地方工作的不断推进，我国学校体育场馆节假日对外经营与开放越来越多，但出现的问题也不计其数，如场馆经营影响学校体育课的正常进行、场馆经营收入去向不明等。目前学校体育场馆规范性政策的缺乏和监督机制的缺失，是导致学校体育场馆资源流失现象比较普遍的原因。②

二 高尔夫球产业

我国长期以来采取对高尔夫球产业发展持非常谨慎的态度，主要是防止高尔夫球场占用耕地。但是随着我国政策大环境的宽松和经济结构调整的需求，高尔夫球产业获得了很大的发展空间，如 2002 年取消高尔夫球场建设审批制度。尽管 2004 年发出高尔夫球场的建设禁令，但是 2009 年国务院《关于加快发展旅游业的意见》又提出有序、规范地推进高尔夫球产业发展。高尔夫球场的建设不仅是招商引资的项目，也是改善投资环境的重要因素，可以为城市吸引更多发展资金。高尔夫球产业在一定程度上可以增加就业机会、增加税收、拉动经济增长、改善城市面貌等。正是高尔夫球产业带来的这些良好综

---

① 聂洪升：《沈阳奥体中心体育场综合赛事管理系统》，沈阳五里河体育发展有限公司，2008 年。
② 刘勇、刘鸣鸣：《我国学校体育场馆服务于社会的动力》，《体育学刊》2011 年第 2 期。

合效益导致很多城市竞相建设高尔夫球场,甚至以破坏优质土地为代价违规建设高尔夫球场。① 高尔夫球产业是经济发展水平高和土地广阔两者共同促成的产物,而我国经济发达地区的土地资源紧张,土地广阔的偏远地区经济发展水平都很低,在经济上和土地上都适合建设高尔夫球场的区域很少。尽管我国高尔夫球场数量比很多国家少,但是如果不对我国目前高尔夫球场的建设进行规范和控制的话,可能会像保龄球项目一样发生结构剧变和造成大量沉没成本。

我国高尔夫球场的数量从 2000 年开始每年增加 10%—15%,2009 年已超过 400 个。② 面临不断膨胀的高尔夫球市场,国家很早就采取了限制性政策,旨在控制高尔夫球场的数量,从政策上防止类似保龄球项目的遭遇。从 2004 年开始,国家对高尔夫球产业的禁令众多,但违规高尔夫球场建设仍未停止。全国违法占地、违规建设高尔夫球场问题扩展势头明显,从沿海地区向中、西部蔓延。③ 截至 2008 年,全世界大约有 3.2 万个高尔夫球场。其中一半的数量在美国,其次在英国(2741 个)和日本(2440 个),韩国有 400 多个。目前每年增加的高尔夫球场的数量逐步减少,因为新增的高尔夫球爱好者太少了。④ 高尔夫球场建设的脚步必须放慢,必须预测高尔夫球场过度建设可能带来的危害,合理规划高尔夫球产业的可持续发展模式。目前上海高尔夫球场和练习场已经超过 200 家,通过 2011 年的访谈和实地考察情况看,已经有不同程度的亏损现象。

三 体育赛事产业

体育赛事是体育服务产业中最具活力、影响力、辐射力的表现形式,具有关联度高、产业链长、带动性强的特点。⑤ 20 世纪 90 年代以来,我国举办的各类商业体育赛事越来越多,但是存在的问题也不

---

① 李立刚:《对我国高尔夫球产业现状分析研究》,《大家》2011 年第 9 期。
② 同上。
③ 国土资源部:《非法建设高尔夫球场问题向全国蔓延》,《城市规划通讯》2011 年 8 月 31 日。
④ 金银日:《高尔夫球运动政策规制与舆论环境刍议》,《成都体育学院学报》2010 年第 8 期。
⑤ 黄海燕、张林:《体育赛事给举办地带来的新资金分析》,《上海体育学院学报》2010 年第 2 期。

容忽视。职业体育是体育赛事产业的核心,也是一个国家体育产业竞争力的体现,然而我国职业体育并不尽如人意。

目前我国各大城市都将发展体育赛事作为推动本地区体育服务产业和体育事业发展的重要工作。但是从我国大型赛事举办情况来看,主要是靠政府投资或者国有企业赞助解决资金问题。从英国举办大型体育赛事的经验看,大型体育赛事的经济效益并不总是那么乐观,必须对赛事进行有效的赛前评估,要有选择性地举办适合本地区的体育赛事,要选择具有群众基础的赛事。① 而我国盲目举办赛事的现象非常普遍,且长期以来忽视草根体育,职业体育和大型商业体育赛事就像空中楼阁,群众基础过于薄弱。

四 体育彩票

我国体育彩票业经历了从无序到有序,从分散到统一的发展过程,体育彩票在筹集体育经费方面发挥着越来越重要的作用,其特殊的社会意义和经济效益已经得到社会的广泛认可。体育彩票公益金在修建群众体育活动设施、扶助西部及贫困地区群众体育、用于奥运争光计划、弥补大型运动会竞赛经费等方面起到了关键作用,为推动体育事业的发展和满足人民群众对体育的需求发挥了重要的作用。② 我国体育彩票业很多时候不直接与体育发生关系,甚至不被称为真正的体育产业。③ 在很多国家体育彩票直接或者间接与体育发生关系,或者说是体育赛事的衍生产业。国外一些竞猜型体育彩票有效推动了体育赛事产业的发展,而我国足球彩票只是竞猜国外体育赛事,虽然在海南允许发行竞猜型体育彩票,但是很多细节都没有具体体现,武汉的赛马彩票也依然没有亮相。我国体育彩票业仅仅实现了募集资金的功能,并没有与体育赛事交相辉映、互相发展。④ 目前我国彩票政策

---

① 黄海燕、张林:《体育赛事综合影响事前评估指标体系研究》,《上海体育学院学报》2011年第1期。

② 师耀武、柳伯力:《正视我国体育彩票业的管理与发展》,《山东体育学院学报》2009年第7期。

③ 蔡国宏、朱勇军:《对体育彩票的认识与思考》,《北京体育大学学报》2007年第S1期。

④ 韩旭升:《论体育彩票在我国体育产业中的作用》,《成功(教育)》2011年第21期。

主要规范彩票如何发行和销售，以及彩票基金如何使用，还没有真正的本国体育竞猜政策，这已经成为我国体育赛事产业发展的障碍。除足球彩票外，我国体育彩票与福利彩票过于雷同，而且从业人员多，增加了很大的发行成本，两者之间常常产生恶性竞争。[①] 另外，我国体育彩票公益金的使用方面也存在一些问题，如在经济欠发达地区体育彩票公积金常常被分割到其他方面，而成为弥补其他财政不足的手段。

五　健身会所

在20世纪80年代健身房刚刚兴起时，一个卡带式录音机、一间平房就可以经营一个健身房。到20世纪90年代，我国健身房是中小规模、中低档次，成本投入也比较小，基本处于稳步发展阶段。但是从2000年开始，我国健身俱乐部数量每年以新增约千家的速度急剧增长，我国城市居民用于个人健身的消费每年以30%的速度递增，到2005年我国健身房数量达到15000家左右。但是近几年来，健身业投入成本越来越大、场地租金越来越高、退出机制缺失、价格恶性竞争严重等各种问题已经导致各地频频出现健身房倒闭情况，如南京的六家耐力国际健身俱乐部直营店就已经全面倒闭，而在前一年还被评为南京市"体育产业先进单位"。很多一线城市，过去四五千元一张的年卡现在降到千元以下的比比皆是，入不敷出的健身会所关闭，消费者退费维权得不到彻底解决。我国目前健身会所普遍存在的先交钱后消费的预付款方式，应当以社会的诚信、有序的市场和完善的法律法规为前提，然而我国健身市场正处于一个无序发展的状态，商家只会把自己的损失降到最低，很少顾及消费者的损失。我国健身行业体现出在竞争方面投入太多，本身消费群体定位不准确，缺乏行业联动的合力和缺乏与其他行业的联合营销，导致健身房行业的资金链非常脆弱。

六　保龄球馆和台球俱乐部

保龄球活动在2000年左右曾经火暴整个中国，但是目前有保龄球馆的城市太少了，而且主要以非营利性球馆为多。很多经营过保龄

---

① 张玉超：《我国彩票法律制度研究》，《首都体育学院学报》2011年第1期。

球馆的人士反映，保龄球占地面积大、设备昂贵，而且噪声很大，很多宾馆也放弃设置保龄球娱乐项目。据一位一直在上海从事保龄球行业10多年的工作人员反映，上海原来数百家的保龄球馆，到目前为止只剩下三五家了。2004年我国将保龄球的营业税从20%降低到5%，也没有挽救保龄球的命运。不少从事过保龄球行业的人士反映，保龄球真的不适合中国人，游戏规则简单消耗体力小，也达不到锻炼身体的目的，不管采取何种措施都难以恢复保龄球市场。目前我国现存的保龄球馆很少有盈利现象，几乎都属于当地体育部门或者高校教育部门的补贴范围，否则根本无法生存。

目前我国台球俱乐部也开始走下坡路，倒闭台球室越来越多，上海目前约2600家台球俱乐部，甚至一些台球馆是由当年的保龄球馆改造而来的。2011年年末，在上海有30多家直营店的传奇台球俱乐部全面倒闭。一些中低档台球经营场所倒闭的现象更普遍，它们面临的主要问题是占地面积太大、房租增长超过预期价值导致经营成本太大；保龄球能够达到健身的功效太小和经营主体的盲目投资现象严重，每家营业额的提高和利润的增加非常困难。

第七章　完善我国体育服务产业政策的建议

从我国体育服务产业发展状况和体育服务产业政策实际发挥的效用情况看，我国体育服务产业政策需要加强其合理性，执行过程要进一步科学化，应及时对体育服务产业政策的执行效果进行评价，同时要加强对体育服务产业政策的监督。

第一节　政策内容的优化

我国体育服务产业政策内容的优化，其本质是在现有政策条件下，对政策内容进行补充、对不合理的政策进行终止或者增加新内容。体育服务产业政策的调整是一个长期的动态过程，体育服务产业在每个不同的历史时期都有不同的政策需求。从2010年国务院办公厅《关于加快发展体育产业的指导意见》的出台、2011年《体育事业"十二五"规划》和《体育产业"十二五"规划》的问世可以看出，我国体育服务产业发展政策内容针对我国体育服务产业发展作了较为实时的调整，也是适应我国体育服务产业发展需求的体现。但是由于有限理性行为的限制和我国体育服务产业政策内容决策机制的限制，依然有不尽完善之处。加上我国每个地区体育服务产业发展环境的不同和每个地区政策执行资源的不同，地方体育服务产业政策内容依然需要进一步完善。我国体育服务产业对体育服务产业政策的需求是体育服务产业政策内容调整的重要依据。另外，经济发展的需求、社会环境的变迁，以及当前体育服务产业政策状况等都是优化和调整我国体育服务产业政策内容的重要依据。

一 综合性体育服务产业政策内容

在我国综合性体育服务产业政策中，应确立体育服务产业与体育用品业协调发展的政策内容。我国体育服务产业结构不平衡问题主要是体育服务产业与体育用品业之间的不平衡，体育服务产业没有有效带动体育用品业的发展。在我国体育产业政策中，特别是地方政策中，体育服务业的分量并没有体现出比体育用品业更重。比如在江苏省的体育产业引导资金中，一半以上的受资助企业是体育用品业。在我国体育服务产业内部结构方面，我国各项体育服务产业类别的发展水平普遍较低，尤其是体育中介业的增加值非常小。而体育中介依附于体育赛事产业的发展，由此也可以看出我国体育赛事发展水平偏低，在我国体育服务产业政策内容中应该以促进体育赛事产业发展为重要任务。

在我国体育服务产业政策中，应兼顾体育公共服务产业与体育服务产业协调发展。针对我国体育服务产业的附加值低、体育服务总体消费水平低和体育服务消费不平衡的状况，我国体育服务产业政策的制定应将体育公共服务与体育服务产业有机结合。如可以针对我国中、低收入人群以政府购买的形式提供免费或优惠的体育公共服务，同时给予经营者各项优惠政策。针对高收入群体的体育消费，通过市场手段设置以休闲和娱乐为主的高档消费形式，以提高体育服务产业的市场价值和缓解社会就业压力。我国可以在体育服务产业基础性产品提供的同时，适度设置体育文化创意产业内容，满足奢侈性体育消费者。虽然我国总体消费不高，但是我国奢侈品消费却非常可观，将奢侈性体育消费群体引入到对健康、健身、娱乐和享受为一体的高端消费中，不仅可以创造可观的增加值，还可以激活经济发展和带动大量就业。目前我国已经给予体育产业基地、体育产业集聚区、体育休闲基地等诸多优惠政策，也取得了较好的效果，建议这些政策涉及体育创意产业领域。

在体育服务产业政策的设计中，应加深与旅游产业和文化产业的充分融合。目前我国虽然在文化产业政策和旅游产业政策中已经有一些体育服务产业的涉及，但是涉及的程度非常小，各地区之间差异大，需要进一步扩大体育服务产业的范围、进一步加深融合程度。体育服务产业专门政策内容的设定也应该借鉴文化产业政策和旅游产业政策的经验，力争能够享受到若干优惠税费政策。

在组织结构上，一方面支持体育服务产业规模经济，充分与体育用品业、文化产业、创意产业和旅游产业相结合，创造具有竞争力的体育服务产业形式；另一方面也要兼顾中小企业，不能以过分牺牲中小企业的利益而发展规模性体育服务产业。在日本使用产业政策加速产业结构优化的过程中，就采取对中小企业风险应对措施，以防止规模经济发展中的负效应。

二　若干具体体育服务产业政策内容

我国具体体育服务产业种类很多，每个具体的产业对政策的需求也有所不同。特别是在健身休闲业方面，体育项目的差异性较大，项目活动实现的目标也有差别，对政策的具体需求也是不同的。根据访谈和调查的情况，本书针对上文提到的几个存在问题比较突出的产业类别提出在政策方面进行完善的建议。

（一）体育场馆经营管理政策

建议在我国体育产业政策或者地方相关政策中，将我国体育场馆进行分类，根据场馆的类别选择合适的经营模式、税收标准、用水用电标准。对一些投资大、现代化水平高，以举办大型体育赛事遗留下来的大型体育场馆按照企业模式进行市场化经营管理，尽可能提高场馆的现代化服务功能，实现体育场馆的高附加值。在实现体育功能的同时大力开发其他服务功能，充分实现体育场馆的综合商业价值，如演唱会、展销会等。对一些以提供群众健身为主依然以事业单位为主的中小型体育场馆，只要社会环境许可，建议也按照企业模式进行经营和管理，具体的方式可以委托经营、政府购买公共服务等，但是必须设计使其保留公益性功能的方案，如设置免费、优惠时间段，对老年人、学生、下岗人员等弱势群体的消费活动给予优惠。如果因为提供过多公益性服务而造成亏损，政府必须给予救济措施。对学校体育场馆的开放，应借鉴综合性场馆政策，具体规定场馆收支政策，具体规定教学和服务地方的协调性政策。

（二）高尔夫球产业发展政策

我国应该预测和规划国内高尔夫球场发展数量和分布情况，严格控制高尔夫球产业发展规模和分布，避免高尔夫球产业过热和后期亏损倒闭的现象。目前我国对高尔夫球产业已经采取了严格限制的政策，非法高尔夫球场建设者已经受到强烈的舆论监督和法律制裁。另外，国家也应该科学、及时和快速发布高尔夫球产业发展政策，引导高尔夫球产业经营者在荒草地、沼泽地、裸土地、滩涂及垃圾填埋场等未利用土地上发展高尔夫产业，甚至给予高尔夫球场建设上的优惠政策。

目前我国各省市的高尔夫球产业的营业税率都保持在了5%—10%，基本上达到了经营者的满意，但是在审批政策上还需要完善，需要设计禁止对优良土地的占用，以利用劣质土地为根本的具体政策。在保证优良土地资源不受影响的情况下有计划地发展高尔夫球产业，应继续把高尔夫球运动定为奢侈性消费，限制高尔夫球运动平民化。

（三）体育赛事产业政策

建议放宽体育赛事的审批制度，除国家规定的几大赛事和国际赛事外，其他赛事采取备案制度。尽管我国目前新规定的体育服务产业政策都体现了鼓励发展职业体育，大力支持各种商业性体育赛事精神，但是2000年的《全国体育竞赛管理办法（试行）》设置的体育赛事审批规定，依然保持了对较多的体育赛事的行政审批权，在现实中存在的行政不作为和腐败现象比较多，因此建议取消其他体育赛事的审批制度。

我国地域辽阔，各地区经济发展不平衡，体育的区域性特点比较明显。目前我国已经产生了区域性半职业体育联赛或者商业性体育联赛，应该从政策上引导区域性小型职业联赛的开展，以适应当地经济、文化和体育的发展，使我国体育服务产业的各项优惠政策能辐射到区域性职业体育联赛。建议建立大学和中学的联赛制度，借鉴美国的经验，利用学校体育赛事的社会影响力为商家和地区创造经济价值。

建议设立我国体育赛事竞猜游戏，适当放开对我国若干体育赛事的竞猜，提高人们对体育赛事的关注，以提高体育赛事的商业价值。

（四）体育彩票业政策

国外博彩业对国外体育赛事的积极影响作用非常明显，建议我国逐步引导和规范体育博彩业，有计划、有规范地允许国内竞猜型体育彩票的发行。在尽可能避免"假球"和"黑哨"的基础上，发展我国体育竞猜型彩票，在一定程度上辅助我国体育赛事产业的发展，也是避免与福利彩票产生恶性竞争的重要手段。其次，应关注我国体育彩民的非理性购买彩票行为，体育彩票的营销政策应坚持市场性与公益性并重，杜绝社会不安定因素。如美国《加州彩票法令》规定，彩票发行机构应在彩票销售满六个月之后聘请有关独立的研究机构对博彩者进行人口统计特点的研究①，而我国的体育彩票政策中并没有这方面的规定。

（五）健身会所发展政策

首先，健身会所是以基础身体锻炼为主，以提高身体质量为目的的室内经营性健身场所，在我国房地产市场比较平稳和早期健身会所供不应求时，曾经产生过较大的利润。可是目前我国健身房的供给已经大于居民的需求，特别是2009年经济危机时期，其利润已经非常小甚至亏损，导致经营者难以继续经营下去的现象不断增多，这与我国全民健身工程的推进和体育强国的建设很不协调。在目前设立体育健身会所救助基金，给予继续减税、资金补贴等硬性政策难以实现的情况下，建议对健身会所采取间接救助措施，如积极提高国民的体育健身意识和健身消费意识，在群众体育政策中，引导群众去健身会所健身。

其次，也应该考虑如果是健身会所的自身管理问题导致会所失去竞争力的话，政府也不适合插手。从经济学意义上讲，如果盲目给予帮助反而会减弱健身会所竞争力的提高。应该认识到健身会所倒闭是正常的市场现象，政府要做的是引导这些经营者给会员妥善的安置，如转到其他会所托管，维持原有消费群体参与健身的积极性和对健身行业的信任感。如果有自律性健身协会，可以通过协会协调以维持健身行业的健康发展。在目前我国健身行业协会不能胜任时，政策应该能解决这些问题，当会员到各个部门维权得不到解决时，作为体育行政部门应该承担起这些责任。

---

① 冯百鸣：《〈彩票管理条例〉的十二大进步与五点不足》，《中国经济周刊》2008年第3期。

最后，针对一些恶意售卡以减少投资损失或者在关门之前捞一把的可能性，建议设立健身会所的保证金政策，抑制经营者转嫁风险和侵犯消费者权益的企图。对一些认为赢利空间太小，自愿退出市场的经营者可以采取向社区转移，建立社区性公共服务性健身俱乐部，以保护健身群体的利益和实现健身设施的潜在价值。

（六）保龄球和台球发展政策

通过我国保龄球和台球室经营急剧增长、后期经营困难，以至于大规模倒闭和亏损的现象，可以看出其背后隐藏着某些政策的缺陷。2004年，我国保龄球和台球营业税从20%急剧降低到5%[①]，面对这种状况并没有针对大幅降税可能会带来的危害采取任何应对政策。直到2009年，我国才将整体娱乐业营业税确定权转移给省、自治区、直辖市人民政府，并确定税率在5%—20%，给予了地方政府一定的税费设定权。从目前上海的情况看，已经难以再从税率上调整这两个体育项目的经营状况了。根据上海保龄球的经营现状，建议采取不干预的政策，"无为而治"的措施，让消费者和市场决定其生存。很多专家反映没有必要采取措施来恢复这些项目，体育项目的种类繁多，没必要帮助老百姓消费哪个特定的项目。针对上海市大量台球室经营困难和陆续倒闭现象，应该从兼顾消费者和经营者利益的基础上，根据台球均匀分布的原则，从宏观上以建议的方式采取适当缩小规模的措施。其他地区应该根据本地体育服务产业发展的实际情况，适度制定地方性政策，借鉴上海市的教训来调整产业政策。

第二节 完善政策制定过程

一 政策方案设置

（一）采取合适的干预手段

体育服务产业政策对体育服务产业的干预手段有很多，如宏观引

---

① 财政部、国家税务总局：《关于调减台球保龄球营业税税率的通知》，2004年6月7日。

导手段、规范性手段、财政补贴和税费调整等。宏观引导手段具有低成本性和低效性，规范性手段具有直接可操作性，财税干预最具有敏感性和普遍性，财政补贴也具有目标性和风险性等特点，因此应根据体育服务产业发展的需要和政策手段的特点选择合适的干预方式。如目前健身会所的倒闭在很大程度上是经营者的经营方式和投资方式受到竞争而被淘汰的结果，政策则适合采取引导性手段预告体育需求前景和引导人们科学选择体育健身消费。

税费政策和融资政策是产业政策常用的手段。体育服务产业政策手段应根据不同的体育服务产业类型继续坚持营业税和所得税的使用，偏重于以健身为主的体育服务产业建议采取各种优惠税费政策，偏重于以娱乐为主的建议采取融资优惠政策。体育行政部门是体育服务产业的业务主管部门，体育行政部门特别是地方体育行政部门应该主动在税收设计方面发挥作用，主动与各相关机构沟通，以获得政策调整的话语权。

宏观性政策是我国体育服务产业政策最常用的政策手段，主要是倡导和号召某种体育服务产业行为，尽管执行力比较弱，但是执行成本很低，几乎不需要投入政策执行资源。我国体育服务产业宏观政策依然需要继续使用，可以适用于长期培育我国体育消费群体和提高我国居民的体育消费水平。

在体育服务产业政策中，应谨慎使用财政补贴手段。因为财政补贴对经济发展水平要求高、政策的监督成本高，而且会直接对同类行业造成不公平的竞争现象。如体育服务产业引导资金政策的目的是形成规模经济，提供更多、更优质的体育服务产品，但是会增加政府财政开支，会使中小企业生存困难，也容易产生腐败行为。从目前我国体育服务产业发展需求和各地经济发展水平看，在经济发展水平较发达、法律政策环境较好的地区可以结合当地的各种有利自然条件和社会条件采取这种财政补贴手段。当扶持取得一定成果，具有一定竞争力时，应停止扶持，依靠市场运作的方式来发展企业，即采取规范性政策手段。引导资金政策也必须与规范性政策、税率政策相结合，以减少政策风险，也防止损害中小企业的利益。

（二）增强政策内容协调性

在确定体育服务产业政策时，必须分析现有相关政策，体育服务产业政策必须与最新的体育政策、经济政策、服务业政策，以及其他旅游政策、文化政策、财税政策等内容相协调。新的体育服务产业政策出台时，如果其他政策中已经有规定且权威级别较高，应采取转引的方式进行规定，以保证政策的执行力。如果其他政策权威级别较低，新的体育服务产业政策级别较高，新政策可以提高体育服务产业政策的执行力。

政策的权威性是政策有效执行的关键因素，我国在服务业政策、第三产业政策和体育产业政策方面都趋向于提高政策权威性。而由于政策制定资源的有限性，很难兼顾政策权威性和政策的专门性，因此对于一些体育服务产业政策，应坚持在高级别的服务业政策、旅游产业政策、文化产业政策、体育产业政策、体育政策中规定或设计，以节省政策资源和保证政策的权威性。

（三）提高政策的衔接性

我国体育服务产业政策分为中央政策和地方政策，地方政策必须和中央政策充分衔接，而不是政策的仿照和照搬。如目前我国已经有十多个省市制定了省级加快体育服务产业发展的政策，基本体现了地方体育服务产业发展目标、发展任务与中央体育服务产业发展目标的衔接，但是衔接程度并不理想。我国体育服务产业政策不仅需要地方和中央对接，而且在政策目标和政策任务上也应该进行有效对接。国家体育服务产业政策的任务应该成为地方体育服务产业政策发展的目标来执行，地方体育服务产业政策的任务应该设计可操作性的实施方案。但是不少地方性政策并没有可以操作的执行方案，在以后的地方性体育服务产业政策中，应该将政策设计得更具体和更具有可操作性。

我国体育服务产业政策的制定是在已有政策的基础上修订的，在制定新的体育服务产业政策时，应该与已有政策衔接，既要继承原有政策的科学内容，又要根据现实需求补充新的内容或者调整旧内容。

（四）兼顾体育服务产业中小企业的发展

目前我国很多省市成立了体育产业集团，试图扩大体育服务产业的规模。但是这些产业集团都是国有资产投资和经营的。在基层大力倡导和发展体育公共服务的外包或者政府购买，也属于国有资产的投资和经营。具有规模经济的民营企业也会在我国规模经济发展规划中得到相应的政策优惠，而夹在其中的民营性中小企业生存变得更加困难。在体育服务产业的调整中，必须兼顾中小企业的利益，保证市场的完整性和协调性，否则会破坏体育服务产业市场秩序。

对中小体育服务产业的发展政策，可采取间接政策，通过刺激体育消费者增加中小企业的营业额，确保中小企业的生存。如鼓励居民到健身会所进行消费，体育行政机关协助健身会所开展宣传活动和营销活动，挽救中小体育服务产业主体的资金紧张问题。在我国一些税收政策和文化产业政策中已经有关于中小企业的保护政策，但是在体育服务产业方面体现还不够充分，应该在以后的政策中增加这方面的内容。

（五）我国地方体育服务产业政策建议

从我国体育服务产业政策体系和结构看，国家政策主要设计了体育服务产业发展的目标和实现目标的各种手段，而这些手段是否被有效利用取决于地方政策的设计。目前我国体育服务产业政策不能发挥效果的主要原因之一也是地方政策不够具体，缺少可执行性。地方体育服务产业政策要结合本地区整个产业发展政策规划，要以优化和推动本地区整体产业可持续发展为主要任务设计体育服务产业政策。地方体育服务产业政策的调整，必须结合本地区整个产业政策体系来确定，以确保政策的可执行性。如地方性经济发展规划、服务业发展规划、各种地方性税收政策、土地政策等。

二　政策制定行为

（一）优化意见表达机制

体育服务产业政策的对象是体育服务产业经营者。经营者向决策机构反映问题、提出自己的愿望和利益诉求，并能得到有力保护是体育服务产业政策能够有效执行的关键环节。我国体育服务产业政策制定者应该建立一种有效的经营者意见表达机制，如通过网络、会议，采集体育服务产业经营者的各种意见。在确定体育服务产业政策问题和设计政策解决方案时，建立群体决策方式，民主参与机制，保护合法体育服务产业经营者利益群体、限制和规范不合理利益群体。

建立专家学者表达意见的机制，加强体育服务产业政策制定部门与科研工作者的沟通与合作，使一些体育服务产业政策的智力成果能够转化为在政策制定中可以借鉴的建议。

（二）优化体育服务产业政策信息分析

在制定体育服务产业政策过程中，政策信息分析是非常关键的环节，首先要分析哪些体育服务产业问题需要政策解决且政策也能够解决；其次是了解目前现有的体育服务产业政策有哪些，以决定如何设计政策。

体育服务产业政策的最终目的是解决体育服务产业发展问题，对我国体育服务产业政策问题分析要准确，我国体育服务产业发展中有许多问题，要科学分析哪些问题需要通过政策解决，哪些问题需要市场调整，要将一些确实需要通过政策解决的体育服务产业发展问题通过制定政策来解决。目前我国若干体育服务产业政策执行效果不高的原因之一为政策内容与需求有偏差，其中很大程度是由于对问题的分析不够完整和准确造成的。因此要提高我国体育服务产业问题分析的准确性，以提高政策的针对性。

我国体育服务产业政策的制定，也必须分析现有政策的具体内容、现有政策的执行方式和现有政策的执行效果等信息，以科学决定如何调整原有政策，并以新政策的形式发布。从目前我国地方很多体育服务产业政策的制定看，现有政策分析比较欠缺，特别是对现有政策制定效果的分析非常薄弱，导致体育服务产业政策制定热情高、执行热情少。因此要提高我国体育服务产业政策信息分析的数量和质量，以制定出科学合理的体育服务产业政策。

（三）增强政策制定的合作性

理论和实践都证明，体育部门单独制定的产业类政策的影响范围非常有限，更多体现在监管方面，随着我国市场环境的不断完善，监管权力也不断缩小。而目前我国体育服务产业发展所需要的是财税、融资等方面的政策，体育行政机关几乎没有权力制定这些政策，即使制定了也没有执行效力，因此体育行政机关必须与其他机关共同协商、联合制定，才能保证体育服务产业政策的有效实施。另外，体育服务产业是一项交叉性比较强的产业，和旅游产业、文化产业、创意产业等都具有较大的融合性，我国体育服务产业政策的制定必须坚持体育、文化、旅游等行政机关相互合作，共同制定科学合理的体育服务业政策，以保证我国体育服务产业政策的有效实施。

（四）注重政策制定成本

如果能制定一部权威性高、内容具体，又有翔实的优惠税费规定的专门体育服务产业政策，将会加快体育服务产业的发展。但是制定这样一部政策的成本太大，每一个业态都制定这样一部政策也不现实。在国家整个经济发展过程中，很多业态具有类似之处，往往会适用统一税率标准、审批标准、融资方法和财政补贴标准等。体育服务产业政策的制定应与体育服务产业具有类似特点的行业充分沟通与合作，以节省体育服务产业政策的制定成本。

（五）坚持适当放弃政府利益

不同等级和不同类别的政策主体在制定政策时，很多具体的环节和政策的具体作用是不同的，这种差异可能会造成不同的政策利益分配机制，最终可能会导致政策无效。因此政府应当调整政策执行过程中相关主体的利益结构，以保证政策有效发挥作用。[1] 要保证政策的有效执行，也必须要在政策目标群体的利益调控上采取合理的措施和办法。[2] 一项政策如果能使目标群体获利，则容易被接受；如果无利可图，则不容易被接受。[3] 从我国现有的体育服务产业利益分配结构看，政府对一些体育产业相关资源的占有量非常大，社会资本进入的空间依然很小。减少市场利益之间的冲突和实现市场秩序的和谐，是体育服务产业政策的任务，但是这需要调整政府与各种社会经济主体之间的利益关系，需要政府适当放弃一定的经济利益，如在财政补贴、贴息减税等方面让利于体育服务产业经营者。

---

[1] 胡于凝、王资峰：《试论我国政策利益分配机制的有效性——基于政策目标群体结构的分析》，《天津行政学院学报》2009年第6期。

[2] 高建华：《影响公共政策有效执行之政策目标群体因素分析》，《学术论坛》2007年第6期。

[3] 张颖：《中国大众体育政策制定情况与执行者现状研究》，硕士学位论文，北京体育大学，2006年。

目前我国体育服务产业发展的税收政策已经取得较好效果，若干省市的财政补贴政策也在进行中，但依然是在较小的范围内落实。融资政策一直没有提上日程，这实际上是政府愿不愿意放弃政府利益的表现，愿不愿意给予民营企业投资和赢利的机会，是不是与民争利的体现。在过去的几年中，中央政府彻底作出各种减税免税的决定，特别是对体育文化产业的力度非常大，但地方政府的态度差异依然比较大，许多地方政府应放弃体育服务产业方面的某些利益。

（六）提高政策制定者政策意识和政策认识水平

在我国体育服务产业政策制定过程中存在的一些问题，很多时候是行政机关工作人员的工作能力不足造成的。如对我国整个服务业政策信息了解不透彻，对体育服务产业政策规律不明白，认为政策制定得快、制定得多就可以推动体育服务产业的发展，在一些欠发达省市表现得尤为明显。目前我国十多个省制定了省级加快体育产业发展的政策，但有效执行的很少，而北京和上海没有急于出台政策，而是分析各种政策信息，确保政策出台后的科学性和可执行性。因此提高政策制定者的政策意识和政策认识水平，是保证政策制定水平的基础环节。

第三节 完善政策执行过程

体育服务产业政策执行过程直接影响体育服务产业政策的执行效果，我国体育服务产业政策执行不彻底是我国体育服务产业政策执行效果不理想的主要原因。优化我国体育服务产业政策执行过程对提高我国体育服务产业执行效果具有重要意义。

一 增强体育服务产业政策执行的协调性

我国体育服务产业政策的实际执行缺少协调性，导致一些体育服务产业政策没有达到预期的效果，使一些政策不能落实。在执行过程中首先应该提高我国体育服务产业专门政策、相关政策和其他政策执行的协调性，以提高我国体育服务产业政策执行效果。目前，江、浙、沪地区体育服务业一般都能享受工业用水、用电的政策和文化产业的税收政策，甚至可以享受一些免税政策、居民用水、用电政策。而在很多欠发达地区，政策执行的协调性还比较差，很多体育服务产业享受不到相应的优惠政策。

体育服务产业政策的执行要与体育公共政策执行相协调，我国体育公共政策是以尽可能多地满足不同居民的体育需求为目的，其中也包括通过产业化手段来运作和经营公共体育服务，在体育服务产业政策的执行过程中要与之相辅相成共同促进体育服务产业发展，为广大体育消费者提供更好的服务。一方面，在政策扶持过程中，对一些非营利性的体育服务产业防止政策扶植的重叠性和体育经营者的惰性，以免产生不良后果。另一方面，在一些民营商业体育服务业出现问题时，公共体育行政机构也应该有所作为，如健身会所倒闭时，协助疏通体育参与者到邻近健身会所健身，通过邻近健身会所保护其健身权利。群众体育执行机关也可以与经营主体沟通，在淡季或者场地闲置阶段免费或低价服务于群众体育参加者。

体育服务产业政策的执行还要提高中央政策和地方政策的协调性，兼顾中央利益和地方利益的协调。目前我国国家体育产业政策的目的是重点发展体育服务业，但是一些地方政府认为体育用品业创造的市场价值比较可观，仍然倾向对体育用品业的扶持。因此不仅要协调中央和地方之间的发展利益，也要协调好地方整体体育产业发展利益。

二 改善体育服务产业政策执行机关的行政理念

从整个政治科学发展来看，政府与市场、政府与公民的关系由"管制"向"服务"转变已是大势所趋，政府的"公共服务"理念不断在全球升温。体育服务产业政策执行机关必须解放思想，坚持科学发展观，建立与时代发展相适应的行政理念，以科学合理的方式执行体育服务产业政策，切实以推动我国体育服务产业的发展为宗旨。在我国全面建成小康社会和建设体育强国的历史责任下，如果因循守旧、故步自封的话，只会使执法过程受到掣肘，无法完成历史赋予的使命，更难以与国际体育综合实力相竞争。随着我国公民法律意识的不断提高和维权意识的不断增强，体育行政执法人员如果还一味诉求自身利益的话，不仅会影响执法机关的形象，还会影响整个政府的形象。因此体育服务产业政策执行者必须要树立服务理念，以体育服务产业和体育事业的发展为根本宗旨。

三 顺应经济发展水平

从我国若干体育服务产业政策执行效果看，体育服务产业政策环境是影响体育服务产业政策执行效果的主要因素，其中的主要环境又是经济发展水平，经济发展水平是短时期内难以改变的因素，而在优化体育服务产业政策执行过程中，必须顺应经济发展水平。

体育服务产业政策的执行需要大量的成本，我国各地区经济发展不平衡，在经济发达地区可以设立专门的政策执行机构，有足够的引导资金，甚至在江浙地区的一些市级政府有专门的引导资金扶持。而对于经济欠发达地区，即使投入大量的资金发展体育服务产业，如果没有足够的消费群体也会造成资源浪费。因此体育服务产业政策的执行要与当地经济发展水平相协调。当然可以选择扶持一些具有本地自然禀赋条件的区域优势体育服务产业类型，如河南武术产业、环青海湖自行车赛产业、东北的冰雪产业等。在经济发展水平比较高的沿海地区可以适当投入体育服务产业政策执行资源，以充分发挥体育服务产业在增加 GDP、增加就业和优化产业结构方面的作用。

四 加强体育服务产业政策信息传递

通过专家访谈和问卷调查发现，有些专家，甚至是体育产业行政人员都不知道我国若干体育服务产业政策的具体税收优惠政策。仅从江苏省地方性数十项服务业政策文件中就体现出体育服务业给予免税、减税、水电使用的各种优惠，甚至资金补贴的具体内容。直到江苏省政府在 2010 年出台《关于加快江苏省体育产业发展的意见》中重新强调体育产业可以享受一切对服务业的政策，对体育服务产业的优惠政策才得到相关人士的重视。我国绝大多数中小型体育服务产业经营者都认为政府是在监管而不是扶持体育服务产业，他们对体育服务产业政策内容了解更少。因此应该要加强体育服务产业政策的宣传力度，要让经营者切实感觉到政府是在支持和鼓励发展体育服务产业，而不是在管制体育服务产业。

五 提高体育服务产业政策的软执行力

理论和实践都证明，我国体育服务产业政策内容和体系还不够完善，体育服务产业政策的若干执行环节存在薄弱甚至缺失现象，各地区体育服务产业政策执行环境差异较大，体育服务产业发展水平也参差不齐。在这种状况下，对体育服务产业断章取义，以牺牲国家利益、集体利益而获得某些局部利益或者部门利益是非常容易的事情。因此通过教育、伦理和道德感化的手段提高体育服务产业政策执行者的政策认知水平和政策执行素质是目前比较经济的手段。通过公务员考试，选拔高素质的人才也是提高体育服务产业政策执行力的手段。

第四节　优化我国体育服务产业政策评价与监控

一　完善体育服务产业政策评价

在我国一些相关的文献中仅仅体现出对体育服务产业政策零星的评价，而且评价的方法很不正规，多是一种定性的估计，缺少科学的评价手段。而一些定量的政策评价方法又非常烦琐且评价成本大，难以在实践中被应用。对体育服务产业政策的科学评价不仅是完善体育政策内容的重要环节，也是调整体育服务产业政策执行行为的重要依据，应该根据我国政策评价投入实际和体育服务产业政策发展的实际状况，合理选择评价方法。

由于政策的评价也需要成本投入，目前对我国体育服务产业政策评估投入太多资源还不太现实。基于我国体育服务产业政策的制定水平、执行状况和监督力度，也不适合投入过多的成本进行评价，建议我国体育服务产业政策采取低成本模式的专家评价、定性评价和适当定量评价。要根据政策的具体特点采取不同的评价方式，如宏观政策可以采取专家评价，具体政策可以采取体育服务产业发展增长指标评价。可以在我国体育服务产业发展速度较快、体育服务产业政策投入成本较多的地区引入相匹配的政策评价机制，对于一些体育服务产业政策投入较少的欠发达地区可以粗略评价体育服务产业政策执行效果，或者无须引入体育服务产业政策评价机制。

建议体育服务产业政策的评价工作委托科研结构、调查机构，或者以课题立项的形式进行评价，一方面使体育服务产业政策的评价与政策制定和制定主体分离，保证政策评价的客观性，另一方面要选取既科学又节省成本的评价模式。

二　完善体育服务产业政策监控

体育服务产业政策的监控依赖于我国整个国家的政策监控系统，但同时也需要专业的监控环节。在体育服务产业政策的执行过程中，设立专门体育服务产业政策执行监督机构是确保我国体育服务产业政策有效执行的措施之一。但是设立监督机构的成本也相对较大，在条件允许的地区可以设立专门的体育服务产业政策监督机构，如苏州和无锡都设立了专门的监督组织，而对于经济欠发达地区和体育服务产业发展水平不高的地区并不适合建立专门监督组织。

在我国体育服务产业政策的整个运行过程中，体育服务产业政策主体应提高自我监控意识，在体育服务产业政策问题分析、政策方案设计、政策执行等过程中，及时发现问题和解决问题；应承认有限理性的存在，时刻随体育服务产业的发展需求调整体育服务产业发展目标、发展任务和各种政策手段等。体育服务产业经营者和体育服务消费者也应该积极主动反映各种问题，向体育服务产业政策制定机关和执行机关提供建议，以优化体育服务产业政策的制定和调整体育服务产业政策的执行过程，提高体育服务产业政策的执行效果。

第八章 具体案例研究：我国健身休闲业政策研究

随着人们对健身行业认识的不断深入，"健身休闲业"概念逐渐被广泛使用，在我国一些政策文件中也频繁出现健身休闲业内容。健身休闲业主要指在我国社会主义市场经济条件下的各种健身休闲经济行为的总和或各种健身休闲业主体的集合。健身休闲业不仅包括以健身为主的健身娱乐行业，如健身会所、球类运动、台球、保龄球等，还包括很多其他以运动休闲为主的户外体育运动，如攀岩、漂流、极限运动等。国内很多学者认为健身娱乐业属于健身休闲业范围，也有专家认为健身娱乐业是我国健身休闲业的早期代名词。[①] 健身休闲业政策对健身休闲业的良性发展具有重要作用，以往的研究对我国健身休闲理论和实践的发展起到了一定促进作用。但是到目前为止关于健身休闲业政策的研究依然存在较多不足，主要集中在体育政策或体育产业政策范围内进行研究，与服务业政策、旅游产业政策和文化产业政策的结合较少；从政策供给、政策效果和政策需求多个层面进行研究的较少；从政策动态发展的角度进行研究的也较少。基于这种现象，结合我国健身休闲业的政策需求进行分析和对我国整个健身休闲业构成体系进行研究，从历史发展的角度提出相关建议，对指导我国健身休闲业的发展和优化健身休闲业政策具有重要意义。

健身休闲业政策是指以引导和规范健身休闲业发展为目的的政策，主要指我国市场经济制度确定以来所规定的直接或间接促进我国健身休闲业发展的政策，不仅指全国性政策，还包括一些地方制定的

---

① 王茜、苏世亮、苏静：《休闲体育资源约束健身全民化进程的理论研究》，《北京体育大学学报》2009 年第 2 期。

地方性政策。地方性健身休闲业政策一般比较具体且具有地方特色，也常常被称为落实全国性政策的执行政策。本书重点分析和研究全国性健身休闲业政策的同时兼顾地方性政策发展规律和发展趋势，力求对我国健身休闲业政策的完善具有借鉴价值。

第一节 我国健身休闲业政策基本状况

一 分布状况

健身休闲业包括的项目种类繁多，经营方式也复杂多样。从国内外政策看，没有一部发展健身休闲业的专门政策文件，而是分布在各种相关政策文件中。我国健身休闲业的政策主要分布在体育政策、第三产业政策、服务业政策、其他单体产业政策和财税政策文件中（见表8-1，没有列出国家常规性的五年发展规划政策和地方性政策）。在一些特殊的健身休闲项目方面偶尔会针对某一问题制定专门的政策文件，如射击、保龄球、台球和高尔夫等。每隔五年的服务业或者体育行业的常规性政策文件中也有关于健身休闲政策的内容，在体育产业领域尤为明显。这些常规性政策主要以现有的政策为依据制定未来五年的发展目标和发展任务，对强化落实健身休闲政策具有重要作用。随着人们对健身休闲业认识的加深，在旅游产业、文化产业和服务业五年常规性政策中出现健身休闲的内容不断增多。从时间分布上看，1992年的《关于加快发展第三产业的决定》开始有与健身休闲业有关的政策内容，之后陆续在不同的政策文件中或多或少地被提出。随着我国健身休闲业发展和其发展环境的不断变化，健身休闲政策所涉及的政策文件越来越多，政策文件的级别也不断提高。从中也可以看出我国健身休闲业在人们生活和社会发展中越来越高的地位，以及政府对健身休闲业的重视程度不断提高。

体育政策是包括健身休闲业政策最多的政策，主要包括宏观体育政策、群众体育政策、体育产业政策和专门体育项目政策。从政策发布机关和发布时间看，体育政策对健身休闲业的政策规定较早，最早是由国家体委1993年颁布的《关于深化体育改革的意见》，其次是国

表 8-1　　　　　　我国全国性健身休闲业政策一览

政策类别	主要政策文件	发布机关和发布时间
1　体育政策		
1.1　宏观政策	《关于深化体育改革的意见》	国家体委，1993
1.2　群众体育	《全民健身计划纲要》	国务院，1995
	《全民健身条例》	国务院，2009
1.3　体育产业政策	《关于加强体育市场管理的通知》（已失效）	国家体委，1994
	《体育产业发展纲要》	国家体委，1995
	《关于进一步加强体育经营活动管理的通知》（已失效）	国家体委，1996
	《关于加快发展体育产业的指导意见》	国务院办公厅，2010
	《关于调减台球保龄球营业税税率的通知》	财政部、国家税务总局，2004
2　第三产业政策	《关于加快发展第三产业的决定》	国务院，1992
3　服务业政策	《关于加快发展服务业的若干意见》	国务院，2007
	《关于加快培育和发展战略性新兴产业的决定》	国务院，2010
4　其他单体政策	《文化产业振兴规划》	国务院，2009
	《关于加快发展旅游业的意见》	国务院，2009
5　财税政策	《关于调整部分娱乐业营业税税率的通知》	财政部、国家税务局，2001
	《中华人民共和国营业税暂行条例》	国务院，2008
6　土地政策	《关于加强土地管理切实保护耕地的通知》	中共中央、国务院，1997
	《关于报国务院批准的土地开发用地审查报批工作有关问题的通知》	国土资源部，2002
	《关于深化改革严格土地管理的决定》	国务院，2004
	《2007年全国土地利用计划》	国土资源部，2007
	《关于严格建设用地管理、促进批而未用土地利用的通知》	国土资源部，2009

家体委1995年颁布的《体育产业发展纲要》，以及对健身休闲业具有规范和管制作用《关于加强体育市场管理的通知》（1994）和《关于进一步加强体育经营活动管理的通知》（1996）。随着时间的推移，颁布政策的机构级别不断提高，如2010年国务院办公厅《关于加快发展体育产业的指导意见》。由此可以看出规范和促进健身休闲业已经受到政府的高度重视，不仅是体育部门的任务，而且也确保了健身休闲业政策的执行力。

健身休闲业政策在第三产业政策和服务业政策中的分布内容较少，但是起到的作用却很大，它们是确定我国优化产业结构的核心政策，直接引导健身休闲业的发展方向。不仅对引导健身休闲业发展具有指导作用，还是制定健身休闲业政策的依据，如《关于加快发展第三产业的决定》和国务院《关于加快发展服务业的若干意见》不仅直接或间接规定要发展健身休闲业，而且还是确定其他健身休闲业政策的重要依据。涉及健身休闲业的单体产业政策主要指旅游产业政策和文化产业政策，这些政策逐渐把健身休闲纳为本产业发展的内容，如《文化产业振兴规划》（2009）、国务院《关于加快发展旅游业的意见》（2009）。这些政策出台时间较晚，主要是随着体育产业与其他产业相互融合的结果而产生的，对发展健身休闲业具有重要作用。财税政策是一种干预性非常强的政策，如财政部、国家税务总局《关于调整部分娱乐业营业税税率的通知》（2001）和2008年《中华人民共和国营业税暂行条例》对我国健身休闲业相关税率都作了较具体和明确的规定。涉及健身休闲业的土地政策主要是对高尔夫球场用地的规定，如《关于加强土地管理切实保护耕地的通知》《关于深化改革严格土地管理的决定》等都具体规定了高尔夫球场地的审批和使用方法。

二 健身休闲业具体政策内容

（一）体育政策方面

体育政策文件所规定的健身休闲政策内容主要体现在宏观体育政策、群众体育政策和体育产业政策中。如1993年的《关于深化体育改革的意见》附件五中提出："大力开拓体育健身娱乐市场，积极引导和鼓励社会各行各业兴办各类健身娱乐俱乐部，适当发展高档俱乐部，为群众开展体育活动提供场地、设施和技术辅导等各种优质服务，以满足消费者对体育健身娱乐不同层次的需求。"①《全民健身计划纲要》（国务院，1995）提出："到20世纪末，初步建立适应社会主义市场经济体制的全民健身管理体制，建立起社会化、科学化、产业化和法制化的全民健身体系的基本框架。"关于规范我国体育市场的政策——《关于加强体育市场管理的通知》（国家体委，1994）和《关于进一步加强体育经营活动管理的通知》（国家体委，1996）在健身休闲业政策方面的主要内容为："从事体育健身、体育娱乐等体育市场活动的经营主体必须具有相应的资格条件，并得到体育行政机构的审批方可开展经营活动"，在当时起到了规范健身市场的作用②，但是同时也存在管制过严的问题。财政部、国家税务总局《关于调减台球保龄球营业税税率的通知》（2004）是关于专门调整台球和保龄球税率的政策，其本质也属于税费政策范畴，其内容规定："经国务院批准对台球、保龄球按5%的税率征收营业税，税目仍属于娱乐业。"该规定主要目的是从调整税率的角度鼓励我国台球和保龄球业的发展③，是首次对我国健身休闲业采取降税优惠政策，体现了对健身休闲业放松管制的开始。

《全民健身条例》（2009）规定："县级以上地方人民政府应当将全民健身事业纳入本级国民经济和社会发展规划，支持、鼓励、推动与人民群众生活水平相适应的体育消费以及体育产业的发展，并鼓励各种群众性体育组织开展全民健身活动。"从中可以看出我国健身娱乐业或健身休闲业政策分公共性和非公共性两大类型，且两者可以共同发展、互相促进。《全民健身条例》还规定："经营高危险性体育项目的，应当符合具体的标准条件，并向县级以上人民政府体育主管部门提出申请。"其中虽然没有规定具体的审批办法，但是在一定程

---

① 国家体委，中国网，http://www.china.com.cn/chinese/zhuanti/tyzcfg/885948.htm。
② 邓欣博：《完善我国体育经营活动相关法规的思考》，《体育科技文献通报》2006年第12期。
③ 财政部、国家税务总局：《关于调减台球保龄球营业税税率的通知》[已失效]，财税〔2004〕，http://www.chinaacc.com/new/63/67/84/2004/6/ad0011117640020-2.htm，2012-07-08。

度上弥补了 2003 年《行政许可法》颁布以来高危险经营项目监管的空白。① 2010 年的《关于加快体育产业的指导意见》中规定了健身休闲发展目标、发展任务和发展措施,如明确规定要大力发展和积极培育体育健身市场,培养群众体育健身意识,引导大众体育消费,积极稳妥开展新兴的户外运动、极限运动等项目的经营活动,因地制宜地开发和培育具有地方特色的体育健身项目,加强对民族民间传统体育项目的市场开发、推广等。② 由此可以看出我国健身休闲业政策内容越来越具体,也更具有开放性、广泛性和时代性。

国家"十二五"期间特别重视公共服务体系的战略部署,为体育事业发展提供了重要机遇和广阔空间。③《体育事业"十二五"规划》指出:目前广大人民群众日益增长的体育需求和社会体育资源相对不足,仍然是我国体育事业发展中的主要矛盾。《体育产业"十二五"规划》(2011)也提出"以发展体育健身休闲业为先导,要加大扶持力度,完善产业政策体系,实现可持续发展"。这些内容在一定程度上强调了扶持健身休闲业发展是解决政府公共体育服务不足的重要途径,强调了发展我国健身休闲业的重要性和给予扶持发展的必要性。④

(二) 第三产业和服务业政策方面

《关于加快发展第三产业的决定》(国务院,1992)是调整我国产业结构不合理的主要政策文件,其中提出:人们在文化娱乐、广播影视、图书出版、体育康复、旅游等精神生活方面提出更多、更高的要求,只有加快发展第三产业,才能适应人民群众日益增长的物质和文化生活的需要。⑤ 虽然没有直接提出发展健身休闲业,但是确定了我国应该加快健身休闲业发展的思想路线。在当时体育政策还没有对体育产业有所涉及时,是健身休闲业发展唯一能够参考的政策依据,

---

① 吴香芝:《我国高危险经营项目政策研究》,第三届体育产业会议,2008 年 10 月。
② 国务院办公厅、中央政府门户网站,http: www. gov. cn, html, 2012 - 03 - 23。
③ 《体育事业发展"十二五"规划》,《中国体育报》2011 年 4 月 1 日。
④ 《关于印发〈体育产业"十二五"规划〉的通知》,体经字〔2011〕178 号,http: //www. gov. cn/gzdt/2011 - 05/16/content_ 1864566. htm, 2012 - 05 - 04。
⑤ 转引自吴新哲、王新杰、叶小力《加快发展第三产业促进经济良性循环》,《新华日报》2000 年 9 月 8 日。

也是制定体育类健身休闲政策的重要依据,如 1993 年的国家体委《关于深化体育改革的意见》就是在该内容的基础上制定的。①

第三产业包括流通业和服务业。在优化我国产业结构的历史过程中,国家提出了重点发展服务业的政策,而健身休闲业就是典型的服务业。2007 年《关于加快发展服务业的若干意见》提出:"围绕小康社会建设目标和消费结构转型升级的要求,大力发展旅游、文化、体育和休闲娱乐等服务业,优化服务消费结构,丰富人民群众精神文化生活。服务业是今后我国扩大就业的主要渠道,要着重发展就业容量大的服务业,鼓励其他服务业更多吸纳就业,充分挖掘服务业安置就业的巨大潜力。"② 这些内容在很大程度上体现了发展健身休闲业的重要性和必要性,体现了健身休闲业在优化产业结构和促进国家经济发展中的重要作用。另外,诸如"积极推进国有服务企业改革,对竞争性领域的国有服务企业实行股份制改造,建立现代企业制度,促使其成为真正的市场竞争主体。建立公开、平等、规范的服务业准入制度。鼓励社会资金投入服务业,大力发展非公有制服务企业,提高非公有制经济在服务业中的比重"等内容都为健身休闲业的发展提供了良好的政策环境。2010 年国务院又出台了《关于加快培育和发展战略性新兴产业的决定》,提出要全面建设小康社会、实现可持续发展,大力发展战略性新兴产业,加快形成新的经济增长点,创造更多的就业岗位,更好地满足人民群众日益增长的物质文化需求,促进资源节约型和环境友好型社会建设。③ 这些内容强化了健身休闲业在国民经济发展中的重要作用,对健身休闲业的发展具有重要的推动作用。

(三) 其他单体产业政策方面

目前涉及我国健身休闲业内容的主要政策是文化产业政策和旅游

---

① 于善旭、张剑、阎旭峰、陈岩、李雁军、张爱华、宋国绪、胡雪峰:《论我国体育立法配套与完善的几个基本问题》,《中国体育科技》1998 年第 11 期。
② 《国务院关于加快发展服务业的若干意见》,国发〔2007〕7 号,中央政府门户网站,http://www.gov.cn/zwgk/2007-03/27/content_562870.htm,2011-10-15。
③ 《国务院关于加快培育和发展战略性新兴产业的决定》,国发〔2010〕32 号,中央政府门户网站,http://www.gov.cn/zwgk/2010-10/18/content_1724848.htm,2012-01-05。

产业政策，这也是健身休闲业与其他行业融合和交叉的结果。由于行业的发展特点不同，所涉及内容的多少和体现的方式也有所不同。文化产业是一类交叉性强、涉及面比较广的产业类型，与体育的融合性也很强，很多群众性的或者娱乐性的体育活动常被列为文化活动范畴。2003年的《公共文化体育设施条例》将由各级人民政府举办或者社会力量举办的，向公众开放用于开展文化体育活动的公益性的图书馆、博物馆、纪念馆、美术馆、文化馆（站）、体育场（馆）、青少年宫、工人文化宫等的建筑物、场地和设备共同列为公共文化体育设施的范畴，并规定如何开放和收费。[①] 在《文化产业振兴规划》（2009）中规定了开发与文化结合的教育培训、健身、旅游、休闲等服务性消费，带动相关产业发展。由此也可以看出文化产业政策的广泛性和对其他单体产业的强融合性。[②]

　　健身休闲和旅游休闲有着天然的衔接，在很多旅游景区都适合开发各种体育休闲项目，如高尔夫、露营、登山等。《关于加快发展旅游业的意见》（2009）中规定了大量的体育休闲项目，属于健身休闲业的内容，如"把旅游房车、邮轮游艇、景区索道、游乐设施和数字导览设施等旅游装备制造业纳入国家鼓励类产业目录"。[③] 在云南、福建、浙江等很多省市也出台了地方性加快发展旅游产业的政策，其中的健身休闲业常常作为目前拉动经济增长的主要内容被确定下来，并制定了各种配套性的税费政策，为促进健身休闲业的发展提供了保障。健身休闲性的体育项目和旅游景区的有机结合已经体现出强劲的发展动力，国家和地方性的相关政策可能会在一定时期内大力推动我国健身休闲业的发展。一些地方性的旅游政策可能会越来越多地涉及健身休闲业政策。

　　（四）税费政策方面

　　健身休闲业具体的税费政策是调整、规范或促进健身休闲业的关

[①] 《公共文化体育设施条例》，中华人民共和国国务院令，第382号，中央政府门户网站，http://www.gov.cn/zwgk/2005-05/23/content_157.htm，2012-02-06。

[②] 《文化产业振兴规划》，国务院常务会议审议通过，2009年9月26日，新华社授权发布。

[③] 国务院《关于加快发展旅游业的意见》，国发〔2009〕41号，中央政府门户网站，http://www.gov.cn/zwgk/2009-12/03/content_1479523.htm，2012-02-06。

键政策，常常被称为是"真正的政策""政策干货"，如非营利性组织的经营、服务业和文化产业所规定的税费优惠政策，都是健身休闲业可以享受优惠的政策依据。这些政策主要由专门的税费、土地政策体现，包括上文提到的财政部、国家税务总局《关于调减台球保龄球营业税税率的通知》。

我国早期体育休闲业实行较高的娱乐业税率，如在财政部、国家税务总局《关于调整部分娱乐业营业税税率的通知》（2001）中规定射击、狩猎、高尔夫球、保龄球、台球等娱乐行为的营业税统一按20%的税率执行。随着经济机构调整的需求，体育娱乐业处于降税趋势，2004年财政部、国家税务总局《关于调减台球保龄球营业税税率的通知》规定对台球、保龄球按5%的税率征收营业税。再如2008年《营业税暂行条例》明确规定体育文化业的营业税是3%，娱乐业的营业税是5%—20%，服务业的营业税是5%。随着我国区域经济发展政策的推进，地方政府对地方经济发展的自主权不断增强，2008年《营业税暂行条例》将娱乐业营业税率决定权下放到了地方政府，规定纳税人经营娱乐业具体适用的税率由省、自治区、直辖市人民政府在本条例规定的幅度内决定。[①] 因此，我国一些健身休闲业在不同地区可能会有不同的营业税，比如从2009年1月1日起，湖南省高尔夫球营业税的适用税率暂按10%执行；江苏省从2010年1月1日起，高尔夫球适用10%税率[②]；而上海在2012年1月将20%高尔夫球的营业税降低到10%；不少地区的高尔夫球练习场的营业税只有5%。

（五）土地政策方面

我国关于健身休闲业的土地政策主要体现在高尔夫球产业方面。由于高尔夫球场占地面积大，容易造成国有资产流失，相关土地政策与之息息相关。1997年中共中央、国务院下发《关于加强土地管理

---

① 《中华人民共和国营业税暂行条例》（1993年12月13日中华人民共和国国务院令第136号发布，2008年11月5日国务院第34次常务会议修订通过）中华人民共和国国务院令第540号。

② 黄志勇：《中国公众高尔夫球场发展的驱动机制与开发模式研究》，博士学位论文，北京林业大学，2011年。

切实保护耕地的通知》，明令暂停新的高尔夫球场建设审批；1999年国土资源部出台的土地用地目录，高尔夫球场被列为限制用地；2002年国土资源部《关于报国务院批准的土地开发用地审查报批工作有关问题的通知》规定停止审批高尔夫球场建设项目；2004年国务院《关于深化改革严格土地管理的决定》继续停止审批高尔夫球场建设，并对各地高尔夫球场项目进行清查；《2007年全国土地利用计划》仍然禁止高尔夫球场项目用地；2009年9月国土资源部《关于严格建设用地管理、促进批而未用土地利用的通知》要求地方政府必须采取强力措施，严肃查处违反土地管理法律法规的高尔夫球场项目用地；2009年《关于加快发展旅游业的意见》提出："积极发展休闲度假旅游，引导城市周边休闲度假带建设，有序推进国家旅游度假区发展，规范发展高尔夫球场，大型主题公园等"，对高尔夫球场建设采取了放开政策。[①]

第二节 我国健身休闲业政策执行效果及影响因素

健身休闲业政策内容充分落实并发挥作用，进而促进我国健身休闲业的发展，是确定我国健身休闲业政策的根本目的。对45位专家的问卷调查结果显示，认为健身休闲政策起到较大促进作用的专家有37.8%，由此可以看出健身休闲业政策并没有充分发挥作用，需要进一步提高政策的执行效果。问卷调查结果在宏观上反映了我国全国性健身休闲业政策的综合执行效果，但某一具体的健身休闲业政策由于不同的表现形式会产生不同的执行效果。一般情况下财税性政策的干预程度最灵敏，执行效果较好，同时政策的级别越高，政策内容规定

[①] 石培华：《〈国务院关于加快发展旅游业的意见〉的重要突破和里程碑意义》，《中国旅游报》2010年2月24日。

越具体，政策的执行力也相对越强。①②③ 在提高我国健身休闲业政策执行效果的工作中，也必须以这些政策的自身规律为依据来开展。

每一件具体的健身休闲政策在不同的历史时期、在不同的地区所发挥的作用也是不同的。由于政策固有的时效性，当健身休闲政策内容适应社会发展时，会发挥较好的效果；当社会环境发生变化，政策不再适应社会时，则可能表现出不能有效发挥作用。由于健身休闲业对不同地区经济发展和社会发展的影响程度不同，受地方政府和相关职能部门的重视程度也可能不同，导致健身休闲业政策在不同地区产生的效果也会有所不同。

一 体育类政策

体育类健身休闲业政策对健身休闲业的规定比较直观，针对性也比较强，对健身休闲业的发展具有重要影响作用。但是在不同的历史阶段，由于这些政策的制定机构不同和内容具体性的差异，加上健身休闲业对政策具体需求的变化，它们对健身休闲业的促进作用是不同的。

20世纪90年代的体育类政策主要由体育行政部门颁布，在当时体育行政机构权力较强的历史条件下，具有较强的执行力。一些政策对健身休闲业起到了较好的推动作用，但是政策的执行效果随着体制改革的推进和时间的推移也会不断降低甚至不起作用。如1993年《关于深化体育改革的意见》确定了体育可以通过市场手段发展的思路和1995年的《体育产业发展纲要》强调了我国发展体育产业的必要性和紧迫性，虽然没有明确提出发展健身休闲业，但是在当时体育市场发展初期为健身休闲业提供了发展依据和发展方向，对健身休闲业的发展具有非常重要的引导作用。1995年以后，在各大、中型城市掀起一股健身热，并不断蔓延到中小城市。④ 很多专家认为，在这两

---

① 谢明：《公共政策分析概论》（修订版），中国人民大学出版社2011年版。
② 丁煌：《政策制定的科学性与政策执行的有效性》，《南京社会科学》2002年第1期。
③ 秦小平、高嵩、汪子文、杨青松、谭祝平：《群众体育政策执行中居民体育利益表达机制完善研究》，《天津体育学院学报》2011年第2期。
④ 《健身房该向何处去》，《人民日报》2011年7月13日。

项政策开始实施时，确实对健身休闲业的发展起到了很大促进作用，但是在健身休闲业的整个发展过程中不能全部归功于这两项体育政策的作用①，我国健身休闲业的发展还与我国一些市场经济发展政策、人们生活水平的提高、体育意识的增强，以及其他体育政策的调整或更新等许多因素有关。同时也应该承认在进入21世纪后，这两项政策对健身休闲业政策的促进作用非常小，无法满足健身休闲业的政策需求。

《关于加强体育市场管理的通知》（国家体委，1994）和《关于进一步加强体育经营活动管理的通知》（国家体委，1996）是由体育行政机关颁布的审批类规范性文件，在政策出台初期发挥了较好作用，对规范健身娱乐市场起到了一定作用。但是2000年开始就出现很多弊端，在体育经营活动的审批中出现了较多效力低下甚至腐败现象，对我国健身休闲业的发展产生了负面影响。随着市场经济政策的不断更新，其中对健身休闲业的规定也随之在2007年被宣布失效并被清理。②③

随着国家对体育事业重视程度的不断提高，体育政策的级别不断提高，体育政策内容也更具体和更具有针对性，其执行效果也随之提高。如1995年的《全民健身计划纲要》在2009年提升到法律形式，即《全民健身条例》，其中关于健身者的安全保证、经营危险性体育项目的监管等，以及公共体育场地通过市场手段为人们提供健身休闲服务均通过法律确定下来，对健身休闲业的发展起到了很好的保障作用。很多专家认为《全民健身条例》不仅有一些内容直接促进了健身休闲业的发展，还有一些内容从培养体育消费层面间接地促进了体育健身休闲业的发展。在我国各级体育政策文件中，也常常规定为群众提供各种参加体育活动的便利条件，加强体育参与的宣传、大力普及体育知识、吸引广大群众积极参加体育锻炼等。这些政策内容虽然没有直接规范健身休闲业的发展目标和发展方式，但是却对健身休闲业

---

① 刘玉、方新普：《社会转型期我国体育利益结构的变化及其对体育政策制定的影响》，《天津体育学院学报》2009年第4期。
② 《关于进一步加强体育经营活动管理的通知》，国家体委，1996年7月1日。
③ 《健身房该向何处去》，《人民日报》2011年7月13日。

的发展起到了积极的作用。英美等发达国家的成功经验也表明，群众体育政策对健身休闲业的影响作用非常重要。

国务院办公厅《关于加快发展体育产业的指导意见》（2010）从颁布以来在健身休闲业方面发挥的效果已经比较明显，首先是对加快发展健身休闲业内容的规定更加明确；其次是该政策的权威性很高，充分受到各级政府的重视；再次是其中的内容迎合了我国健身休闲业发展的需求，提出对民营企业的很多税费优惠方式。我国健身休闲业对于促进经济增长、增加就业和调整产业结构等方面发挥着越来越重要的作用，但是长期以来却遇到了很多发展"瓶颈"，其中主要是民营企业的税费压力问题，该政策的出台有力地推动了健身休闲业的发展。但是该政策效果的发挥程度在不同地区也有所不同，从目前的执行效果看，在经济发展水平较高和地方政府对体育产业重视程度较高的地区的执行效果好。从"长三角"地区看，江苏省整体发挥的效果较好，且苏南地区优于苏北地区；在浙江省若干市、县级城市发挥的效果较好，如宁波、富阳、安吉等一些地区在健身休闲方面的政策扶持比较明显。

二 第三产业、服务业政策

尽管体育政策所规范的健身休闲业内容最多，也相对直观，但是仅仅靠这些政策难以保证健身休闲政策充分发挥作用。第三产业和服务产业政策的权威性、融合性和强制性对健身休闲业的促进作用非常关键，如江苏省在各级政府文件中将很多健身休闲项目类型直接列入现代服务业范围，使服务业的各种税费政策惠及健身休闲业领域；在江苏省人民政府《关于加快发展体育产业的实施意见》中就规定了体育产业可以享受服务业的一切优惠政策，最终落实也是以服务业政策为主要依据。到目前为止，江苏省已经有很多健身休闲业经营主体获得了资金补贴和税费优惠政策，使江苏省健身休闲业的经营规模和市场竞争力都得到了提升。[①] 通过对科研专家和经营者的访谈发现，《关于加快发展第三产业的决定》（1992）、《关于加快发展服务业的若干意见》（2007）、《关于加快培育和发展战略性新兴产业的决定》

---

① http：//china. findlaw. cn/fagui/xz/26/229686_ 2. html，2012 - 03 - 10.

(2010）对健身休闲业的发展起到的作用很关键，它们在不同的历史时期都发挥了基础性的推动作用。它们不仅是推动健身休闲业发展的直接政策依据，还是在体育政策中确定健身休闲业政策发展目标、发展模式和发展任务的依据。如1993年《关于深化体育改革的意见》、2010年《关于加快发展体育产业的指导意见》就是分别在这些政策的基础上制定的。

三 其他单体产业政策

我国目前涉及健身休闲业的其他单体产业政策主要指文化产业政策和旅游产业政策。随着体育在人们生活中的不断渗透，文化产业和旅游产业融入的体育元素越来越多，我国现有的文化产业政策和旅游产业政策已经规定了很多健身休闲内容。近几年来，我国对文化产业政策和旅游产业政策的倾向性比较强，给予的税费优惠政策也比较明显，其执行效果也相对较好。比如，浙江省富阳市2012年落实的健身休闲业扶持政策，在很大程度上是全国性旅游产业政策和浙江省旅游产业政策有效执行的结果，富阳市体育局与旅游局合并成立富阳市运动休闲办公室对落实健身休闲业政策也起到了非常重要的作用。而北京的一些健身休闲业2010年开始获得的财政补贴政策则主要来自文化产业政策和北京市文化产业扶持政策的落实。文化产业政策或旅游产业政策中涉及的健身休闲业的规定能否真正在地方落实，在很大程度上取决于当地政府的态度，在我国很多地区的健身休闲业还没有享受到文化产业或者旅游产业所规定的优惠政策。

四 税费政策

税费政策是对产业影响敏感程度非常高的政策，它具有规范性、权威性、强制性等特点，不仅对经营者有强制执行力，对政策执行机关同样有强制性。这些政策常常被称为其他单体产业政策的配套政策，也常被称为是落实产业政策的政策工具或政策手段。我国早期服务业税费较高，如财政部、国家税务总局《关于调整部分娱乐业营业税税率的通知》（2001）规定台球、高尔夫球、保龄球、蹦极、动力伞等体育经营项目按20%税率征收营业税。但是随着国有企业改革的不断推进、国家经济结构升级的需要和人们对健身休闲的迫切需求，这些政策体现出了对整个健身休闲业的限制作用。而财政部、国家税务总局《关于调减台球保龄球营业税税率的通知》（2004）将台球和保龄球营业税降低到5%，对台球业的发展起到了挽救作用，激活了台球市场。但是对保龄球市场没有起到作用，保龄球一直处于低迷状态。政策实施持续五年后，台球行业却出现了过度饱和的现象，导致目前的台球业也开始走下坡路。这也说明了政策的局限性，并不是每一项政策总能有效发挥作用。《营业税暂行条例》（2008）从整体上降低了我国娱乐业、服务业和文化体育业的营业税，且给予地方政府5%和20%之间的税率调整权。该政策对我国很多健身休闲业起到了促进作用，之后动力伞、卡丁车、射击等很多休闲体育项目经营不断增加，高尔夫球产业也获得了发展机遇。健身休闲业税率的降低是通过降低经营成本和消费成本而推动健身休闲业发展的。很多税费减免需要地方政府执行，其本质是政府减少税收收入，使企业得到快速发展，企业总体营业额的增加也可能会反过来增加税收总收入。尽管税率具有规范性和强制性，但是地方政府可能会由于对健身休闲业发展态度不同而采取不同的政策，如果地方政府政策不将健身休闲业列为税率优惠的行业范畴内，健身休闲业就享受不到政策的优惠内容。有些地方能够实现降低健身休闲业税率，如上海、浙江以及其他很多省市难以实现降低税率。我国健身休闲业的营业税是偏重体育文化事业类的3%，还是处于娱乐业类的5%—20%，还是归为服务业的5%，也取决于地方政府对健身休闲业的归类和认定。

目前健身休闲业的财政补贴政策主要是为了形成规模经济，而对具有竞争优势或潜在竞争优势的企业采取引导资金的供给。这些政策在全国层面主要体现在服务产业政策、文化产业政策、旅游产业政策和体育产业政策中，在地方上有具体的财政补贴政策，如北京、江苏、无锡、富阳等地方性财政补贴政策。这些政策对提高健身休闲业的经营规模和经营水平起到了较大作用。但是财政补贴政策受地方财政能力、地方经济综合发展水平、地方政府的重视程度等诸多因素的影响，到目前为止在少数地区落实较好，且主要体现在与旅游融合发展的健身休闲业方面。

五 土地政策

关于健身休闲业的土地政策主要集中在对土地要求较多的高尔夫球产业方面。国家对高尔夫球场的用地限制一直非常严格，主要是防止高尔夫球场地过度占用耕地资源、防止建设过程中不科学开发而破坏当地生态环境的行为。从2004年开始，国家对高尔夫球产业的禁令众多，但违规高尔夫球场建设仍未停止。全国违法占地、违规建设高尔夫球场问题扩展势头明显，而且从沿海地区向中、西部延伸。[①]很多开发商借建设高尔夫球场之名营销房产；也有一些地区曲解政策，或者规避政策来获得建设高尔夫球场的机会以拉动经济发展。据相关部门统计，截至2011年，全国实际运营的高尔夫球场有600多家，但是通过正规审批的仅有10家[②]，且我国高尔夫球场的数量仍然在持续增加，绝大多数高尔夫球场通过事后缴罚款获得合法身份。这些现象说明了我国高尔夫球产业政策与高尔夫球产业的实际发展是不协调的，也反映出这些政策发挥的效果并不理想。有些专家认为主要原因是政策处罚力度不够导致违规成本低；有些专家认为主要问题是政策本身不合理；也有一些专家认为，这些政策实际上发挥了一定作用，如果不是这些政策的约束和规范，高尔夫球项目的泛滥发展可能造成巨大的土地损失。

六 小结

具体规范健身休闲业的体育类政策、第三产业政策、服务业政策、其他单体产业政策、税费政策和土地政策等由于政策类型的不同所发挥的实际效果是不同的。另外，由于其所处不同的历史环境和行政区域位置的差别也会产生不同的执行效果。同时也应该承认孤立地分析某一类健身休闲业政策的执行效果存在一定的缺陷，因为所有规范健身休闲业的政策体系共同对健身休闲业的发展起促进作用。因此在实际工作过程中，要提高健身休闲业政策的执行效果，不仅要单独分析每项健身休闲业政策的类别，还要综合分析健身休闲业政策

---

① 国土资源部：《非法建设高尔夫球场问题向全国蔓延》，《城市规划通讯》2011年8月31日。

② "第三届高尔夫经理论坛"，《高尔夫周刊》2011年第28期。

内容。

第三节　完善我国健身休闲业政策的建议

一　将健身休闲业政策的调整作为政策完善的一项长期任务

从我国体育、第三产业、服务业、其他单体产业和税费、土地类产业政策类型看，关于我国健身休闲业的内容经历了从早期的宏观引导到规范管制，再到鼓励和扶持的过程。到目前为止，各类政策之间体现出较强的交叉性和融合性，在一定程度上提高了健身休闲业政策的执行效果，并在不同的历史时期从不同的维度对我国健身休闲业的发展起到了一定的促进作用。随着历史的变迁，一些政策内容起到的促进作用程度降低，或者不再起作用，甚至起阻碍作用，最终促成旧政策的失效和新政策的出台。健身休闲业本身也处于不断发展和变化过程中，随着社会的发展可能会不断出现一些新问题。因此，健身休闲业政策内容的更新与修整是一项长期的历史任务。

二　针对健身休闲业存在的实际问题设计健身休闲业政策内容

尽管近几年确定了不少关于发展健身休闲业的具体政策，对我国健身休闲业的快速发展也起到了较大促进作用，但是目前我国健身休闲业依然存在较多问题。一些政策执行效果不太理想也表明，我国目前健身休闲业政策不能满足我国健身休闲业的需求。如我国各地健身行业倒闭现象严重，利润空间小、经营困难很大；高尔夫球产业依然作为招商引资的手段，并没有真正加快高尔夫球产业本身的发展；台球走下坡路、保龄球行业长期萧条等。健身休闲业政策的完善应针对这些问题，尽可能满足我国健身休闲业的需求。

三　强化地方性健身休闲业政策的制定与执行

我国健身休闲业政策的执行效果是国家政策和地方政策共同发挥作用的结果，随着我国行政权力的不断下放，地方性政策在政策执行过程中发挥越来越重要的作用，在调整和优化健身休闲业政策时，应该重视地方性健身休闲业政策的调整。政策的实施也应该受到地方政府的重视，以增加政策执行的投入，最终提高健身休闲业政策的执行效果。

四 政府适度干预健身休闲业

在健身休闲业政策的优化过程和执行过程中，必须承认政策作用的有限性。有些问题并不是仅仅靠政策能够解决的，且新政策的制定和执行都需要成本投入，也存在政策风险。体育健身休闲业政策新内容的确定必须以国家经济发展规划为依据、市场经济规律为基础，以充分发挥经营者的竞争力为根本，对不同类别和不同性质的健身休闲业类型进行适当干预。

五 多部门合作实现政策具体化

应该在现有基础上针对健身休闲项目的具体需求设计政策方案，以满足我国健身休闲业对各种政策的实际需求。如以健身为主的水、电、税费政策，以休闲为主的融资政策和规范政策，以高尔夫球场用地为主的土地政策是目前我国健身休闲业急需的政策，应该尽快完善或设计具体实施方案。各政策制定和执行机构应该重视健身休闲业的融合性，加强各部门之间的协调与合作，制定具有较强执行力的政策。

第九章 结论与展望

一 结论

（1）我国体育服务产业政策体系是由国家级和地方各级政策形成的一个政策系统。从内容上可以分为体育服务产业专门政策和相关政策。分别体现在我国各种政策中，如体育政策、体育产业政策、服务业政策、税收政策等。政策的权威性、政策手段的多样性、政策执行方式的差异性等会导致体育服务产业政策发挥的效用程度有所不同。有些体育服务产业政策对体育服务产业的促进作用较大，有些对体育服务产业所起的促进作用较小。正是这些政策不同的执行效果，使体育服务产业政策体系对每一体育服务产业业态的促进作用也不同。

（2）我国国家级体育服务产业政策的制定是在整个国家经济发展制度下，为了实现国家体育事业的发展和促进国家经济发展而制定的。而各级政府在制定地方体育服务产业政策时，主要目的是执行国家政策，制定的依据也是国家体育服务产业政策。但是地方性体育服务产业政策的制定还受到当地整体经济发展规划的影响，因而当地政府会因此而制定出不同的体育服务产业政策。有些地方制定的政策权威性强、内容具体、具有较强的执行力；有些地方制定的政策可能权威性相对低、内容宏观、执行力不强。我国体育行政机关单独制定体育服务产业政策的现象越来越少，体育服务产业政策的制定越来越趋向于政府发布和多部门联合发布。因为体育服务产业对各地区经济发展的联系越来越密切，只有通过政府发布或者多部门联合发布的政策才可能在整个经济调整中起作用。

（3）尽管我国体育服务产业政策有一个具体的模式，但是由于体育服务产业政策类型的不同、政策执行主体的行为差异以及不同地区法制和经济环境的限制，体育服务产业政策执行过程中的各个环节有较大差异，最终产生的执行效果也有所不同。

宏观性的全国性体育服务产业政策涉及的地方执行机关多，执行手段也多，执行效果的不确定性强。如果地方政府重视体育服务产业的发展，则可能会积极投入政策执行资源，或者会通过制定地方实施性政策来落实体育服务产业政策。如果地方法制发展水平和经济发展水平较高，则相对容易投入政策执行资源，落实体育服务产业政策；反之则可能投入政策执行资源较少，政策落实程度相对较低。

（4）体育服务产业政策执行效果的评价本应是体育服务产业政策运行过程中比较重要的环节，也是检验体育服务产业政策是否合理和执行工作是否科学的手段。但是长期以来我国体育服务产业政策执行效果的评价受到很多因素的制约。如政策的评价需要投入一定的成本，我国没有设置专门的政策评价机构，也没有专门的政策评价基金；体育服务产业政策执行评价的方法和技术还不成熟，难以选择科学的评价方法。本书采取了一种比较经济的评价手段，对我国体育服务产业政策执行效果进行评价。得出的主要结论为我国整体体育服务产业政策执行效果不理想，主要原因是政策环境、政策对象、政策本身和执行主体，其中政策环境影响程度最大，其他三个因素的影响程度较为接近。可以从干预这些影响因素来提高体育服务产业政策的执行效果。但是有些因素容易干预，有些因素难以干预。应采取易干预因素和能够较大程度提高政策效果的方式进行干预，以提高我国体育服务产业政策的执行效果。

（5）通过对我国体育服务产业政策内容体系、制定环节、执行环节和我国体育服务产业政策执行效果的判断看出，我国目前体育服务产业政策整体状况需要进一步完善。在政策制定过程中，要顺应国家经济发展趋势，要与国家经济政策和税费调整政策有效衔接；政策制定机关要充分认识体育服务产业在本地区经济发展中的地位和对体育事业发展的积极促进作用，尽可能设计具有可操作性的体育服务产业政策；在若干具体体育服务产业类型上，如高尔夫、体育彩票和健身会所等，需要进一步设计更加科学的政策。体育行政机关要发挥在政策制定中的协调作用，积极与当地政府机构和其他相关职能机构有效沟通，以设计科学的政策。在政策执行过程中，各级政府要根据本地区政策环境选取合适的执行手段,以保证小投入和高效益的执行效果。要加大我国体育服务产业政策的宣传,使政策信息能及时传递给体育服务产业经营者,体育服务产业经营者也应当积极通过各种途径了解体育服务产业政策。要在现有的条件下,适当对我国体育服务产业政策执行效果进行评价,以调整体育服务产业政策,完善体育服务的产业政策制定和执行。

二 创新之处

(1) 本书选择 2008 年国家统计局和国家体育总局联合发布的《体育及相关产业分类(试行)》中的体育服务业类型,即体育服务产业为范畴,以体育服务产业政策为研究对象,并对之进行深入研究。该研究不仅对优化我国体育服务产业政策和改善体育服务产业政策运行过程具有专门指导意义,对指导体育行政机关和其他服务产业行政机关的工作也具有重要意义。

(2) 本书对体育服务产业政策进行了分类研究,分为专门政策、相关政策和其他政策,同时分为综合性政策和具体体育服务产业政策,全国性政策和地方性政策进行研究,对提高体育服务产业政策的效用具有较强的实践指导意义。针对我国长期以来重视政策制定而轻视政策执行的现实状况,在书中将体育服务产业政策的运行过程和执行效果有机结合进行研究,对提高我国体育服务产业政策内容的科学性、对优化制定和执行都具有较强的现实意义。

(3) 针对政府需要解决各种问题不断复杂化和动态化的现实,仅仅凭借某一领域或者专业方面的知识很难揭示政策过程的全貌,或者很难探求政策失败的根源。因此本书以政策科学理论为基础,采用了过程理论模型、理性模型、有限理性模型、渐进模型、政治系统模型等各种理论视角对体育服务产业政策进行研究,以避免研究成果和实际需求脱节,力求满足政府的需求。

三 不足之处

(1) 本书所指的体育服务产业是体育产业统计意义上的,与以往理论和实践中惯称的体育服务产业类型有一定差别。本书对之间的差别进行了解释和对接,但是对接程度还不够完善。

(2) 本书对体育服务产业政策的研究尽力做到全国性体育服务产

业政策与地方性体育服务产业政策相结合、宏观角度和微观角度相结合，力争达到研究的全面性、紧凑性和严密性，但是由于篇幅的限制，对地方性政策的分析还不充分。

（3）体育服务产业政策执行效果的评价是一件非常困难的事情，本书采用了文献资料、专家问卷调查、专家访谈和实地考察相结合的无目标模式对我国整体体育服务产业政策执行效果进行判断，在很大程度上节省了成本，但是科学性和准确性相对较弱。

四 研究展望

（1）随着我国经济发展水平的不断提高、经济结构调整的不断推进和体育公共服务多元化提供机制的提倡，体育服务产业将会在我国经济发展和体育事业发展中发挥越来越重要的作用。体育服务产业政策在体育服务产业发展中的重要性必然会越来越受到重视。提高我国体育服务产业政策的研究水平，以提高体育服务产业政策执行效果的发挥，也同样会受到广泛关注。

（2）本书梳理了我国整体体育服务产业政策体系和整体政策运行过程，但是无法对所有地方性体育服务产业政策进行完整和具体的分析，仅对江苏省和浙江省进行了较多的分析和探讨。在以后的研究中，将对其他省市的体育服务产业政策进行深入研究。本书没有对某一具体业态的体育服务产业政策体系在政策运行过程方面进行单独的分析和研究，在以后的研究中将对体育服务产业具体业态的政策体系进行较系统和深入的研究。

（3）本书对我国体育服务产业政策的评价方面，采取对执行效果进行评价，在以后的研究中，将尝试对我国体育服务产业政策的整个运行过程进行评价，通过含有量化目标的评价模式对我国体育服务产业政策进行综合绩效评价。

参考文献

[1] 白璇煜：《加入WTO后中国文化产业政策研究》，硕士学位论文，复旦大学，2008年。

[2] 柏定国：《基于项目管理的县域文化产业研究》，博士学位论文，中南大学，2005年。

[3] 鲍明晓：《体育产业国际比较研究》，国家体育总局体育社会科学研究项目，2007年。

[4] 鲍明晓：《做大做强项目产业才是发展体育产业的正道》，《环球体育市场》2009年第2期。

[5] 蔡慧：《地方政策如何运用产业政策促进地方经济》，硕士学位论文，苏州大学，2010年。

[6] 蔡坤辉：《确定主导产业政策对象的方法研究》，硕士学位论文，厦门大学，2006年。

[7] 蔡琳、金开云、董嘉、桂斌、何艳、黄子诚、黄苗笛、孙红波、李晓旭、昌银银、张剑：《全民健身动感浙江》，《中国体育报》2010年8月13日。

[8] 曹可强：《论长江三角洲地区体育产业的一体化发展》，《上海体育学院学报》2006年第1期。

[9] 曹可强：《论居民体育消费的特征》，《沈阳体育学院学报》2004年第2期。

[10] 曹可强：《上海市体育产业比较优势与布局模式研究》，《上海体育学院学报》2003年第10期。

[11] 曹可强：《体育产业概论》，复旦大学出版社2004年版。

[12] 曹可强、刘新兰：《英国体育政策的变迁》，《西安体育学院学报》1998年第3期。

［13］曹雨真：《中国传媒产业政策分析与研究》，硕士学位论文，四川大学，2003年。

［14］陈华、栗燕梅、刘平：《深圳市体育中介组织现状、制约因素及发展对策研究》，《广州体育学院学报》2009年第9期。

［15］陈瑾玫：《中国产业政策效应研究》，博士学位论文，辽宁大学，2007年。

［16］陈靖：《我国现行基本经济制度下的产业政策特征研究》，博士学位论文，复旦大学，2002年。

［17］陈林祥：《试论体育产品的公益性与产业性》，《武汉体育学院学报》2005年第2期。

［18］陈林祥：《我国体育产业布局政策的研究》，《武汉体育学院学报》2006年第5期。

［19］陈林祥：《我国体育产业结构与产业布局政策选择的研究》，《体育科学》2007年第2期。

［20］陈明：《政府在体育服务业市场中的角色》，《体育文化导刊》2009年第5期。

［21］陈书国：《湖南新机制政策执行的体制障碍及其对策研究》，硕士学位论文，中南大学，2009年。

［22］陈文鸿：《结构转型与香港的产业政策》，《国际经济评论》2004年第3期。

［23］陈小洪、马骏、袁东明等：《产业联盟与创新》，经济科学出版社2007年版。

［24］陈元欣、黄爱峰、王健：《综合性大型体育赛事场馆设施的外部性》，《上海体育学院学报》2007年第1期。

［25］陈元欣、李溯：《我国大型体育赛事场馆设施投融资现状及其市场化改革》，《上海体育学院学报》2009年第4期。

［26］陈元欣、王健：《体育经纪的法律性质分析》，《南京体育学院学报》2002年第8期。

［27］陈元欣、王健：《政府主导：政府大型体育场馆设施供给中的作用研究》，《南京体育学院学报》2010年第6期。

［28］陈振明：《政策科学——公共政策分析导论》，中国人民大学出版

社 2005 年版。

[29] 成会君：《中国体育经济活动的信任研究》，博士学位论文，北京体育大学，2006 年。

[30] 程宏美：《中国汽车产业发展问题及产业政策研究》，硕士学位论文，天津大学，2008 年。

[31] 丛湖平：《体育产业理论与实践》，人民体育出版社 2006 年版。

[32] 崔东：《体育产业开发政策研究》，《体育科研》2002 年第 9 期。

[33] 崔颖波、何志林、李建国：《日本发展大众体育的特点及趋势——"终身体育"政策》，《体育与科学》2003 年第 3 期。

[34] 崔赵辉：《北京市高新技术产业政策实施效果评价研究》，硕士学位论文，中国地质大学，2007 年。

[35] 戴恩冰：《我国体育产业管理中的政府与市场博弈关系初探》，《山东体育学院学报》2009 年第 3 期。

[36] 丁俊：《南京健身场所隐患多多》，《江苏经济报》2006 年 6 月 17 日。

[37] 丁涛、王芬、金晓平、饶莉：《对英国体育发展状况的考察与调研》，《北京体育大学学报》2005 年第 11 期。

[38] 董新光：《地方与国家体育产业"十一五"规划目标的一致性问题分析》，《体育文化导》2008 年第 2 期。

[39] 董幼鸿：《我国地方政府政策评估制度化建设研究》，博士学位论文，华东师范大学，2008 年。

[40] 杜俊华：《中国出境旅游市场的发展与产业政策研究》，硕士学位论文，扬州大学，2007 年。

[41] 杜文杰、王国庆、王向娜：《科学发展观是把"金钥匙"》，《中国体育报》2011 年 11 月 22 日。

[42] 冯火红：《地方政府社会体育政策研究》，北京体育大学出版社 2007 年版。

[43] 高和：《美国体育产业进入整合期》，《国际商报》2005 年第 11 期。

[44] 高虹：《北京奥运会后竞技体育和大众体育的走向问题——东京奥运会后日本体育发展道路的启示》，《山东体育学院学报》2008

年第 8 期。
[45] 龚建林：《我国城市体育产业的发展现状及其趋势》，《体育科技文献通报》2007 年第 10 期。
[46] 古彬：《我国体育经纪公司导入 CIS 战略》，硕士学位论文，北京体育大学，2008 年。
[47] 关超：《我国及广西竞技体育中介机构和经纪人现状与对策研究》，硕士学位论文，广西师范大学，2008 年。
[48] 桂宇：《少数民族地区旅游产业政策体系研究》，硕士学位论文，云南师范大学，2006 年。
[49] 郭峰：《产业政策评估理论与方法研究》，硕士学位论文，河南大学，2005 年。
[50] 郭公帅：《福州市体育产业发展的政策及其选择问题》，《体育科学研究》2003 年第 12 期。
[51] 郭曦：《中国循环经济体系构建中的产业政策研究》，硕士学位论文，四川大学，2006 年。
[52] 国家体育总政策法规司：《体育产业现状趋势与对策》，人民体育出版社 1997 年版。
[53] 韩萍：《论我国信息产业政策研究及其评估体系的建立》，硕士学位论文，东北师范大学，2005 年。
[54] 韩小威：《经济全球化背景下中国产业政策有效性问题研究》，经济出版社 2008 年版。
[55] 韩晓莉：《服务型政府视角下的政策制定过程研究》，《武汉科技学院学报》2008 年第 11 期。
[56] 何志平：《文化产业政策制定的指导原则》，《中国文化报》2005 年第 12 期。
[57] 何祖新、马宇峰：《河南省体育产业发展现状与发展趋势研究》，《体育与科学》2000 年第 5 期。
[58] 贺恒信：《政策科学原理》，苏州大学出版社 2010 年版。
[59] 胡娜：《英国体育师资培训对我国体育教育专业教学改革的启示》，《山东体育科技》2006 年第 8 期。
[60] 胡笑寒、王静：《我国休闲体育产业成长机理研究初探》，《首都

体育学院学报》2009 年第 2 期。

[61] 花建:《开发体育产业的四大关键：产业链·大市场·树品牌·做平台》,《上海社会科学院学报》2009 年第 5 期。

[62] 黄斌:《文化发展转型与国家的作用——中国文化产业中的政府角色研究》,博士学位论文,暨南大学,2001 年。

[63] 黄海燕:《全国体育及相关产业专项调查进展》,《环球体育市场》2009 年第 3 期。

[64] 黄倩岚:《CAFTA 背景下地区产业政策协调问题研究》,硕士学位论文,广西大学,2008 年。

[65] 黄世席、陈华栋:《日本体育法及其对我国相关体育立法的借鉴》,《体育与科学》2006 年第 3 期。

[66] 黄水英:《体育产业价值链及盈利模式研究》,硕士学位论文,中国地质大学,2009 年。

[67] 黄文卉、黄祥富:《美国体育产业中的公共—私有合作伙伴关系》,《武汉体育学院学报》2005 年第 10 期。

[68] 黄希发、陈雪龄、顾灏宁、郑应韵、宋梦圆:《我国体育服务业实施标准化战略的思考》,《上海体育学院学报》2009 年第 3 期。

[69] 黄小晶:《农业产业政策理论与实证探析》,博士学位论文,暨南大学,2002 年。

[70] 黄晓红:《完善我国体育产业政策的若干建议》,《成都体育学院学报》2008 年第 9 期。

[71] 霍焱:《韩国产业政策研究》,硕士学位论文,延边大学,2003 年。

[72] 贾文彤、郝军龙、杨磊、邬海燕:《河北省体育产业发展政策研究》,《河北体育学院学报》2009 年第 9 期。

[73] 贾文彤、孙焕江、梁灵艳:《命令与契约——论英国体育管理》,《山东体育学院学报》2009 年第 1 期。

[74] 姜楠:《日本的中小型企业政策与产业政策的结合及效果》,硕士学位论文,对外经济贸易大学,2006 年。

[75] 姜永刚:《北京市体育中介市场主体现状研究》,硕士学位论文,首都体育学院,2009 年。

［76］蒋明朗：《对西部地区体育产业发展定位及趋势的研究》，《咸阳师范学院学报》2002年第12期。

［77］蒋新苗：《我国体育无形资产法律保护问题研究》，国家体育总局体育社会科学研究项目，2006年。

［78］矫健：《青岛市体育产业的发展现状及对策研究》，硕士学位论文，山东师范大学，2008年。

［79］金国祥、徐本力、杨卫民、陆叶、辛世海：《促进上海市体育服务业发展的若干对策研究》，《体育科研》2006年第4期。

［80］金明：《基于3G标准建设方式分析的我国移动通信产业政策研究》，硕士学位论文，天津大学，2007年。

［81］金顺：《结构调整和产业政策应该放在宏观调控之上》，《新财经》2005年第5期。

［82］靳英华：《论中国体育产业政策调整的基本原则》，《首都体育学院学报》2006年第3期。

［83］静楠：《为体育场馆运营开药方》，《市场报》2003年12月3日。

［84］康志伟：《产业政策与中小企业发展问题研究》，硕士学位论文，吉林大学，2007年。

［85］赖小玉：《贵州省体育产业发展对策研究》，硕士学位论文，西南大学，2008年。

［86］雷厉：《国内外体育场馆政策及对我国体育场馆未来发展的启示》，《体育文史》2000年第3期。

［87］雷凌：《论我国竞争法与产业政策法的冲突与协调》，硕士学位论文，华中师范大学，2006年。

［88］李宝生、郭洁：《实现西北地区体育产业发展战略目标的政策建议及相应对策研究》，《湖北体育科技》2001年第3期。

［89］李川：《我国创意产业政策有效性评价研究》，博士学位论文，电子科技大学，2009年。

［90］李春、黄维：《浙江体育产业起跑了》，《浙江日报》2012年2月14日。

［91］李国岳：《新时期我国体育服务业的都市集聚现象思考》，《体育与科学》2006年第5期。

[92] 李海、陶蕊、刘磊、陈敬：《体育彩票问题博彩概念研究述评》，《上海体育学院学报》2010年第5期。

[93] 李慧：《当前我国中央政策执行阻滞现象分析——以地方利益为视角》，硕士学位论文，中国政法大学，2010年。

[94] 李佳：《湖南省永丰县文化产业政策法规问题研究》，硕士学位论文，中央民族大学，2007年。

[95] 李建国：《从政策变化看改革开放30年我国社会体育发展》，《上海体育学院学报》2008年第7期。

[96] 李建设：《浙江体育产业研究》，国家体育总局体育社会科学研究项目，2007年。

[97] 李捷：《北京市群众体育政策执行研究》，博士学位论文，福建师范大学，2008年。

[98] 李捷：《体育法律问题事例分析》，国家体育总局体育社会科学研究项目，2007年。

[99] 李劲：《日本产业政策研究》，博士学位论文，吉林大学，2006年。

[100] 李敬辉：《新时代中国产业政策研究》，博士学位论文，哈尔滨工程大学，2004年。

[101] 李力研：《澳大利亚体育一瞥》，《体育文化导刊》2002年第3期。

[102] 李明圆：《论日本产业政策与贸易政策的融合》，博士学位论文，对外经济贸易大学，2005年。

[103] 李楠：《全面预算管理在长春市体育产业中的应用研究》，硕士学位论文，吉林大学，2008年。

[104] 李宁：《"自由市场"还是"文化例外"——美国与法国文化产业政策比较及其对中国的启示》，《世界经济与政治论坛》2006年第3期。

[105] 李宁：《我国体育产业的发展现状与政策取向》，《南京体育学院学报》2002年第12期。

[106] 李莎、李进：《全球金融危机背景下我国体育产业发展的思考》，《成都体育学院学报》2009年第3期。

[107] 李万来、李春晖：《试论体育产业内涵发展与全面质量管理》，《成都体育学院学报》2009年第3期。

[108] 李巍、杨志峰：《重大经济政策环境影响评价初探——中国汽车产业政策环境影响评价》，《中国环境科学》2002年第2期。

[109] 李瑜：《中西方体育产业并购动因比较分析》，硕士学位论文，北京交通大学，2008年。

[110] 李云林：《浙江省运动休闲发展的战略思考》，《浙江体育科技》2009年第3期。

[111] 李允杰、昌泰：《政策执行与评估》，北京大学出版社2008年版。

[112] 廖长友：《中国家电工业产业政策有效性分析》，硕士学位论文，西南财经大学，2003年。

[113] 廖鹏：《反垄断法与产业政策优先适用问题研究》，硕士学位论文，江西财经大学，2009年。

[114] 林建君、李建设、金开云、陈晓明：《浙江省兼营体育服务业的调查与分析》，《中国体育科技》2006年第6期。

[115] 林显鹏：《现代奥运会体育场馆建设及赛后利用研究》，《北京体育大学学报》2005年第11期。

[116] 林显鹏、虞重干、杨越：《我国体育产业发展现状及对策研究》，《体育科学》2006年第2期。

[117] 凌平：《控制和管理美国体育产业和体育市场运作的主要法规条例》，《山东体育学院学报》2000年第10期。

[118] 刘波：《基于自由组织模型的高技术产业组织政策研究》，博士学位论文，同济大学，2005年。

[119] 刘春忠：《地方体育产业的现状分析与政策措施》，《体育与科学》2003年第9期。

[120] 刘东峰、史晨雨：《英日体育产业理念及发展特色》，《环球经济市场》2009年第1期。

[121] 刘峰：《关于建立我国体育服务业质量管理及其监管体制问题》，《体育科学》2004年第5期。

[122] 刘淦清、雪峰、林祥：《体育经济改革与发展》，湖北人民出版

社 2003 年版。

[123] 刘慧琼：《政策主体的价值取向对政策制定的影响》，《决策借鉴》2002 年第 6 期。

[124] 刘吉发：《产业政策学》，经济管理出版社 2004 年版。

[125] 刘家顺：《中国林业产业政策研究》，博士学位论文，东北林业大学，2006 年。

[126] 刘江南：《对美国体育产业调研而引发的思考》，《广州体育学院学报》2001 年第 12 期。

[127] 刘江南：《美国体育产业发展概貌及其社会学因素的分析》，《广州体育学院学报》2001 年第 3 期。

[128] 刘江南：《政府体育部门在发展体育产业中的职能》，《体育学刊》2008 年第 1 期。

[129] 刘金林：《基于事实维度的公共科技政策评价研究》，《经济与管理》2011 年第 8 期。

[130] 刘晶、陈元欣：《高校体育场馆供给现状特点及其发展趋势》，《武汉体育学院学报》2010 年第 10 期。

[131] 刘晶、仲春：《以科学的体育经济政策保障体育产业的发展》，《沈阳体育学院学报》2003 年第 3 期。

[132] 刘可夫、何淑贞、蒋凯：《体育产业将成为新的增长点》，《福建体育科技》2003 年第 3 期。

[133] 刘玲：《高新技术产业政策环境评价及对策研究》，硕士学位论文，哈尔滨理工大学，2006 年。

[134] 刘清早、王荣朴、孙胜男：《体育事业与体育产业的相关关系辨析》，《中国体育科技》2008 年第 3 期。

[135] 刘淑英：《地方政府公共政策执行力提升研究》，硕士学位论文，山西大学，2010 年。

[136] 刘苏、陈陨：《对我国体育彩票法律规制的思考》，《首都体育学院学报》2009 年第 7 期。

[137] 刘蔚：《文化产业集群的形成机理研究》，博士学位论文，暨南大学，2007 年。

[138] 刘文董、张林：《上海市体育赞助的现状分析》，《上海体育学院

学报》2004 年第 2 期。

[139] 刘小兵：《我国体育经纪发展的对策研究》，硕士学位论文，江西师范大学，2007 年。

[140] 刘雪颖：《中国电视数字化进程和数字电视产业政策研究》，硕士学位论文，武汉大学，2005 年。

[141] 刘延平、周明华、任保国：《关于我国体育资本市场体育基金与体育产业政策问题的思考》，《体育与科学》2005 年第 5 期。

[142] 刘燕舞：《论城市发展与体育产业的推进——以广州为例》，博士学位论文，华南师范大学，2007 年。

[143] 刘玉、隋红、田雨普：《转型期我国社会体育政策执行偏差的主体因素研究》，《山东体育学院学报》2010 年第 2 期。

[144] 刘远祥、田雨普：《政府与市场博弈下的体育产业结构优化》，《山东体育学院学报》2009 年第 4 期。

[145] 卢耿华、刘新民：《陕西省小康社会建设时期体育产业发展的政策选择》，《西安体育学院学报》2006 年第 9 期。

[146] 卢静：《知识型服务业科学管理模式与创新研究》，博士学位论文，天津大学，2007 年。

[147] 卢晓梅：《我国体育产业投资基金发展模式研究》，博士学位论文，北京体育大学，2000 年第 4 期。

[148] 陆小成：《我国体育产业发展模式与政策研究——基于服务链构建的视角》，国家体育总局体育社会科学研究项目，2011 年。

[149] 陆小成：《政策执行系统耗散结构演化的方向判别与机制构建研究》，《科技管理研究》2009 年第 5 期。

[150] 陆茵：《政府产业政策与城市发展》，硕士学位论文，复旦大学，2009 年。

[151] 陆作生：《日本体育振兴基本计划研究》，《体育文化导刊》2008 年第 10 期。

[152] 路春城、子琼：《促进我国文化产业发展的税收政策研究》，《山东经济》2008 年第 5 期。

[153] 罗华敏：《湖南省体育中介市场现状及发展研究》，硕士学位论文，湖南师范大学，2006 年。

[154] 罗希：《区域循环经济的产业政策分析》，硕士学位论文，北京交通大学，2007年。

[155] ［美］宾厄姆、［美］菲尔宾格：《项目与政策评估：方法与应用》，朱春奎、杨国庆等译，复旦大学出版社2008年版。

[156] ［美］查尔斯·E.林布隆：《政策制定过程》，朱国斌译，华夏出版社1987年版。

[157] 马继龙：《我国体育产业化发展战略研究》，国家体育总局体育社会科学研究项目，2006年。

[158] 马晓河：《我国体育产业发展与产业政策选择》，《改革与发展论坛》2000年第1期。

[159] 马迅、白跃世、魏鹏娟：《陕西体育产业资本市场投融资发展现状与政策研究》，《特区经济》2008年第3期。

[160] 马艺华：《加快发展体育产业的重要一环》，《中国体育报》2012年2月24日。

[161] 孟丽：《玉溪市旅游产业政策研究》，硕士学位论文，华东师范大学，2007年。

[162] 朴哲松：《韩国竞技体育政策的现状》，《体育文化导刊》2004年第7期。

[163] 綦良群：《高新技术产业政策管理体系研究》，博士学位论文，哈尔滨工程大学，2005年。

[164] 钱建宁、李宗林、程华、赫军：《对文化产业财政扶持政策的几点思考》，《中国财政》2008年第23期。

[165] 秦婧楠：《信息产业政策法初探》，硕士学位论文，中央民族大学，2007年。

[166] 邱凌云、潘华、崔莉、张新：《俄罗斯体育体制转型及其对我国体育体制改革的影响》，国家体育总局体育社会科学研究项目，2008年。

[167] 饶远、张云钢：《发展少数民族体育产业的政策与社会环境分析》，《北京体育大学学报》2003年第7期。

[168] 任保国、宋秀丽、李建臣：《国外对体育产业风险投资的支持政策及其启示》，《北京体育大学学报》2006年第5期。

[169] 任保国、赵文胜、李建臣：《我国体育产业资本市场投融资发展现状与政策研究》，《体育与科学》2006 年第 1 期。

[170] 邵明远：《中国汽车产业政策绩效研究》，硕士学位论文，山东大学，2008 年。

[171] 沈克印、周学荣：《儒家消费伦理思想与体育消费伦理》，《武汉体育学院学报》2009 年第 5 期。

[172] 沈黎勇、李建设、费兰兰：《国外体育经纪人及体育经纪活动的立法管理研究》，《北京体育大学学报》2004 年第 10 期。

[173] 石培华：《发展体育产业更需政策扶持》，《国是论衡》2002 年第 7 期。

[174] 石培华：《为体育产业营造良好的政策环境》，《新视野》2002 年第 12 期。

[175] 斯蒂文·杰克逊、王小柱：《全球化与体育政策面临的挑战》，《体育学刊》2008 年第 1 期。

[176] 宋永平：《我国体育服务业的现状与发展政策》，《体育科学》2004 年第 6 期。

[177] 隋路：《国家意愿与体育经济政策的形成》，《体育学刊》2005 年第 7 期。

[178] 隋路：《试论面向社会经济转型的体育经济政策》，《体育文化导刊》2005 年第 5 期。

[179] 孙凡：《美国、印度及中国药品产业政策比较研究》，硕士学位论文，苏州大学，2004 年。

[180] 孙建军：《我国基本公共服务均等化供给政策研究》，博士学位论文，浙江大学，2010 年。

[181] 孙永怡：《创新产业政策 推进产业结构调整》，《经济与管理》2006 年版。

[182] 谭建湘：《我国体育中介企业市场结构的研究》，《广州体育学院学报》2008 年第 11 期。

[183] 谭建湘、余晓光：《我国"十一五"期间体育产业的分析》，《广州体育学院》2005 年第 9 期。

[184] 汤钟波：《对北京市体育公司体育经纪活动的研究》，硕士学位

论文，北京体育大学，2004年。
［185］唐玲丽：《日本汽车产业政策分析及对我国借鉴意义的研究》，硕士学位论文，沈阳工业大学，2008年。
［186］唐荣斌：《南昌市大学生体育消费现状及对策研究》，硕士研究生学位论文，江西师范大学，2008年。
［187］陶晓荣：《安徽农产品加工产业政策研究》，硕士学位论文，安徽农业大学，2008年。
［188］田军：《透视美国体育产业（上）》，《体育博览》2004年第2期。
［189］田园：《区域性高新技术产业政策效果评价研究》，硕士学位论文，南京理工大学，2008年。
［190］庹继光：《发行量巨大的"娱乐化小报"——"日本体育报现象"揭秘》，《新闻记者》2007年第7期。
［191］汪洋、殷建华、马力：《体育产业税收政策与法律问题探讨》，《体育科学研究》2008年第4期。
［192］汪洋、周彩华：《现阶段湖南省体育产业政策执行情况研究》，《首都体育学院学报》2008年第7期。
［193］汪重麟：《论体育产业内部的专业化分工》，硕士学位论文，北京体育大学，2005年。
［194］王朝军、孟小辉：《体育中介组织理论研究探析——对组织结构、运行及与政府关系的分析》，《首都体育学院学报》2010年第5期。
［195］王成波：《美国文化产业政策比较研究》，硕士学位论文，暨南大学，2007年。
［196］王宏顺：《扶持民营文化产业发展的政策建议》，《中国财政》2008年第23期。
［197］王华：《苏州市城区中年群体参与型体育消费行为现状研究》，硕士学位论文，苏州大学，2007年。
［198］王慧娟：《中国银行业规模经济问题及相关产业政策研究》，硕士学位论文，山西财经大学，2006年。
［199］王君侠：《发挥地区优势加速走向市场》，《西安体育学院学报》

1994 年第 12 期。
[200] 王磊:《论中国产业政策的调整和转型》,博士学位论文,武汉理工大学,2004 年。
[201] 王磊:《我国文化产业发展问题研究——以邹城市为例》,硕士学位论文,山东师范大学,2008 年。
[202] 王莉:《职业体育联盟的产业组织分析》,博士学位论文,北京体育大学,2005 年。
[203] 王平、顾渊彦:《新时期农村体育与经济发展的关系》,《南京体育学院学报》2006 年第 4 期。
[204] 王萍:《产业结构、市场结构与产业政策》,硕士学位论文,山东大学,2007 年。
[205] 王秋梅:《中英两国体育行业国家职业资格证书制度的比较研究》,硕士学位论文,苏州大学,2009 年。
[206] 王瑞丰:《地方政策制定的制约因素及对策探讨》,《红河学院学报》2005 年第 4 期。
[207] 王书彦;《学校体育政策执行力及其评价指标体系实证研究——以黑龙江省普通中学为例》,博士学位论文,福建师范大学,2009 年。
[208] 王雪莉:《陕西文化产业发展的政策初析》,硕士学位论文,西北大学,2009 年。
[209] 王亚丽、刘春艳、孙明:《浅谈体育产业政策的制定及实施》,《首都体育学院学报》2004 年第 12 期。
[210] 王彦:《职业道路是进还是退?》,《文汇报》2012 年 2 月 7 日。
[211] 王颖:《全球化背景下中国文化产业竞争力研究》,博士学位论文,吉林大学,2007 年。
[212] 王志威:《三十多年来英国体育休闲娱乐及其政策理念的发展》,《山东体育学院学报》2006 年第 2 期。
[213] 王志威:《英国体育休闲娱乐的发展》,《军事体育进修学院学报》2005 年第 10 期。
[214] 王智超:《教育政策执行的滞后问题研究》,博士学位论文,东北师范大学,2009 年。

[215] 王子朴、原玉杰、靳英华:《奥运经济周期与体育经济政策调整的关系研究》,《天津体育学院学报》2007 年第 6 期。

[216] 王子朴、原玉杰、詹新寰:《我国体育产业政策发展历程及其特点》,《上海体育学院学报》2008 年第 3 期。

[217] 魏博:《我国信息产业政策研究》,硕士学位论文,复旦大学,2009 年。

[218] 闻扬、刘霞:《成都市体育产业发展问题与对策研究》,《成都体育学院学报》2009 年第 3 期。

[219] 翁飚、陈俊钦、韩淑艳、陈作松、连建辉:《全球化趋势与体育参业的发展》,《体育文化导刊》2004 年第 10 期。

[220] 翁飚、李明峰、林耀生、胡振禹、杨靖靖:《福建省体育产业政策和产业布局研究》,《体育科学研究》2009 年第 7 期。

[221] 吴安安:《我国现行文化产业政策析论》,硕士学位论文,吉林大学,2007 年。

[222] 吴超林、晓生:《体育产业经济学》,高等教育出版社 2004 年版。

[223] 吴建文:《中国制药产业政策研究》,博士学位论文,复旦大学,2006 年。

[224] 吴开明:《政策执行偏差防治路径探析——基于政策执行控制的视角》,《中国行政管理》2009 年。

[225] 吴丽君:《国外体育政策及体制研究》,国家体育总局体育社会科学研究项目,2007 年。

[226] 吴泽涛:《论加入世贸组织对中国体育服务业的影响》,硕士学位论文,北京体育大学,2002 年。

[227] 武珏:《我国体育彩票业发展中的法律问题及对策研究》,硕士学位论文,中国政法大学,2010 年。

[228] 下河边淳、管家茂:《现代日本经济事典》,中国社会科学出版社 1982 年版。

[229] 夏英哲:《产业政策与产业结构调整》,《财经问题研究》2003 年第 4 期。

[230] 仙女:《美国体育产业的几个焦点话题》,《体育科研》2005 年

第 7 期。
[231] 向立力：《从冲突走向调和——产业政策与反垄断法的融合》，硕士学位论文，华东政法学院，2007 年。
[232] 肖淑红：《中国体育产业价值链管理模式研究》，博士学位论文，北京体育大学，2003 年。
[233] 肖文、曾光：《我国体育服务业的供需结构特征及可持续发展研究》，《体育科学》2005 年第 4 期。
[234] 谢明：《公共政策分析概论》（修订版）（公共管理硕士（MPA）系列教材），中国人民大学出版社 2011 年版。
[235] 谢炜：《中国公共政策执行过程中的利益博弈》，博士学位论文，华东师范大学，2007 年。
[236] 辛利、周毅、王小康、钟前涓、王常青、彭红、王君：《广东省体育产业发展政策的研究》，《体育学刊》2002 年第 9 期。
[237] 邢长发：《体育场馆面向市场才有生命力》，《市场报》2002 年 11 月 16 日。
[238] 徐斌：《经济政策演变的社会基础——兼论从产业政策到竞争政策》，《云南财经大学学报》2009 年第 3 期。
[239] 徐金尧：《体育政策学的基本问题》，国家体育总局体育社会科学研究项目，2006 年。
[240] 徐力生：《北京体育产业发展政策指向》，《政策导向》2007 年第 7 期。
[241] 徐明凯：《高新技术产业政策评估体系及方法研究》，硕士学位论文，哈尔滨理工大学，2006 年。
[242] 徐涛：《当代中国公共政策制定模式研究——基于 1998—2009 年间房地产政策制定过程的分析》，硕士学位论文，广东海洋大学，2010 年。
[243] 徐铁骏：《经济全球化中产业结构调整与产业政策研究》，博士学位论文，福建师范大学，2002 年。
[244] 徐卫华：《对我国体育产业若干政策的初步探讨》，《体育科学研究》2005 年第 6 期。
[245] 徐云、王德喜：《美国体育产业特点给我们的启示》，《湖州师范

学院学报》2006 年第 4 期。

[246] 许立群：《"李娜路径"可以复制吗?》，《人民日报》2011 年 6 月 7 日。

[247] 许立珍、刘伟、任保国：《对发展我国地方高校体育产业政策问题的理论思考》，《体育与科学》2004 年第 9 期。

[248] 薛园园：《中日产业政策法比较研究》，硕士学位论文，山西大学，2008 年。

[249] 闫华：《中国、日本、韩国奥运会后体育政策发展变化的比较研究》，《体育与科学》2009 年第 11 期。

[250] 闫小平：《陕西省企业职工体育消费现状调查》，硕士学位论文，苏州大学，2006 年。

[251] 杨斌、唐吉平：《湖南城市体育服务业发展对策研究》，《成都体育学院学报》2008 年第 6 期。

[252] 杨波：《开放条件下我国产业组织政策研究》，硕士学位论文，华中科技大学，2004 年。

[253] 杨成虎：《我国政策评估研究中的若干问题初探》，《北京科技大学学报》（社会科学版）2010 年第 1 期。

[254] 杨吉华：《对改革开放以来我国文化产业政策绩效的几点思考》，《攀登》2007 年第 1 期。

[255] 杨吉华：《文化产业政策研究》，博士学位论文，中共中央党校，2007 年。

[256] 杨青松：《我国体育政策研究述评》，《武汉体育学院学报》2011 年第 1 期。

[257] 杨淑民、康大为：《哈尔滨市冰雪体育产业发展政策的思考》，《冰雪运动》2008 年第 5 期。

[258] 杨铁黎、吴永芳、刘燕华、许松涛：《关于建立我国体育服务业质量管理体系若干基本理论问题的探讨》，《首都体育学院学报》2002 年第 3 期。

[259] 杨铁黎、吴永芳、刘燕华、许松涛、刘西文、杨贵军、林显鹏：《关于建立我国体育服务业质量管理体系的研究》，《体育科学》2005 年第 2 期。

[260] 杨向东、钟嘉奎、张雪梅、陈元赟:《对日本体育文化的贡献》,《体育文化导刊》2006年第9期。

[261] 杨晓晨、李宗浩、梁强:《休闲体育产业生态系统分析与竞争战略选择》,《北京体育大学学报》2009年第3期。

[262] 杨永生:《中国文化产业作用问题研究》,博士学位论文,首都师范大学,2007年。

[263] 杨越:《市场经济体制下中国体育经济发展研究》,博士学位论文,中国社会科学院研究生院,2003年。

[264] 杨越:《我国体育产业竞争力的公共政策》,国家体育总局体育社会科学研究项目,2006年。

[265] 叶浩彬、徐红罡、相阵迎:《浅谈英国体育休闲产业及对我国的启示》,《体育文化导刊》2006年第8期。

[266] 叶南客:《创新文化产业政策》,《学者论坛》2003年第3期。

[267] 叶心明、王跃:《应用型复合体育产业经营管理人才培养模式研究》,《成都体育学院学报》2009年第3期。

[268] 尹从刚、姚颂平:《比较优势理论下我国休闲体育产业发展研究》,《成都体育学院学报》2009年第3期。

[269] 尹苹苹:《浅议公共政策评估主体》,《经济论坛》2011年第2期。

[270] 尤国顺:《构建适应于市场经济发展的非政府公共部门政策监控机制》,硕士学位论文,厦门大学,2002年。

[271] 于晨、赵荣善、王才兴、尹晓峰、肖焕禹、刘志民:《上海体育行政部门角色定位与职能转变的路径研究》,国家体育总局体育社会科学研究项目,2009年。

[272] 于颖:《高新技术产业政策评估方法的系统研究》,硕士学位论文,哈尔滨理工大学,2008年。

[273] 余兰:《改革开放30年来我国体育产业发展进程研究》,《北京体育大学学报》2008年第10期。

[274] 余守文:《体育赛事产业对城市竞争力的影响》,博士学位论文,复旦大学,2007年。

[275] 虞锡芳:《标准化:体育服务业健康发展的基石》,《体育文化导

刊》2007 年第 2 期。

[276] 虞锡芳:《体育服务业标准化基本问题研究》,硕士学位论文,苏州大学,2007 年。

[277] 喻小红、朱翔、朱佩娟:《公共体育场馆产业化发展的对策研究》,《北京体育大学学报》2005 年第 8 期。

[278] 元昕:《社会的结构性断裂与中国体育产业发展的目标模式之研究》,博士学位论文,北京体育大学,2006 年。

[279] 袁艳红:《完善文化产业发展的税收政策》,《论文摘萃》2007 年第 10 期。

[280] 张贵敏:《论体育消费需求》,《成都体育学院学报》2003 年第 1 期。

[281] 张贵敏:《我国城市居民体育消费环境需求探析》,《天津体育学院学报》2004 年第 1 期。

[282] 张贵敏:《我国运动员成绩的产权界定》,《体育科学》2000 年第 3 期。

[283] 张昊、陈雪龄:《认证制度在体育服务业的应用》,《体育文化导刊》2005 年第 4 期。

[284] 张金桥、史兵:《西部地区要素禀赋与体育产业发展的关系研究》,《武汉体育学院学报》2008 年第 1 期。

[285] 张林:《解读体育及相关产业分类(试行)》,《环球体育经济》2008 年第 6 期。

[286] 张林、鲍明晓、曹可强、杨铁黎、谭建湘、黄海燕:《我国体育产业学科发展现状与展望》,《上海体育学院学报》2009 年第 1 期。

[287] 张林、黄海燕、王岩:《改革开放 30 年我国体育产业发展回顾》,《上海体育学院学报》2008 年第 7 期。

[288] 张林、刘炜、林显鹏、张立、杨越、黄海燕:《中国体育及相关产业统计研究》,《体育科学》2008 年第 10 期。

[289] 张路萍:《对我国大众体育服务业人才培养问题的思考》,《体育文化导刊》2005 年第 10 期。

[290] 张培奇:《十年来我国文化产业政策变迁研究》(1997—2007),

硕士学位论文，上海交通大学，2009年。

[291] 张庆宪：《利益在政策制定中的影响作用》，《桂海论丛》2002年第6期。

[292] 张伟：《高技术产业的经济学特性及产业政策选择》，硕士学位论文，山东大学，2007年。

[293] 张玮：《职业体育如何面对博彩诱惑》，《解放日报》2010年5月7日。

[294] 张秀丽：《英意西大众体育政策特点及其启示》，《体育文化导刊》2008年第8期。

[295] 张玉：《区域政策执行的制度分析与模式建构》，博士学位论文，南开大学，2006年。

[296] 张玉喜：《我国产业政策的金融支持体系研究》，博士学位论文，哈尔滨工程大学，2006年。

[297] 张泽一：《产业政策有效性问题的研究》，博士学位论文，北京交通大学，2010年。

[298] 赵炳璞、蔡俊五、李力研、李卫东、鲍明晓、周旺成：《体育产业政策体系研究》，《体育科学》1997年第4期。

[299] 赵博：《没有法制，就没有职业体育》，《文汇报》2010年12月11日。

[300] 赵芳：《构建我国体育产业法规体系相关问题研究》，《北京体育大学学报》2004年第5期。

[301] 赵峰：《全面建设小康社会时期中国产业组织政策研究》，博士学位论文，哈尔滨工程大学，2006年。

[302] 赵夫鑫、李文卿：《精英决策模式起源及其合理性探析》，《重庆交通大学学报》（社会科学版）2010年第8期。

[303] 赵鸿新：《中国城镇化建设中区域产业政策的立法研究》，硕士学位论文，哈尔滨工程大学，2007年。

[304] 赵莉莉、张丽婉：《浅议"澳大利亚体育"所体现的澳大利亚国民性》，《科技信息》2008年第7期。

[305] 赵丽莉：《政策工具视角的中国光伏产业政策文本内容分析》，硕士学位论文，浙江大学，2011年。

[306] 赵雪：《礼仪博弈对政策执行影响研究——以电力系统"主多分离"政策执行为例》，硕士学位论文，首都经济贸易大学，2010年。

[307] 郑焕斌：《治标更要治本》，《科技日报》2003年第11期。

[308] 郑元凯：《我国文化产业的发展现状与战略对策》，《经济与社会发展》2007年第2期。

[309] 郑志强：《中国体育产业政策研究综述》，《体育学刊》2010年第6期。

[310] 钟一飞：《英国的体育运动》，《世界橱窗》2001年第1期。

[311] 钟裕民：《政策监控视域中公共政策滞后之防范》，《广东行政学院学报》2010年第6期。

[312] 周爱光：《日本体育法学的发展及研究动向》，《体育学刊》2006年第5期。

[313] 周爱光：《日本体育政策的新动向——体育振兴基本计划解析》，《体育学刊》2007年第3期。

[314] 周爱光：《中日体育法比较研究》，国家体育总局体育社会科学研究项目，2006年。

[315] 周斌：《文化产业政策法规研究》，博士学位论文，南京师范大学，2005年。

[316] 周传志：《当代日本体育发展的得与失》，《体育文化导刊》2007年第6期。

[317] 周佳丽：《我国电影产业的政策研究——1993—2008》，硕士学位论文，华中师范大学，2009年。

[318] 周珂、杨旭峰：《澳大利亚体育旅游发展战略给我国体育旅游发展的借鉴》，《北京体育大学学报》2006年第12期。

[319] 周良君、谭建湘：《深圳市大型公共体育场馆管理体制改革的现状与对策》，《上海体育学院学报》2009年第2期。

[320] 周武：《我国职业体育产业政府规制的动因分析》，《南京体育学院学报》2009年第2期。

[321] 周武：《我国职业体育产业政府规制的现状分析》，《上海体育学院学报》2009年第3期。

［322］周学政:《建国以来我国竞技体育政策的演变及经验启示研究》国家体育总局体育社会科学研究项目,2011 年。

［323］周艳丽、宋洪明、周珂:《澳大利亚体育旅游发展战略研究》,《体育文化导刊》2005 年第 8 期。

［324］周毅:《民营资本投资体育健身服务业政策研究》,国家体育总局体育社会科学研究项目,2006 年。

［325］周毅:《中国体育产业投入产出的研究》,博士学位论文,北京体育大学,2005 年。

［326］祝莉:《中西部体育产业发展规划研究》,国家体育总局体育社会科学研究项目,2006 年。

［327］祝振军:《我国有效体育产业政策的具体准则构架探析》,《体育与科学》2006 年第 7 期。

［328］《中国体育彩票的发展历程》,《彩票沙龙》2011 年第 7 期。

［329］《中国文化产业产值两年内过 4 万亿》,《北京日报》2007 年第 9 期。

［330］Adam Lewis & Jonathan Taylor. *Sports law and practice*. Botterworths Lexisnexis. 2002.

［331］Barnes, Kaplinsky. Industrial Policy Developing Economics: Developing Dynamic Comparative Advantage in South African Automobile Sector ［J］. *Competition and Change*, 2004, 8（2）153 – 172.

［332］Barrie Houlihan. Sport, Policy and Politics ［M］. *Routledge*, 1997: 11.

［333］Bob Stewart, Matthew Nicholson, Aaron Smith, Hans Westerbeek. Australian Sport Better by Design? The Evolution of Australian Sport Policy ［M］. Routledge, 2004（10）.

［334］Brad R. Humphreys. Professional Sports Facilities, Franchises and Urban Economic Development ［J］. *Public Finance and Management*, 2003（3）: 335 – 357.

［335］Daniel Bloyce, Andy Smith. *Sport Policy and Development: An Introduction* ［M］. Routledge, 2009,（9）.

［336］Dennis coates, Brad R. Humphreyst. The Economic Consequences of

Professional Sports Strikes and Lockouts [J]. *Southern Economic Journal*, 2001, 67 (3).

[337] Hausmann, Rodrik. Doomed to Choose: Industrial Policy as Predicament [D]. Blue Sky Seminar, 2006.

[338] Iain Lindsey. Conceptualising sustainability in sports development [J]. *Leisure Studies*, 2008, (7): 279-294

[339] Joe Piggin, Steven J. Jackson and Malcolm Lewis. Telling the Truth in Public Policy: An Analysis of New Zealand Sport Policy Discourse [J]. *Sociology of Sport Journal*, 2009 (26).

[340] Kay T. Just do it? Turning sports policy into sports practice [J]. *Routledge, part of the Taylor & Francis Group*, 1996 (10).

[341] Lall Reinventing Industrial Strategy: The Role of Government Policy in Building Industrial Competitiveness [D]. The Intergovernmental Group on Monetary Affairs and Development, 2003.

[342] Larissa E. Davies. Sport and the Local Economy: The Effects of Stadia Developmenton the Commercial Property Market [J]. Local Economy, 2008 (2).

[343] Mick Green, Shane Collins. Policy, Politics and Path Dependency: Sport Development in Australia and Finland [J]. *Sport Management Review*, 2008, (11).

[344] Mick Green. *Modernization and Sport: The Reform of Sport England and UK Sport* [M]. Finlayson 1999.

[345] M. E. Weed, C. J. Bull. Integrating sport and tourism: a review of regional policies in England [J]. *Routledge*, 1996, (10).

[346] Nils Asle Bergsgard. sports policy: *A Compartive Analysis of Stability and Change*. Elsevier 2007.

[347] Paul Downward, Alistair Dawson, Trudo Dejonghe. *Sports economics: theory, evidence and policy* [M]. Amsterdam; London: Butterworth-Heinemann, 2009.

[348] Peter Swan, Leonie Otago, Caroline F. Finch, Warren R. Payne. *The policies and practices of sports governing bodies in relation to asses-*

sing the safety of sports grounds. *Journal of Science and Medicine in Sport*, Volume 12, Issue 1, January 2009.

[349] Phillip Hone , Randy Silvers. Policy Forum: Economics of Sport-Measuring the Contribution of Sport to the Economy [J]. *The Australian Economic Review*, 2006: 412 – 419.

[350] Rnulf Seippel. Public Policies, Social Capital and Voluntary Sport [J]. *Sport and Social Capital*, 2008: 233 – 256.

[351] Ross Williams. Policy Forum: Economics of SportIntroduction to the Policy Forum [J]. *The Australian Economic Review*, 2006: 409 – 411.

[352] Russell Hoye, Matthew Nicholson. Locating social capital in sport policy [J]. *Sport and Social Capital*, 2008: 69 – 91.

[353] Shlomo Mizrahi, Michael Bar – Eli, Yair Galily. Sport Policy in a Transformed Socio – Political Setting: The Case of Israel [J]. *Global Studies in Culture and Power*, 2008.

[354] Tim Crabbe. Avoiding the numbers game: Social theory, policy and sport's role in the art of relationship building [J]. *Sport and Social Capital*, 2008.

[355] Veerle De Bosscher, Paul De Knop, Maarren Van Bottenburg, Simon Shibli. A Conceptual Framework forAnalysing Sports Policy FactorsLeading to International SportingSuccess [J]. *European Sport Management Quarterly*, 2006 (6).

[356] Weed, M., Bull, C., Elsevier Butterworth – Heinemann. Sports Tourism: Participants, Policy and Providers [J]. *Tourism Management*, 2008 (6).

附　录

访谈提纲

一　学界访谈提纲
1. 我国体育服务产业政策发展历程？
2. 我国体育服务产业存在哪些问题？
3. 我国体育服务产业政策哪方面需要完善？怎样完善？
4. 我国体育服务产业政策发挥的效果如何？影响其发挥效果的原因有哪些？

二　政界访谈提纲（以浙江省为例）
1. 体育服务产业政策的制定过程，执行过程，投入（人力、财力、物力）和产出，执行效果？有没有评价？遇到哪些困难或者障碍？
2. 谈谈浙江省的《"十二五"体育发展规划》和《"十二五"体育产业发展规划》中的体育服务产业。

浙江省体育产业政策的变迁过程，对体育服务产业的影响。

3. 体育竞赛业、体育中介业、健身娱乐（高尔夫、保龄球、羽毛球、游泳）等发展历程和政策的关联度，在过去的20年中发生了什么变化？
4. 彩票政策和彩票发展情况如何？
5. 高档宾馆的体育休闲场所经营模式和税收情况是什么？
6. 地方制定体育服务产业政策的动力、依据是什么？
7. 发展体育服务产业方面，浙江省政府和省体育局的态度如何？

市政府和市体育局的态度如何？

三 业界访谈提纲

1. 经营状况如何？开展哪些业务？从经营体育产业以来，主要靠什么项目赢利？有没有亏损状况？亏损的原因是什么？具有认证资格的工作人员比例、水平如何？

2. 企业注册类型，主要开支和收入如何？资金运转情况如何？税收状况如何？水电费标准如何？占企业支出比例如何？税费压力大不大？

3. 企业与哪些行政部门交往？与体育局有哪些交往？

4. 产业经营与我国体育产业关系如何？与服务业政策关系如何？与文化产业政策关系如何？

5. 对我国体育产业政策了解吗？

6. 目前国家体育产业发展目标清楚吗？

7. 在企业发展的不同时期，相关政策对企业发展起到了什么作用？是哪些政策在起作用？

8. 您希望出台什么体育产业政策？

问卷：全国性问卷（地方性问卷略）

关于我国体育服务产业政策实际发挥作用情况的问卷调查

尊敬的专家：

您好！为了完成国家基金项目《体育强国建设中的我国体育服务产业政策研究》（11BTY024）中的部分任务，需要对我国体育服务产业政策实施过程中发挥的作用，以及影响政策发挥作用的各种因素进行调查。现恳请您抽出一些时间填写问卷，非常感谢您的帮助！本文所指的体育服务产业是指 2008 年体育产业分类标准中的体育服务业，即健身休闲业（健身俱乐部经营、体育健身项目经营等）、体育中介、体育旅游和体育赛事以及若干体育产业基地等。您只要将所选选项打"√"即可。

一　基本资料填写

1. 您从事体育产业工作或者科研的年限_____

A. 3 年以下　　　B. 3—5 年　　　C. 5—10 年　　　D. 10 年以上

2. 您从事的体育产业类别是：_____（仅经营人员填写）

A. 健身休闲业（健身俱乐部、健身项目运营、体育健身娱乐与活动组织、户外运动等）

B. 体育中介（体育赛事与活动中介、体育明星中介等）

C. 体育旅游

D. 体育赛事与活动的专业公司

3. 您的工作部门是_____（仅行政人员填写）

A. 政策法规　　　　　　B. 体育产业

C. 群众体育　　　　　　D. 竞技体育

E. 彩票管理

4. 您从事的体育产业主要研究方向_____（仅专家填写）

A. 体育产业管理　　　　B. 体育产业政策

C. 体育产业经营　　　　E. 其他

5. 您工作所在的省市_____

二　以下各项政策在促进体育服务产业发展中实际发挥的作用判断

政策对体育服务产业起作用是指促进了体育服务产业规模的增加、体育服务产业市场秩序合理、体育服务产业的经济效益和社会效益共同提高、增加就业岗位等。以下我们引用了国家政府以及体育主管部门颁布的关于专门发展体育服务产业的政策，我们将这些政策对发展体育服务产业所起作用进行了程度划分。

从 1—7 表示程度由小到大，1 表示起作用非常小，7 表示起作用程度非常大，×表示不知道。请在您选择的数字后打"√"。如果您对政策一无所知无法判断，就在×后打"√"。

	1 非常小 ⟶ 7 非常大
1.《关于培育体育市场，加快体育产业化进程的意见》(1993)	
它在全国范围实际发挥的作用	1　2　3　4　5　6　7　　×
在您所在的省市范围实际发挥的作用	1　2　3　4　5　6　7　　×
2.《体育产业发展纲要》(1995)	
它在全国范围实际发挥的作用	1　2　3　4　5　6　7　　×
在您所在的省市范围实际发挥的作用	1　2　3　4　5　6　7　　×
3.《中国足球彩票发行与销售办法》(2001)	
它在全国范围实际发挥的作用	1　2　3　4　5　6　7　　×
在您所在的省市范围实际发挥的作用	1　2　3　4　5　6　7　　×
4.《体育服务认证管理办法》(2005)	
它在全国范围实际发挥的作用	1　2　3　4　5　6　7　　×
在您所在的省市范围实际发挥的作用	1　2　3　4　5　6　7　　×
5.《关于开展全国体育及相关产业专项调查的通知》	
它在全国范围实际发挥的作用	1　2　3　4　5　6　7　　×
在您所在的省市范围实际发挥的作用	1　2　3　4　5　6　7　　×
6.《关于加快发展体育产业的指导意见》	
它在全国范围实际发挥的作用	1　2　3　4　5　6　7　　×
在您所在的省市范围实际发挥的作用	1　2　3　4　5　6　7　　×
7.《关于加快发展服务业的若干意见》(2007)	
它在全国范围实际发挥的作用	1　2　3　4　5　6　7　　×
在您所在的省市范围实际发挥的作用	1　2　3　4　5　6　7　　×
8.《彩票管理条例》(2009)	
它在全国范围实际发挥的作用	1　2　3　4　5　6　7　　×
在您所在的省市范围实际发挥的作用	1　2　3　4　5　6　7　　×
9.《关于加快体育俱乐部发展和加强体育俱乐部管理的意见》(1996)	
它在全国范围实际发挥的作用	1　2　3　4　5　6　7　　×
在您所在的省市范围实际发挥的作用	1　2　3　4　5　6　7　　×

三　我国体育服务产业政策对发展我国各个体育服务产业行业类别的实际促进作用

起作用的表现形式为：体育服务产业规模的增加、体育服务产业市场秩序合理、体育服务产业的经济效益和社会效益共同提高、增加就业岗位等。

从 1—7 表示程度由小到大，1 表示起作用非常小，7 表示起作用程度非常大，×表示不知道。请在您选择的数字后打"√"，如果您对政策一无所知无法判断，就在×后打"√"。

政策影响对象	政策对体育服务产业的促进程度	
	1 非常小 → 7 非常大	×不知道
1. 整体体育服务产业		
对全国范围相应产业的影响作用	1　2　3　4　5　6　7	×
对您所在省市范围相应产业的影响	1　2　3　4　5　6　7	×
2. 体育场馆经营管理（主要指公共体育场馆的经营管理）		
对全国范围相应产业的影响作用	1　2　3　4　5　6　7	×
对您所在省市范围相应产业的影响	1　2　3　4　5　6　7	×
3. 体育中介业（赛事中介和明星中介等）		
对全国范围相应产业的影响作用	1　2　3　4　5　6　7	×
对您所在省市范围相应产业的影响	1　2　3　4　5　6　7	×
4. 健身休闲业（健身房、高尔夫、网球、羽毛球等各种体育项目）		
对全国范围相应产业的影响作用	1　2　3　4　5　6　7	×
对您所在省市范围相应产业的影响	1　2　3　4　5　6　7	×
5. 体育培训业（专业培训、业余培训等）		
对全国范围相应产业的影响作用	1　2　3　4　5　6　7	×
对您所在省市范围相应产业的影响	1　2　3　4　5　6　7	×
6. 体育彩票业		
对全国范围相应产业的影响作用	1　2　3　4　5　6　7	×
对您所在省市范围相应产业的影响	1　2　3　4　5　6　7	×
7. 体育赛事产业		
对全国范围相应产业的影响作用	1　2　3　4　5　6　7	×
对您所在省市范围相应产业的影响	1　2　3　4　5　6　7	×
8. 体育旅游业		
对全国范围相应产业的影响作用	1　2　3　4　5　6　7	×
对您所在省市范围相应产业的影响	1　2　3　4　5　6　7	×

四 制约我国体育服务产业政策实际作用发挥的主要因素判断

我们通过调查和分析归纳了以下制约我国体育服务产业政策发挥的主要因素,请您作出判断。由于我国省级政府可以制定政策,又由于不同地区间的差异性,因此在不同省市发挥作用的影响因素有所不同,因此您需要对您所在的省和市范围内分别判断。请在您要选择的数字后打"√"。

A. 政策本身		
1	内容太宏观	完全不同意 1 2 3 4 5 6 7 完全同意
	在你所在省市范围也是这样	完全不同意 1 2 3 4 5 6 7 完全同意
2	与需求有偏差	完全不同意 1 2 3 4 5 6 7 完全同意
	在你所在省市范围也是这样	完全不同意 1 2 3 4 5 6 7 完全同意
3	配套政策不完善	完全不同意 1 2 3 4 5 6 7 完全同意
	在你所在省市范围也是这样	完全不同意 1 2 3 4 5 6 7 完全同意
B. 执行机关		
4	地方政府重视程度低	完全不同意 1 2 3 4 5 6 7 完全同意
	在你所在省市范围也是这样	完全不同意 1 2 3 4 5 6 7 完全同意
5	国家体育总局重视程度低	完全不同意 1 2 3 4 5 6 7 完全同意
	在你所在省市范围也是这样	完全不同意 1 2 3 4 5 6 7 完全同意
6	地方体育局重视程度低	完全不同意 1 2 3 4 5 6 7 完全同意
	在你所在省市范围也是这样	完全不同意 1 2 3 4 5 6 7 完全同意
7	执行机关财政能力差	完全不同意 1 2 3 4 5 6 7 完全同意
	在你所在省市范围也是这样	完全不同意 1 2 3 4 5 6 7 完全同意
8	政策执行责任分配不明确	完全不同意 1 2 3 4 5 6 7 完全同意
	在你所在省市范围也是这样	完全不同意 1 2 3 4 5 6 7 完全同意
C. 政策环境		
9	经济发展水平低	完全不同意 1 2 3 4 5 6 7 完全同意
	在你所在省市范围也是这样	完全不同意 1 2 3 4 5 6 7 完全同意
10	法制制度环境差	完全不同意 1 2 3 4 5 6 7 完全同意
	在你所在省市范围也是这样	完全不同意 1 2 3 4 5 6 7 完全同意
11	政治文化环境差	完全不同意 1 2 3 4 5 6 7 完全同意
	在你所在省市范围也是这样	完全不同意 1 2 3 4 5 6 7 完全同意

续表

	D. 政策对象	
12	系统内外企业差异大	完全不同意1 2 3 4 5 6 7完全同意
	在你所在省市范围也是这样	完全不同意1 2 3 4 5 6 7完全同意
13	经营主体法律政策意识弱	完全不同意1 2 3 4 5 6 7完全同意
	在你所在省市范围也是这样	完全不同意1 2 3 4 5 6 7完全同意
14	经营主体接受政策信息程度低	完全不同意1 2 3 4 5 6 7完全同意
	在你所在省市范围也是这样	完全不同意1 2 3 4 5 6 7完全同意